国际商法学

彭 景 主编

西南财经大学出版社

图书在版编目(CIP)数据

国际商法学/彭景主编.—成都:西南财经大学出版社,2013.5
ISBN 978-7-5504-1005-3

Ⅰ.①国… Ⅱ.①彭… Ⅲ.①国际商法—法的理论
Ⅳ.①D996.1

中国版本图书馆 CIP 数据核字(2013)第 047580 号

国际商法学

彭 景 主编

责任编辑:李特军
助理编辑:李晓嵩
封面设计:墨创文化
责任印制:封俊川

出版发行	西南财经大学出版社(四川省成都市光华村街55号)
网　　址	http://www.bookcj.com
电子邮件	bookcj@foxmail.com
邮政编码	610074
电　　话	028-87353785　87352368
照　　排	四川胜翔数码印务设计有限公司
印　　刷	四川森林印务有限责任公司
成品尺寸	185mm×260mm
印　　张	15.25
字　　数	400 千字
版　　次	2013 年 5 月第 1 版
印　　次	2013 年 5 月第 1 次印刷
印　　数	1—3000 册
书　　号	ISBN 978-7-5504-1005-3
定　　价	32.00 元

1. 版权所有,翻印必究。
2. 如有印刷、装订等差错,可向本社营销部调换。
3. 本书封底无本社数码防伪标志,不得销售。

编写说明

本书立足于本专科人才培养要求，以国际商法基础知识和应用能力的培养为定位进行编写。在总结国际商法教学改革成果的基础上，结合司法实践的经验，重点阐述了国际商法导论、国际商事主体法、国际商事行为法、国际知识产权法、国际商事仲裁五个方面的内容。通过本课程的教学，期望学生能掌握国际商法的理论知识，增强法律意识，并能够运用自己所学过的法律知识观察、分析、处理有关实际问题。

本书的特点：

1. 内容新颖、体系合理，尤其适合非法律专业学生使用。本教材在内容上吸收了国际商法的最新发展成果，如介绍了《2010年国际贸易术语解释通则》的主要内容；在编写时充分考虑到非法律专业学生的实际需求和法学基础，因此在内容上增加了一些基础性章节，如企业法、合同法等。

2. 阐述通俗，实践性强。内容的阐述尽可能简洁清晰，通俗易懂，并辅以一定的案例，以帮助读者理解和掌握；考虑到教材的实用性，还同时对重要的国际公约、中国的相关法律制度作了较为详细的介绍。本教材同时也可以作为政府机关、企事业单位管理人员处理国际商务事务的实用参考书。

本教材的编写分工：彭景（西华大学）编写第1章到第12章；冯茜（绵阳游仙区人民法院）编写第13章。

本书在编写过程中参阅了大量文献，借鉴了众多专家、学者的学术观点，同时得到了西南财经大学出版社的大力支持和帮助，在此表示深深的感谢。

随着全球经济一体化，国际贸易的飞速发展，国际商法也在不断发展、完善，由于编者水平有限，书中不当和疏漏之处在所难免，敬请各方专家、学者及广大读者批评指正。

编者
2013年2月

目 录

第一编 国际商法导论

第一章 国际商法导论 (3)
第一节 国际商法概述 (3)
第二节 国际商法的渊源 (5)
第三节 大陆法系和英美法系概述 (7)
第四节 中国法律制度概述 (12)

第二编 国际商事主体法

第二章 合伙企业法与个人独资企业法 (17)
第一节 概述 (17)
第二节 合伙企业法 (19)
第三节 个人独资企业法 (28)

第三章 外商投资企业法 (34)
第一节 概述 (34)
第二节 中外合资经营企业法 (35)
第三节 中外合作经营企业法 (39)
第四节 外资企业法 (42)

第四章 公司法 (44)
第一节 概述 (44)
第二节 有限责任公司 (46)
第三节 股份有限责任公司 (52)

第四节　公司的其他基本法律制度……………………………………………(57)

第五章　破产法……………………………………………………………………(62)
　第一节　概述……………………………………………………………………(62)
　第二节　破产申请与受理………………………………………………………(62)
　第三节　管理人与债权人会议…………………………………………………(64)
　第四节　重整与和解……………………………………………………………(66)
　第五节　破产清算程序…………………………………………………………(69)

第三编　国际商事行为法

第六章　合同法……………………………………………………………………(75)
　第一节　概述……………………………………………………………………(75)
　第二节　合同的订立……………………………………………………………(79)
　第三节　合同的效力……………………………………………………………(85)
　第四节　合同的履行……………………………………………………………(89)
　第五节　合同的担保与保全……………………………………………………(92)
　第六节　合同的变更与转让……………………………………………………(96)
　第七节　合同权利义务的终止………………………………………………(100)
　第八节　合同的责任…………………………………………………………(105)

第七章　国际货物买卖法………………………………………………………(112)
　第一节　概述…………………………………………………………………(112)
　第二节　买卖双方的义务……………………………………………………(118)
　第三节　买卖双方违约的救济方法…………………………………………(122)
　第四节　货物所有权与风险的转移…………………………………………(124)

第八章　国际货物运输与保险法………………………………………………(127)
　第一节　概述…………………………………………………………………(127)

第二节　国际海上货物运输法 ………………………………………(128)
　　第三节　其他国际货物运输法 ………………………………………(134)
　　第四节　海上货物保险 ………………………………………………(138)

第九章　产品责任法 ……………………………………………………(145)
　　第一节　概述 …………………………………………………………(145)
　　第二节　美国的产品责任法 …………………………………………(146)
　　第三节　欧洲各国的产品责任法 ……………………………………(150)
　　第四节　中国的产品责任法 …………………………………………(151)

第十章　国际商事代理法 ………………………………………………(158)
　　第一节　概述 …………………………………………………………(158)
　　第二节　国际货物销售代理公约 ……………………………………(161)
　　第三节　中国的代理法律制度 ………………………………………(163)

第十一章　国际票据法 …………………………………………………(171)
　　第一节　票据与票据法概述 …………………………………………(171)
　　第二节　票据法律关系 ………………………………………………(173)
　　第三节　票据行为 ……………………………………………………(175)
　　第四节　中国的票据法律制度 ………………………………………(176)

第四编　国际知识产权保护法

第十二章　国际知识产权法 ……………………………………………(185)
　　第一节　概述 …………………………………………………………(185)
　　第二节　保护知识产权的国际公约 …………………………………(187)
　　第三节　专利法 ………………………………………………………(192)
　　第四节　商标法 ………………………………………………………(202)
　　第五节　著作权法 ……………………………………………………(211)

第五编 国际商事救济法

第十三章 国际商事仲裁 ……………………………………………………（221）
  第一节 概述 ……………………………………………………………（221）
  第二节 国际商事仲裁机构 ……………………………………………（225）
  第三节 国际商事仲裁协议 ……………………………………………（226）
  第四节 国际商事仲裁裁决的承认与执行 ……………………………（227）
  第五节 中国的仲裁立法与仲裁机构 …………………………………（230）

参考文献 ……………………………………………………………………（235）

第一编
国际商法导论

第一篇

国和商志导言

第一章 国际商法导论

第一节 国际商法概述

一、国际商法的涵义

国际商法（International Commercial Law）通常是指调整国际商事交易主体在其交易过程中所形成的各类商事法律关系的法律规范的总称。值得一提的是，国际商法是一个还在发展中的概念，因此为了进一步理解该概念，尚需明确以下三点：

（1）国际商法源于传统商法，但其调整范围更为丰富。传统的商法以货物买卖为中心，主要包括公司法、票据法、海商法、保险法等，但随着国际经济贸易的发展和商事交易的多样化、复杂化，在国际贸易方面出现了许多新的领域，比如国际技术转让、知识产权转让、国际投资、国际融资、国际服务贸易等。本书出于课程安排的考虑，并未涵盖当前所有的国际商事活动。

（2）国际商法中的国际性。这里的"国际"不再只指"国家与国家之间"，而是"跨越国界"（Transnational）。因为目前从事国际商事交易的主体主要是私法主体，而不是公法主体，如公司、企业或个人。

（3）国际商法的调整方法是直接调整方法。国际商法直接规定国际商事主体在国际商事关系中的权利与义务，这一点是国际商法与国际私法的重要区别。

二、国际商法的产生与发展

国际商法与商法虽然不同，但在历史发展上却有着紧密联系，可以说都是伴随着商品经济的产生和发展而逐渐发展起来的。国际商法大致经历了四个发展阶段：

1. 古罗马法阶段

早在古罗马时期，就出现了具有商法性质的法律规范，罗马法在市民法之外发展出了调整罗马公民与非罗马公民之间以及非罗马公民相互之间的贸易和其他关系的万民法。但当时的商法并未独立出来，商事性质的法律规范包含在罗马法私法的内容之中。

2. "商人习惯法"阶段

根据多数法学专家的观点，真正作为一项专门法律的国际商法源于欧洲中世纪的"商人习惯法"（Law Merchant）。11～15世纪，随着欧洲地中海沿岸城市的国家商事交往活动迅速增多，当时的封建法和寺院法越来越成为国际贸易发展的障碍。在这种情形下，意大利的佛罗伦萨等地首先出现了保护商人利益的商人行会组织——merchant guild，组织中的商人从封建领主那里买来了自治权，开始自己设置特殊法庭，采用各种商事习惯来解决商事纠纷，逐渐形成了能够适应商事活动的规制，"商人习惯法"因而得名。后来随着航海贸易的发展逐步扩大到西班牙、法国、荷兰、德国及英国等地。经过几百年的沿用与发展，在中世纪地中海沿岸形成了较为系统的国际商事规则，现代商法的许多制度也源于这些规制,如诚实信用原则、商事合伙制度、商事代理制度、保险制度、海商制度等。

与当时的封建王朝的地方性法律相比,商人习惯法具有以下典型特点:①跨国性与统一性,其普遍适用于各国从事商业交易的商人;②自治性,其解释和运用不是由一般法院的专职法官来执掌,而是由商人自己组织的法院来执掌,类似于现代的国际仲裁或调解;③简易性,其程序简易、不拘泥于固定形式,强调按公平合理的原则来处理案件。

3. 国际商法本土化阶段

17世纪以后,随着欧洲中央集权国家日益强大,国家主权也被极大地强化了。各国开始注重商事立法,纷纷采用各种形式将商法纳入本国的国内法,在这一阶段,商法具有国家的强制性特点,失去了原有的跨国性。例如,法国路易十四于1673年颁布的《商事条例》和1681年颁布的《海事条例》,成为欧洲最早的商事单行立法,为各大陆法国家的商法典制定奠定了基础。拿破仑于1807年颁布的《法国商法典》是近代资本主义国家的第一部商法典,并为荷兰、比利时、希腊、土耳其、西班牙、葡萄牙等国相继效仿。1897年颁布的《德国商法典》也对许多国家有较大的影响。

值得注意的是,由于各国在处理涉外商事案件时,仍在一定程度上参考并适用"商人习惯法",因此使其仍具有一定的国际性特征并为这些国家商法典的制定以及现代国际商法的产生奠定了基础。

4. 现代国际商法的迅速发展阶段

二战以后,特别是20世纪60年代以后,国际商法的发展进入了新的历史阶段。在这一阶段,国际商法的国际性和统一性的价值和意义重新得到确认,其原因主要是在这一时期,各国之间的经贸关系日益密切,经济全球化的趋势日益明显,各国之间的相互依赖程度大大增强,在客观上要求建立一套调整国际经济贸易关系的统一的商法。另一方面,由于各国在经贸往来中也逐渐形成了一些普遍遵循的贸易惯例和习惯做法,使得各国的贸易做法日趋接近,从而为商法的统一创造了有利条件,并不断取得突破性进展。例如,国际商会(ICC)制定的《国际贸易术语解释通则》、《跟单信用证统一惯例》,联合国国际贸易法委员会(UNCITRAL)主持制定的《联合国国际货物销售合同公约》(1980年)、《联合国国际贸易法委员会仲裁规则》(1976年),国际统一私法协会(UNIDROIT)主持制定的《国际商事合同通则》(1994年)等,都是这一时期国际贸易法统一的突出成就,重新回归了国际商法的本质属性,即跨国性与统一性。

三、国际商法与其他相关法律部门的关系

1. 国际商法与国际公法

(1)区别。国际公法调整国家、国际组织之间的政治、军事、外交、经济关系,其主体是国家、国际组织、类似国家的政治实体,法律渊源主要表现为国际条约、国际惯例等实体法规范,其传统内容包括和平法、争议法、战争法、中立法四大部分,第二次世界大战以后又增加了条约法、外交使节法、海洋法等分支内容。国际商法调整国际经济和商事交易关系,其主体是自然人、法人等商事组织,其法律渊源除了国际条约、国际惯例等实体规范,还包括各国国内法规范、程序法规范、冲突法规范等。

(2)联系。国际商法是国际法的一个法律部门,因此国际公法的一些基本原则(国家主权、国家及其财产豁免、条约必守等)也调整国际商事法律关系。国际条约及习惯法规制中调整商事行为的规范应属国际商法范畴。

2. 国际商法与国际私法

(1)区别。国际私法典型特征是其调整方法主要为间接调整,仅仅指出适用什么样的

法律，而不直接规定必须如何解决某一问题，因此国际私法又称为"冲突法"。在内容上，国际私法主要调整涉外民事关系，主要包括统一实体法规范、国际民事诉讼和仲裁等程序性规范。而国际商法则以直接调整方法为主，其内容以实体规范为主，既包括国际实体规范，也包括国内实体规范。

（2）联系。二者的主体均为自然人、法人、合伙等商事组织，均调整涉外法律关系，具有较强的私法特征。

3. 国际商法与国际经济法

（1）区别。国际经济法是国际公法的分支，其主体主要是国家、国际组织及其具有独立国际法律人格的其他实体；调整主体之间公法层面的国际经济关系；法律渊源由关于国际经济交往的国际条约、习惯法规则等国际法规范、各国涉外经济法规等国内法规范构成；强调国家、国际社会对国际经济活动的干预，属于强行性法律规范，具有公法特征。国际商法的主体则是从事商事交易的自然人、法人等商事组织；调整商事主体之间私法层面的商事交易行为；法律渊源以国际商事条约及习惯法规则、主要国家的国内商事法律为主；强调意思自治，属于任意性法律规范。

（2）联系。二者均调整国际经济交往关系，联系密切，互为补充。

第二节 国际商法的渊源

一、国际商法渊源的概念

国际商法的渊源是指国际商法赖以产生和发展的依据及其表现形式。一般认为包括三种形式：国际（商事）条约、国际（商事）惯例及各国的相关立法。

二、国际商法的渊源

（一）国际（商事）条约

国际商法的主要渊源之一就是各国缔结的有关国际商业与贸易的条约或公约。这类条约或公约的缔约主体是国家或类似于国家的政治实体，国家与自然人、法人及其他实体间就商事活动达成的协议不构成条约。

作为国际商法渊源的国际条约主要包括两类：一是国际商事公约，二是含有商事条款的一般国际条约。从数量上来看，以国际商事公约为主，其内容广泛且通常参加方较为普遍，包括国际商事实体法、国际商事程序法以及国际商事冲突法。

小资料1.1 作为国际商法渊源的主要国际公约

1. 调整国际货物买卖关系的国际公约
1964年《国际货物买卖合同成立统一法公约》
1964年《国际货物买卖统一法公约》
1974年《联合国国际货物买卖时效期限公约》
1980年《联合国国际货物买卖销售合同公约》
1985年《国际货物买卖合同适用法律公约》
2. 调整国际货物运输关系的国际公约
1924年《统一提单的若干法律规则的国际公约》（海牙规则）

1968年《关于修改统一提单的若干法律规则的国际公约的议定书》（维斯比规则）
1978年《联合国海上货物运输公约》（汉堡规则）
1929年《统一国际航空运输某些规则的公约》（华沙公约）
1955年《海牙议定书》
1980年《联合国国际货物多时联运公约》

3. 调整国际贸易支付的国际公约

1930年《日内瓦统一汇票本票法公约》
1931年《日内瓦统一支票法公约》
1988年《联合国国际汇票和国际本票公约》

4. 调整产品责任的国际公约

1977年《关于产品责任的法律适用公约》

5. 调整代理关系的国际公约

1983年《国际货物销售代理公约》

6. 调整知识产权的国际公约

1883年《保护工业产权巴黎公约》
1886年《保护文学和艺术作品伯尔尼公约》
1891年《商标国际注册马德里协定》
1952年《世界版权公约》
1994年《与贸易有关的知识产权协定》

7. 调整商事争议的国际公约

1923年《日内瓦仲裁条款协定书》
1927年《关于执行外国仲裁裁决的公约》
1958年《承认与执行外国仲裁裁决公约》

（二）国际商事惯例

国际商事惯例是在国际交往中经过反复使用逐渐形成的，并为各国普遍承认和遵守的交易行为规范。值得一提的是，国际商事惯例最初是以不成文的形式出现，但现在许多重要的国际商事惯例已经由一些国际组织编纂成文，为交往提供了极大的便利。

与国际条约不同的是，国际商事惯例不当然具有法律约束力，国际商事交易当事人可以依据"意思自治"原则全部或部分地选择适用。但是，当事人一经选择适用，则构成对当事人具有约束力的法律规范，受诉法院或仲裁机构可据此解释当事人之间的合同，或作为解决其纠纷的准据法。

小资料1.2 作为国际商法渊源的主要国际商事惯例

时间	国际商事惯例名称
2000年、2010年	《国际贸易术语解释通则》
2007年	《跟单信用证统一惯例》修订本（UCP600）
2004年	《国际商事合同通则》
1975年	《联合运输单证统一规则》
1932年	《华沙—牛津规则》

(三) 关于国际商事交易的国内法规范

由于国际商事交往关系的多样性和复杂性,以及相关国际条约和惯例的滞后性,仅凭现有的国际条约和惯例仍不足以满足实践中的需求,在处理某些国际商事纠纷时,还需借助法律冲突规则的指引,适用有关国家的国内法加以解决,其中尤以发达国家的国内商法对国际商法的影响最大。可以说,各国有关商事交易的国内法是国际商法在国际法渊源方面的重要补充。

小资料 1.3　我国颁布的主要商事法律规范

	颁布时间	法律名称
总则性	1986 年	《中华人民共和国民法通则》
商事主体	1993 年	《中华人民共和国公司法》
	1997 年	《中华人民共和国合伙企业法》
	1999 年	《中华人民共和国个人独资企业法》
商事交易行为	1992 年	《中华人民共和国海商法》
	1993 年	《中华人民共和国反不正当竞争法》
	1993 年	《中华人民共和国产品质量法》
	1995 年	《中华人民共和国票据法》
	1999 年	《中华人民共和国合同法》
知识产权	1982 年	《中华人民共和国商标法》
	1984 年	《中华人民共和国专利法》
	1990 年	《中华人民共和国著作权法》
商事救济	1991 年	《中华人民共和国民事诉讼法》
	1994 年	《中华人民共和国仲裁法》

第三节　大陆法系和英美法系概述

国际商法发源于欧洲,其内容深受两大法系的影响。因此要研究国际商法,有必要先了解两大法系。学者们一般认为,当代世界主要法系有大陆法系、英美法系和社会主义法系(以苏联、东欧社会主义国家为代表)。前两个法系是在西方国家形成、发展起来的,具有浓厚的商品经济或市场经济的特征,对现代国际商法影响很大。

一、大陆法系

大陆法系(Civil Law System),又称罗马法系、民法法系、成文法系,是指以罗马法为基础,以法国民法典和德国民法典为典型代表,包括许多模仿它们而制定的其他国家的法律的总称。

(一) 大陆法系的分布

大陆法系形成于13世纪的西欧，欧洲大陆国家多属于该法系，如瑞士、意大利、比利时、卢森堡、荷兰、西班牙、葡萄牙等，除欧洲外，还有曾是法国、德国、葡萄牙、荷兰等国殖民地的国家及其他原因受其影响的国家和地区，如非洲的埃塞俄比亚、南非、津巴布韦等；亚洲的日本、泰国、土耳其等；加拿大魁北克省、美国路易斯安那州、英国苏格兰等。

(二) 大陆法系的形成与发展

大陆法系直接源于罗马法。罗马法是指罗马奴隶制国家从公元前6世纪罗马国家形成到东罗马帝国灭亡时期的全部法律。今天人们考察到的罗马法主要是公元前5世纪罗马最早的成文法——《十二铜表法》和公元6世纪东罗马帝国皇帝查士丁尼编纂的《国法大全》，具体包括四部法律汇编：《学说汇编》、《法学阶梯》、《查士丁尼法典》、《新律》，该法集罗马法之大成，既包括公法也包括私法，但主要内容是私法，对欧洲后来乃至整个西方世界法律产生了无与伦比的影响。

13世纪由于罗马法的复兴，大陆法系得以形成。这一时期，罗马法的研究者主要把研究的重点放在探求和讲授罗马法的原意上，对《国法大全》的各种文本进行解释，他们被称为"注释派"。14世纪后，学者们将研究的重点转向罗马法的系统化工程上，他们用罗马法的原始文本作为发展新兴的商法和国际私法的依据，摒弃罗马法原始文献中的杂乱无章和实用主义，这时的罗马法研究者被称为"后注释派"。17世纪后，古典自然法学派从人的理性出发，主张法是理性的体现和产物。他们认为，罗马法中蕴涵的法律原则都是符合理性的，强调成文法的作用，提倡编纂法典。这些主张对于欧洲大陆各国接受罗马法产生了巨大影响。

资本主义生产方式确立后，各国迫切需要有能适应其经济发展要求的法律规则，而适合商品经济需要的罗马法可以满足这一要求。1804年法国颁布了《民法典》，即《拿破仑法典》，这部法典大量吸收了罗马法成分，尤其是物权和债权部分。1896年，德国也以罗马法为蓝本编纂了《民法典》。这两部法典的颁布实施，为其他一些欧洲国家树立了榜样。其他国家相继以这两部法典为模本进行本国的立法体系确立工作。在欧洲以外，一些与欧洲大陆国家有千丝万缕联系的国家也建立了类似的法律体系。综上所述，可以说大陆法系是在罗马法的直接影响下而形成的。

(三) 大陆法系的特点

(1) 强调法律的成文化，在法律结构上强调系统化、条理化、法典化和逻辑性。大陆法系不仅继承了罗马法成文法典的传统，而且采纳了罗马法的体系、概念和术语。

(2) 大陆法系各国将法律区分为公法与私法。根据罗马法乌尔比安的观点，"公法是与罗马国家有关的法律，私法是与个人利益有关的法律。"大陆法系各国继承了罗马法的这种分类方法，并进行了法律细分。如将公法分为宪法、行政法、刑法、诉讼法与国际公法；私法则分为民法与商法等。各国在这些法律领域中使用的法律制度和法律概念基本相同。

(3) 在法律形式上，大陆法系国家一般不存在判例法。大陆法系各国都相继进行了大规模的立法活动，对重要的部门制定法典，这些法典一般比较完整、清晰、逻辑严密，同时辅之以单行法规，构成了较为完整的成文法体系。

(4) 在法官的作用上，否定"法官造法"。一般而言，大陆法系国家的立法与司法分工明确,强调制定法的权威,制定法的效力优先于其他法律渊源,因而要求法官遵从法律明文规定办理案件,不得擅自创造法律违反立法者的本意。

(5) 在法律推理形式和方法上,采取演绎法。由于大陆法系国家中的司法权受到重大限制,法律只能由立法机关制定,法官的功能局限于根据既定的法律规则判案,因此法官审案表现出三段论式的逻辑过程:认定案件事实,寻找适用的法律条款,联系二者推论出必然的结果。

二、英美法系

英美法系(Anglo - American Law System),是指英国中世纪以来的法律,特别是以英国普通法为基础发展起来的法律制度体系。在英国历史上,普通法是与衡平法、教会法和制度法相对应的概念,由于其中的普通法对整个法律制度的影响最大,因此英美法系又被称为普通法系(Common Law System)。

美国法律作为一个整体来说,属于普通法系,但从19世纪后期开始独立发展,并已经对世界的法律产生了很大影响,因此形成了普通法系的另一个分支。

(一) 英美法系的分布

英美法系形成于英国,并随着英国殖民地的扩大而逐步扩展到其他历史上曾受英国统治的区域,主要包括加拿大、澳大利亚、新西兰、爱尔兰、印度、巴基斯坦、马来西亚、新加坡、中国香港等地。南非原属大陆法系国家,后来被英国吞并,其法律体系是大陆法系和英美法系的结合物;菲律宾原属西班牙殖民地,后来又受美国控制,因而其法律系统也走向了两大法系的结合。

(二) 英美法系的形成与发展

1. 英国法的历史沿革

英美法系形成于英国,一般以1066年诺曼底公爵威廉征服英格兰为开端。诺曼底公爵为了推行中央集权制度,设置了御前会议这个重要机构,该机构是由国王亲信、主教和贵族参加的议事机构,主要协助国王处理立法、行政和司法等方面的事务。渐渐地,处理司法事务的机构独立出来,到亨利三世时期,御前会议已经建立了三个王室高等法院,处理直接涉及王室利益的重大案件。由于诺曼人以前没有自己的法律,因此他们的法律就是通过这些法院的判决而逐步形成,遂成为判例法的基础。这些判决对地方法院的判决具有约束力,并随着王室法院管辖范围和影响的扩大对全国的法律形成了重大影响。这种判例法就形成了适用于英国的普通法。

14世纪时,英国在普通法之外又产生了另一种独特的法律形式——衡平法。随着时间的推移和社会生活的变化,普通法院的令状制度和诉讼程序出现了僵化的趋势,无法适应工商业发展的需要。因此,很多人转而请求枢密院和国会主持正义,许多纠纷转而由枢密院中负责司法事务的大臣来处理。随着案件数量不断增加,该机构最终独立出来,成为和王室法院并列的衡平法院,其在审理案件时适用完全不同的法律规则,由此发展起来的法律称为"衡平法"。衡平法也表现为判例法的形式,但在救济方法、诉讼程序、法律术语等方面均与普通法有所不同。从14世纪后半叶到19世纪后半叶,二者相互独立,直到1875年英国颁布法院组织法,普通法院与衡平法院合并,普通法与衡平法从冲突走向妥协并最终统一适用。同时,制定法也大量出现,代表了立法机构的地位得到提高。

2. 美国法的历史沿革

1607—1776年是美国的殖民地时期。17世纪时,英国法对北美殖民地的影响比较小,当时适用的法律主要是殖民地当地的习惯。到了18世纪，随着英国加强对北美殖民地的控制，开始通过强制手段推行英国的法律，英国法在北美得到广泛传播。

1776年美国独立，美国开始发展自己的法律。到了19世纪，美国的普通法传统最终确立，究其原因，美国人是英国的移民，语言和传统的力量使然。但是，美国法律也表现出不同于英国法的一些特点，其制定法占有更大的比例，地位也更为重要。同时，美国法也简化了诉讼程序，取消了普通法院和衡平法院的区分。美国法律自此脱离英国法，逐渐成为英美法系中一个具有代表性的分支。

（三）英美法系的特点

1. 在法律渊源上以判例为主

判例法一般是指各国高级法院的判决中所确立的法律原则或规则。值得一提的是，判例法也是成文法，由于这些规则是法官在审理案件时创立的，因此，又称为"法官法"（judge-made law）。通常在处理先例的问题上可以有三种做法：①遵循先例。下级法院应当遵循上级法院的判例，上诉法院也要遵循自己以前的判例；②推翻先例。美国的联邦最高法院和各州最高法院有权推翻自己以前做出的判决。但为了维护法律的稳定，法院很难对过去同一法院做出的决议宣布无效。在美国历史上，联邦最高法院推翻先例的情况也只有8次，其难度可见一斑。③回避先例。主要适用于下级法院不愿适用某一先例但又不愿公开推翻时，可以前后两个案例在重要事实上存在区别为由而回避这一先例。这与大陆法系国家法官要严格以法典为依据来判案存在重大区别。

案例1.1　普莱西诉弗格森案

案情：1892年6月7日，具有黑人血统的荷马·普莱西（Homer A. Plessy）故意登上东路易斯安那铁路的一辆专为白人服务的列车，根据路易斯安那1890年通过的相关法律，白人和有色种族必须乘坐平等但隔离的车厢。根据该条法律，普莱西被认定为"有色种族"，遭到逮捕和关押。于是他将路易斯安那州政府告上法庭，指责其侵犯了自己根据美国宪法第13、14两条修正案而享有的权利。但是法官约翰·霍华德·弗格森（John Howard Ferguson）裁决州政府有权在州境内执行该法，普莱西最终败诉，以违反隔离法为名被判处罚金300美元。普莱西接着向路易斯安那州最高法院控告弗格森法官的裁决，但该法院维持了弗格森的原判。

1896年，普莱西上诉至美国最高法院。5月18日，最高法院以7:1的多数裁决：路易斯安那州的法律并不违反宪法第13和第14修正案，因为"隔离但平等"并不意味着对黑人的歧视，而只是确认白人和黑人之间由于肤色不同而形成差别。

评析：普莱西诉弗格森案是美国联邦最高法院违宪审查史上比较著名的"平等权"案件。毫无疑问，美国联邦最高法院在该案中所持的观点存在着历史局限性。"平等权"作为一项宪法权利，应当表现在社会生活的各个领域。平等权不仅意味着每个公民的人格平等、身份平等、机会平等以及政府依据法律对每一个公民加以平等保护，还应当包括立法要求对每一个公民的平等对待，对不同的人群不应当根据其性别、年龄、种族等的不同加以不适当的分类。平等权不仅要体现在制度上平等地对待每一个人，而且也应当为每一个公民个人提供一个崇尚平等的社会环境。政府有责任采取措施来消除各种影响平等权实现的社会因素，彻底消除造成不平等的社会根源。所以，社会平等是制度平等的根本保证，没有社会平等就没有制度平等。事实上，到20世纪中叶，随着社会平等意识的不断增长，美国联邦最高法院在布朗诉托皮卡地方教育委员会（Brown v. Board of Education of Topeka）一案的判决中，完全否定了美国联邦最高法院在普莱西诉弗格森一案中所持的保守立场,彻底地抛弃了"隔离但平等"的思想,反映了美国联邦最高法院在保护公民平等权方面的历史进步性。

资料来源：http://fxy.cupl.edu.cn/upload/download/keyan

2. 英美法系没有系统性、逻辑性很强的法律分类,法律分类以实用为主

形成这种情况的原因比较复杂,有以下几点：①英美法系从一开始就十分重视令状和诉讼等程序问题,缺乏逻辑性和系统性,阻碍了对法律分类的科学研究；②英美法系强调判例法和法院的作用,偏重实践经验,对抽象的概括和理论探讨相对来说重视不够；③英美法系在法院的设置上曾分为普通法院和衡平法院,这种分类方法在处理涉及公共事务的案件和普通私人案件时没有明显区分,因此难以形成公法和私法的观念；④在英美法系的发展过程中,起主要推动作用的是法官和律师,这就决定了他们更加关心具体案件的处理结果,而相对忽视了抽象理论意义上的法律分类。

3. 英美法系更重视程序法

英国有一句格言："救济先于权利"（Remedies Precede Rights）。所谓救济是指通过一定的诉讼程序给予当事人法律保护,这属于程序法范畴；权利则是指当事人的实体权利,属于实体法范畴。这句格言的意思是说,如果权利缺乏适当的救济方法,权利也就不存在,即当事人先有程序权利,而后才有实体权利。英美法系将程序正义摆在突出的地位,认为程序制度的公正与否对于法律的运行有特别重要的影响,因此,英美法系中的程序法特别发达,相比而言,大陆法系国家更加重视实体权利的完善。

4. 法官的地位很高

在英美法系中,法官的任务不仅是解释和适用法律,还可以制定法律,即法官可以造法。英美法系国家中,法律职业是以律师为基础的,法官尤其是联邦法院的法官一般都来自律师,而且律师在政治上非常活跃。法官和律师的社会地位很高,对法律和社会发展的影响也很大。

5. 在法律的思维方式和运作方式上,英美法系采用的是归纳法

这一方法的模式可以表述为：①运用归纳方法对先例中的法律事实进行归纳；②运用归纳方法对那些待判案例的法律事实进行归纳；③将两个案例中的法律事实划分为实质性事实和非实质性事实；④运用比较的方法分析两个案例中的实质性事实是否相同或相似；⑤找出前例中所包含的规则或原则；⑥如果两个案例中的实质性要件相同或相似,根据遵循先例的原则,前例中包含的规则或原则可以适用于待判案例。

小资料1.4　大陆法系与英美法系的区别

	大陆法系	英美法系
法的渊源	制定法	制定法、判例法
法律核心理念	理性主义	经验主义
法典编撰	法典形式,强调高度的系统化、逻辑化和概括性,是法院判案的直接依据	单行法律和法规,其运用还要依靠法院的判例解释
诉讼程序	纠问制,以法官为中心,奉行职权主义	对抗制,法官处于中立地位,实行当事人主义
法律的思维方式	演绎法	归纳法

三、两大法系的融合

虽然大陆法系与英美法系存在诸多区别，但这些不同并非绝对对立的，而是在冲突中出现了互相吸收、互相融合的趋势。很长时间以来，众多的学者曾对两大法系孰优孰劣进行了大量的论证，但两大法系发展到今天，二者的界限已变得模糊，开始趋向融合。一方面，英美法系国家的成文法日益增多，判例法有所减少，有些判例所反映的法律原则，通过立法变成了成文法；另一方面，大陆法系国家虽仍以制定法为主，但在旧法已经不适用或者没有法律明文规定的情况下，开始逐渐以判例制度作为辅助，对有代表性的判例定期汇编成集公开发行，上级法院的判例对下级法院拥有一定的约束力或影响力。

在国际商法方面，两大法系的融合更为明显，随着各国商事交易的日益密切与频繁，各国相互依赖的程度也逐渐加深，这迫切需要各国国内商法走向统一化与和谐化，这样可以有效减少国际贸易的障碍，增加经贸往来的效率，从而为全球经济贸易的健康发展提供法律支持，这也正是国际商法的生命力和价值所在。目前各国国内的商法开始相互影响和吸收，突出的一个表现是兼容大陆法和英美法规则的国际公约或条约已经不在少数，国际商事实体法律规则正在逐步走向统一。

第四节 中国法律制度概述

一、中国商事法律制度的历史沿革

在中国传统法律中，商事法律就其本身来说并不存在。近现代意义上的商事法律在中国始于清朝末期。清末在推行新政时，制定商事法律性质的法典是当时的重点改革措施之一。清政府先后颁布了《公司律》、《商人通律》等法典，但还未实施，清政府就覆灭了。辛亥革命后，新建立的民国政府同样将制定商事法律视为经济强国方略，制定了一系列商事法律，如《中华民国商律》、《公司条例》、《商人通例》等。民国政府迁都南京后，采用民商合一的立法体例，在1929年制定的民法典中规定了商事法律的基本内容，并颁布和实施了众多的商事单行法规，中国商事法律得到了很大发展。新中国成立后，工商业活动在计划经济的整体框架中，受政府支配较多。因此所谓的商事法律规范也只能是行政法律体系的一个部分而已，从而导致了商事立法和研究的相对滞后。

中国商事法律的不发达，有着诸多的历史背景：①中国历史上诸法合体，民商不分。虽然存在着调整商业行为的法律规范，但这些都直接包含在刑法化的民法规范之中，民法本身没有独立出来，商事法律的地位自然难以确立。②新中国成立后很长一段时间内，中国实行计划经济体制，商品交易不发达，因此缺少商事法律存在和发展的客观需求和条件，这是新中国成立后商事法律不发达的根本原因。

1992年，中国提出了建立社会主义市场经济体制，自此之后，中国商事法律制度逐渐获得了巨大进步，一系列与传统的计划经济体制完全不同的商事主体和商事行为在中国相继出现，推动了商法的发展，如《中华人民共和国公司法》、《中华人民共和国合伙企业法》、《中华人民共和国个人独资企业法》、《中华人民共和国票据法》、《中华人民共和国证券法》、《中华人民共和国保险法》、《中华人民共和国商业银行法》等。

但总的来看，中国国际商法仍属于比较年轻的学科，国内商事主体对国际商业法律规则也比较陌生，因此如何从法律上服务和规范国内商事主体、如何学习和利用国际商业规则、如何利用国际商事法律来为中国的对外贸易发展保驾护航成为急需解决的问题。

二、中国法律的渊源

中国法律的渊源是指中国法律规范具体的表现形式,即法是由何种国家机关依照何种方式或程序创制出来的,并表现为何种形式的法律文件。中国现行法律受到大陆法系的一定影响,主要以成文法为主要形式。

截止到 2010 年年底,我国已制定现行有效法律 236 部、行政法规 690 多个、地方性法规 8600 多个。根据《中华人民共和国宪法》和《中华人民共和国立法法》,我国法的渊源表现为以下方面。

(一)宪法

我国宪法[①]是由国家最高权力机关——全国人民代表大会制定,规定国家的基本制度和根本任务,是国家的根本大法,具有最高的法律效力,其他法的表现形式不得与之相抵触。宪法作为经济法的渊源之一,是指经济立法的总指导思想、基本原则和基本法律制度是以宪法为依据,来源于宪法中的有关规定。

(二)法律

这里所指的法律是狭义的法律,是指由全国人民代表大会及其常务委员会制定、颁布的规范性文件的总称,包括全国人大及其常委会做出的具有规范性的决议、决定等。如《中华人民共和国公司法》、《中华人民共和国合同法》等。其法律效力和地位仅次于宪法。值得注意的是,法律是经济法渊源的主体和核心部分。我国主要的经济法律制度,都是通过法律的形式表现的。

(三)行政法规

行政法规是由国家最高行政机关——国务院制定、发布的有关国家行政管理活动的规范性文件,包括决议、决定、指示、命令、条例、章程等,其地位次于宪法和法律。如《中华人民共和国公司登记管理条例》、《计算机软件保护条例》等。大量经济法以行政法规的形式存在,这是由经济的社会化和政府对经济的全方位管理和参与的客观条件所决定的。

(四)地方性法规、民族自治地方的自治条例和单行条例

我国地域辽阔,各地区经济发展状况相对不平衡,地方法规、民族自治地方的自治条例和单行条例等的制定机构可以依照本地区的情况,制定符合本地区经济发展要求的法规。因此,地方性法规、民族自治地方的自治条例和单行条例等在地方经济发展中具有重要地位。

地方性法规是由省、自治区、直辖市的人民代表大会及其常务委员会以及省、自治区人民政府所在的市和经国务院批准的较大的市以及某些经济特区市的人民代表大会及其常务委员会根据本行政区域具体情况和实际需要,在不同宪法、法律、行政法规相抵触的前提下制定、发布的规范性文件。其效力高于本级和下级地方政府规章,也仅在该法规发布机关所管辖的区域范围内发生效力。

民族自治地方的自治条例和单行条例是由民族自治地方的人民代表大会依照当地民族的政治、经济和文化的特点,在不违背法律或行政法规的基本原则前提下制定的规范性文

---

① 我国现行的《宪法》是 1982 年颁布的,1988 年、1993 年、1999 年、2004 年进行了四次修正。第四次修正时"人权"入宪,突出了人权在国家生活中的价值与功能,使人权从一般的政治原则转变为统一的宪法原则,预示着国家价值观的深刻变化。

件，仅在该民族自治地方适用。

（五）规章

规章可以分为国务院各部委的部门规章和地方性规章。我国颁布了大量规章调整我国的经济生活。规章是国务院各部委，省、自治区、直辖市人民政府，省、自治区人民政府所在地的市和国务院批准的较大的市以及某些经济特区的人民政府在其职权范围内依法制定、发布的规范性文件。规章的效力低于宪法、法律和行政法规，在人民法院审理案件时仅起参照作用。

（六）司法解释

司法解释是最高人民法院在总结审判经验的基础上，为明确法律的适用，统一全国的审判工作发布的指导性文件。这在一定意义上讲，也可以作为经济法的渊源而存在。

（七）国际条约

国际条约是指我国与外国或地区缔结的双边、多边协议和其他具有条约性质的文件。国际条约不属于国内法的范畴，但我国签订和加入的国际条约对于国内的国家机关、社会团体、企事业单位和公民也有约束力。因此，这些条约就其具有与国内法同样的拘束力而言，也是我国经济法的渊源。如世界贸易组织的有关文件，我国与有关国家签订的双边投资保护协定等。

三、中国的司法制度

1. 人民法院的组织系统

我国宪法规定，司法权归各级人民法院，人民法院由同级人民代表大会产生并向人民代表大会负责。人民法院分为两类：①普通法院。普通法院包括最高人民法院和地方各级人民法院。最高人民法院是我国的最高审判机关，地方各级人民法院由基层人民法院、中级人民法院和高级人民法院组成。②专门法院。专门法院包括军事法院、海事法院等。其中，海事法院相当于中级人民法院。

2. 民商事案件的审判制度

根据《中华人民共和国民事诉讼法》，我国的民商事案件实行两审终审制。对地方各级人民法院的判决或裁定，当事人如有不服，可以提起上诉，上诉法院应当审理。经过二审作出的判决或裁定属于生效的法律文书，当事人应当执行。若一方当事人不执行，另一方当事人可申请人民法院强制执行。

值得一提的是，我国民事案件审判的一个重要特点就是法院审理案件注重调解，经调解达成协议后，由人民法院制作调解书，经双方签收后，调解书即具有法律效力，当事人应当执行。

思考题

1. 理解下列重要术语：
国际商法　国际商事条例　国际贸易惯例　大陆法系　英美法系　成文法　判例法
2. 简述国际商法的涵义与特点。
3. 简述国际商法与国际公法、国际私法、国际经济法的区别。
4. 简述英美法中"救济先于权利"原则的涵义。
5. 试述大陆法系与英美法系的不同。

第二编
国际商事主体法

第二篇

国家垄断资本主义

第二章 合伙企业法与个人独资企业法

第一节 概述

一、企业的概念与分类

(一) 企业的概念和特征

企业是指依法成立的,以营利为目的的,从事生产经营活动的独立核算的社会经济组织。企业有如下特征:

(1) 企业是依法设立的社会经济组织。企业通过依法设立,取得相应的法律主体资格,取得国家法律的认可和保护。

(2) 企业是自主经营、独立核算、自负盈亏,具有独立性的社会经济组织。

(3) 企业是以营利为目的从事生产经营活动的社会经济组织。

在法律上,企业与公司的概念是有所不同的。广义的企业包括公司这类法人企业,同时还包括其他不具备法人资格的经营实体,比如个人独资企业,合伙企业等,而狭义的企业往往只指后者。本章采用就是狭义的企业内涵。

(二) 企业的分类

按照不同的标准,可对企业进行不同的分类。

(1) 按照企业所有制形式的不同,可以将企业分为全民所有制企业、集体所有制企业、混合所有制企业。

(2) 按照企业组织形式的不同,可以将企业分为个人企业、合伙企业、公司等。

(3) 按照企业法律地位的不同,可以将企业分为法人企业、非法人企业。所谓法人企业,是指具有法人资格的企业,如依照《中华人民共和国公司法》组建的公司。所谓非法人企业,是指不具有法人资格的企业,如依照《中华人民共和国个人独资企业法》组建的个人独资企业。

(4) 按照企业投资者的不同,可以将企业分为内资企业、外资企业。外资企业又包括中外合资经营企业、中外合作经营企业、外资企业等。

二、企业法的概念

企业法是指调整企业在设立、变更、终止,以及企业在生产经营活动中发生的社会关系的法律规范的总称。

新中国成立以来,主要是按照企业的所有制形式制定和划分各种企业法,形成了具有中国特色的企业法体系。企业法律制度主要包括:调整全民所有制企业的《中华人民共和国全民所有制工业企业法》;调整集体所有制企业的《中华人民共和国乡镇企业法》、《中华人民共和国乡村集体所有制企业条例》、《中华人民共和国城镇集体所有制企业条例》;

调整外商在我国投资的《中华人民共和国中外合资经营企业法》、《中华人民共和国中外合作经营企业法》、《中华人民共和国外资企业法》以及适应市场经济发展需要颁布的《中华人民共和国合伙企业法》、《中华人民共和国个人独资企业法》等法律、法规。

三、企业法人制度

（一）法人的概念与条件

法人制度是我国民法、经济法体系的重要组成部分。不了解我国的法人制度，就无法深入了解我国企业法律制度，也就无法全面了解整个市场经济的运行机制。

1. 法人的概念

法人是相对于自然人而言的，它是社会组织在法律上的人格化。《中华人民共和国民法通则》（以下简称《民法通则》）对于法人做出了如下解释："法人是具有民事权利能力和民事行为能力，依法独立享有民事权利和承担民事义务的组织。"

2. 法人应当具备的条件

（1）依法成立。首先，法人成立的目的必须符合国家法律的规定，不能损害国家、社会、集体和个人的利益；其次，法人成立的程序要合法，否则，便不具有民事权利能力和民事行为能力，不能独立进行民事活动。

（2）有必要的财产或者经费。这是法人进行经济活动的物质基础，是承担经济责任、履行经济义务的物质保障，因此这类财产或经费必须是由法人自主经营、独立支配的。

（3）有自己的名称、组织机构和场所。法人的名称在一定程度上可以表明法人的性质、业务范围，使法人具有独立主体地位的体现。在民事活动中，法人只能以自己的名义而不是领导机构、负责人或者其他人的名义享有权利，承担义务。

法人应当有一定的组织机构即法人治理结构，以担负起对内对外组织、经营、管理等各项事宜。

固定的场所既是法人具有独立财产和生产设施的标志，也是进行业务活动必须具备的物质条件。场所包括住所，法人以它的主要办事机构所在地为住所。

（4）能够独立承担民事责任。设立法人的目的是为了独立地进行民事活动，通过行使权利和履行义务来满足发展生产、开展业务活动的需要。因此，能否独立地承担民事责任，就成为衡量某一社会组织能否具有法人资格的条件之一。能够独立地承担民事责任要求法人只能也必须以自己所拥有的全部法人财产对其债务独立地承担责任。除法律另有规定外，法人的投资主体不对法人债务承担责任。这既保护了民事主体的合法权益，又有利于稳定社会经济秩序。

（二）法人的民事权利能力和民事行为能力

法人的民事权利能力是指法人依法参与民事活动，享有民事权利，承担民事义务的资格。这是法人享有权利，承担义务的前期条件。法人的行为能力是指法人通过自身的行为，为自己取得民事权利，设定民事义务的能力。

与自然人所不同的是，法人的民事权利能力和民事行为能力都是自法人成立时产生，自法人消灭时终止的。

法人的民事权利能力取决于它的宗旨和法律许可的经营范围，而法人的民事行为能力的范围则取决于法人民事权利能力的范围。也就是说，不同的法人，由于其资金、生产规模、业务经营的不同，享有的民事权利和承担的民事义务的能力和范围也不同。

（三）法人的分类

研究法人的分类，目的在于了解各种法人的本质特征和区别，以便对其进行有效的法律调整。我国《民法通则》按照法人的功能、设立方法，以及财产来源的不同，将我国的法人分为企业法人和非企业法人两大类。

1. 企业法人

企业法人是从事生产经营活动以获取利润为目的的法人。公司、全民所有制企业、集体所有制企业、"三资"企业等都是企业法人；而合伙企业、个人独资企业虽然也是企业但不具有法人资格。

2. 非企业法人

与企业法人不同，非企业法人是非生产性、非营利性的法人。非企业法人又可以分为机关法人、事业单位法人和社会团体法人。

机关法人是依法直接设立、获得法人资格的国家机关。认定机关是否是法人，应看其是否具有独立的财政预算经费和是否行使国家权力。《民法通则》规定："有独立经费的机关从成立之日起，具有法人资格。"机关法人不同于企业法人，不能从事生存经营活动。只有当国家机关以平等主体的身份参与民事活动时，才是以法人的身份依法享有民事权利，承担民事义务，因此，必须将其民事行为与国家机关依照法律的规定行使职权的行政行为相区别。

事业单位法人是被赋予民事主体资格的事业单位。事业单位是指国家财政拨款从事公益事业的社会组织。需要注意的是，在体制改革过程中，有些事业单位开始自负盈亏或者实行企业化管理，目前判断某一组织是否具有法人资格就不能以国家财政是否拨款为标准了。

社会团体法人是具有民事权利能力和民事行为能力，依法独立享有民事权利和承担民事义务的社会组织。它是以谋求社团成员的共同利益为宗旨的，主要包括各种政治团体（如各民主党派）、人民群众团体（如工会、妇联、共青团）、社会公益团体（如残疾人基金会）、文学艺术团体（如作家协会）、学术研究团体（如数学学会）、宗教团体（如佛教协会）。

事业单位和社会团体等在实现和完成本身的任务过程中，必然要同其他组织或个人发生民事法律关系，享有民事权利，承担民事责任。因此，赋予其以法人资格，对于促进社会公益事业、科学技术、文艺创作等均具有重要意义。我国《民法通则》规定："具有法人条件的事业单位、社会团体，依法不需要办理法人登记的，从成立之日起，具有法人资格；依法需要办理法人登记的，经核准登记，取得法人资格。"

第二节 合伙企业法

一、概述

（一）合伙企业的概念和特征

1. 合伙企业的概念

合伙企业是指自然人、法人和其他组织依法在中国境内设立的由各合伙人订立合伙协议，共同出资、合伙经营、共享收益、共担风险，并对合伙企业债务承担无限连带责任的营利性组织。

2. 合伙企业的特征

一般而言，合伙企业具有以下特征：

（1）合伙企业是建立在合伙协议基础上的一种企业。合伙协议必须是合伙人共同意思表示一致的结果，规定了合伙人在合伙中的权利和义务。即使合伙企业设立一定的组织机构负责日常的业务，其内部关系仍然主要适用合伙协议的有关规定。值得注意的是，这一特征与享有法人资格的公司不同，公司是以章程作为共同行为的标准。

（2）合伙企业是"人的组合"，合伙人的死亡、破产、退出等都影响到合伙企业的存续和发展。

（3）合伙企业的内部关系是合伙关系，即全体合伙人共同出资、合伙经营、共享收益、共担风险。合伙人原则上享有平等参与管理合伙事务的权利，也可通过合伙协议约定利润的分配办法及责任比例。

（4）合伙企业一般不具有法人资格，对企业债务承担无限连带责任。大陆法系国家一般都规定合伙人对合伙企业的债务对外承担无限连带责任。一方面债权人有权请求任何一位合伙人履行合伙的全部债务，承担连带清偿责任；另一方面合伙人以个人所有的全部财产作为合伙债务的担保，承担无限清偿责任，并不以出资为限。这一特征是合伙企业与法人的企业的主要区别。

（二）合伙企业的分类

大陆法系国家按照不同标准一般将合伙分为民事合伙与商事合伙、一般合伙与隐名合伙。民事合伙与商事合伙的主要区别在于，商事合伙必须是达到一定的经营规模并专门从事营利性活动的合伙企业，大陆法系国家大多承认商事合伙具有法人资格。一般合伙与英美法系的普通合伙类似，都是合伙的一般形式，具有合伙的一般特征。隐名合伙是指当事人一方（隐名合伙人）对他方（出名营业人）进行投资，分享利润，但不参加执行业务，并仅以出资为限承担亏损责任的合伙企业。

英美法系国家将合伙一般分为普通合伙与有限合伙。普通合伙是指普通合伙人负责合伙业务的经营，并对合伙债务负无限责任。而有限合伙人则不参加合伙业务的经营，也不能以其行为约束商号或撤回其所出资本，对合伙债务仅负有限责任。

根据各国法律规定的情况看，经常采用的形式是无限合伙，即合伙人对合伙人的债务共负无限连带责任，一般所说的合伙就是指无限合伙。

（三）合伙企业法及其适用

合伙企业法有广义和狭义之分。广义的合伙企业法是指调整有关合伙企业的设立及合伙企业内部、外部关系的各种法律规范的总称。狭义的合伙企业法是指立法机关制定的《合伙企业法》。1997年2月23日，第八届全国人大代表大会常务委员会第24次会议通过了《中华人民共和国合伙企业法》（以下简称《合伙企业法》），自1997年8月1日起施行。2006年8月27日，第十届全国人大常委会通过了修订后的《合伙企业法》，自2007年6月1日起施行。修订后的《合伙企业法》为满足市场经济发展的需要，突破了原法中合伙企业形式单一的不足，构造了两种合伙企业的类型，以供民事主体选择设立：一是普通合伙企业；二是有限合伙企业。

需要指出的是，《合伙企业法》仅适用该法规定的合伙企业，不适用于具备企业形态的契约型合伙。合伙企业与契约型合伙的主要区别在于：第一，合伙企业具有较为长期稳定的营业，而契约型合伙的营业往往是临时性的；第二，合伙企业必须有自己的名称，而契约型合伙则不一定有名称；第三，设立合伙企业必须向企业登记机关申请登记，而契约型合伙则只需订立合伙合同即为成立。

二、普通合伙企业

(一) 普通合伙企业的设立条件

根据我国《合伙企业法》第十四条的规定，设立普通合伙企业，应当具备以下条件：

1. 有两个以上合伙人

合伙人可以是自然人，法人和其他组织。合伙人为自然人的，应当具备完全民事行为能力。法人可以作为合伙人，但值得注意的是，国有独资公司、国有企业、上市公司以及公益性事业单位、社会团体不得成为普通合伙人。另外，法律、行政法规禁止从事营利性活动的人，不得成为合伙企业的合伙人。

2. 有书面合伙协议

合伙协议依法由全体合伙人协商一致，以书面形式订立。合伙协议应当载明：①合伙企业的名称和主要经营场所的地点；②合伙目的和合伙经营范围；③合伙人的姓名或者名称、住所；④合伙人的出资方式、数额和缴付期限；⑤利润分配、亏损分担方式；⑥合伙事务的执行；⑦入伙与退伙；⑧争议解决办法；⑨合伙企业的解散与清算；⑩违约责任。合伙人按照合伙协议享有权利，履行义务。合伙协议是确定合伙人相互间的权利义务的具有法律约束力的协议。合伙协议经全体合伙人签名、盖章后生效。如果要修改或者补充合伙协议，应当经全体合伙人一致同意；但是，合伙协议另有约定的除外。合伙协议未约定或者约定不明确的事项，由合伙人协商决定；协商不成的，依照我国《合伙企业法》和其他有关法律、行政法规的规定处理。

3. 有合伙人认缴或者实际缴付的出资

合伙人可以用来出资的形式很多，但不同形式的出资要求也不同。根据《合伙企业法》第十六条规定，合伙人可以用货币、实物、知识产权、土地使用权或者其他财产权利出资，也可以用劳务出资。具体要求如下：合伙人以实物、知识产权、土地使用权或者其他财产权利出资，需要评估作价的，可以由全体合伙人协商确定，也可以由全体合伙人委托法定评估机构评估；合伙人以劳务出资的，其评估办法由全体合伙人协商确定，并在合伙协议中载明；以非货币财产出资的，依照法律、行政法规的规定，需要办理财产权转移手续的，应当依法办理。

根据我国《合伙企业法》第三十四条规定，合伙人按照合伙协议的约定或者经全体合伙人决定，可以增加或者减少对合伙企业的出资。

4. 有合伙企业的名称和生产经营场所

合伙企业名称中应当标明"普通合伙"字样。

5. 法律、行政法规规定的其他条件

(二) 合伙企业设立与变更登记

申请设立合伙企业，应当向企业登记机关提交登记申请书、合伙协议书、合伙人身份证明等文件。需要注意的是，如果合伙企业的经营范围中有属于法律、行政法规规定在登记前须经批准的项目的，该项经营业务应当依法经过批准，并在登记时提交批准文件。

申请人提交的登记申请材料齐全、符合法定形式，企业登记机关能够当场登记的，应予当场登记，发给营业执照，营业执照的签发日期，即为合伙企业成立日期。除上述规定情形外，企业登记机关应当自受理申请之日起 20 日内，作出是否登记的决定。如果决定登记的，发给营业执照；决定不予登记的，应当给予书面答复，并说明理由。合伙企业在领取营业执照前，合伙人不得以合伙企业名义从事合伙企业。

合伙企业设立分支机构，应当向分支机构所在地的企业登记机关申请登记，领取营业执照。

合伙企业登记事项发生变更的，执行合伙事务的合伙人应当自作出变更决定或者发生变更事由之日起15日内，向企业登记机关申请办理变更登记。

（三）合伙企业的财产

1. 合伙企业财产的构成

合伙企业存续期间，合伙人的出资和所有以合伙企业名义取得的收益均为合伙企业的财产。

合伙企业的财产由全体合伙人依照我国《合伙企业法》共同管理和使用。除法律另有规定外，合伙企业进行清算前，合伙人不得请求分割合伙企业的财产。

合伙人在合伙企业清算前私自转移或者处分合伙企业财产的，合伙企业不得以此对抗不知情的善意第三人。

2. 合伙企业财产的转让

合伙企业财产的转让可以分为对外转让和对内转让。

（1）对外转让。合伙企业存续期间，除合伙协议另有约定外，合伙人向合伙人以外的人转让其在合伙企业中的全部或者部分财产份额时，须经其他合伙人一致同意。

（2）对内转让。合伙人之间转让在合伙企业中的全部或者部分财产份额时，应当通知其他合伙人。

（3）优先购买权。合伙人向合伙人以外的人转让其在合伙企业中的财产份额的，在同等条件下，其他合伙人有优先购买权。但是，合伙协议另有约定的除外。

（4）受让人对财产的处理。合伙人以外的人依法受让合伙人在合伙企业中的财产份额的，经修改合伙协议即成为合伙企业的合伙人，依照合伙企业法和修改后的合伙协议享有权利，履行义务。

3. 合伙企业财产的出质

合伙人以其在合伙企业中的财产份额出质的，须经其他合伙人一致同意；未经其他合伙人一致同意，其行为无效，由此给善意第三人造成损失的，由行为人依法承担赔偿责任。

（四）合伙企业的内部关系

1. 合伙企业事务的执行

（1）共同执行。这是指全体合伙人共同执行合伙企业事务。根据《合伙企业法》第二十六条规定，各合伙人对执行合伙企业事务享有同等的权利。合伙协议约定或者经全体合伙人决定，合伙人分别执行企业事务的，执行事务合伙人可以对其他合伙人执行的事务提出异议。提出异议时，应暂停该项事务的执行。如果发生争议，可由全体合伙人共同决定。

（2）委托执行。这是指根据合伙协议的约定或合伙人的决定，委托一名或者数名合伙人对外代表合伙企业执行合伙企业事务，由此产生的收益归合伙企业，所产生的费用和亏损由合伙企业承担。在一般情况下，其他合伙人不再执行合伙企业事务，但有权监督执行事务的合伙人，检查其执行合伙企业事务的情况。

受委托执行合伙事务的合伙人不按照合伙协议或者全体合伙人的决定执行事务的，其他合伙人可以决定撤销该委托。执行事务的合伙人应当定期向其他合伙人报告事务执行情况以及合伙企业的经营和财务状况。

合伙企业可以聘任经营管理人员，被聘任的合伙企业的经营管理人员应当在合伙企业授权范围内履行职务。被聘任的合伙企业的经营管理人员，超越合伙企业授权范围履行职务，或者在履行职务过程中因故意或者重大过失给合伙企业造成损失的，依法承担赔偿责任。

（3）必须经全体合伙人同意的事务。根据《合伙企业法》第三十一条规定，除合伙协议另有约定外，合伙企业的下列事项应当经全体合伙人一致同意：①改变合伙企业的名称；②改变合伙企业的经营范围、主要经营场所的地点；③处分合伙企业的不动产；④转让或者处分合伙企业的知识产权和其他财产权利；⑤以合伙企业名义为他人提供担保；⑥聘任合伙人以外的人担任合伙企业的经营管理人员。

2. 合伙企业的利润分配和亏损分担

合伙企业的利润分配、亏损分担，按照合伙协议的约定办理；合伙协议未约定或者约定不明确的，由合伙人协商决定；协商不成的，由合伙人按照实缴出资比例分配、分担；无法确定出资比例的，由合伙人平均分配、分担。

值得注意的是，合伙协议不得约定将全部利润分配给部分合伙人或者部分合伙人承担全部亏损。

（五）合伙企业与第三人的关系

1. 合伙人执行合伙事务的对外代表权效力

执行合伙企业事务的合伙人，对外代表合伙企业，在合伙企业经营范围内以合伙企业的名义对外实施的一切经营活动都对合伙企业发生法律效力。由此而产生的收益应当归全体合伙人所有，成为合伙企业的财产；由此负担的债务和责任，也应当由全体合伙人承担，构成合伙企业的债务。依据合伙协议或者合伙人的特别约定，合伙人执行合伙事务和对外代表合伙企业的权利往往受到一定的限制。《合伙企业法》第三十七条规定："合伙企业对合伙人执行合伙企业事务以及对外代表合伙企业权利的限制，不得对抗不知情的善意第三人。"即执行合伙事务的合伙人如果超越内部限制范围代表合伙企业与第三人为经营行为，其他合伙人可以对知晓或者应当知晓该限制的第三人提出抗辩，否认该行为对合伙企业发生效力，但对于不知情的善意的第三人不能提出抗辩，该行为仍然要对合伙企业发生效力。

2. 合伙企业债务清偿

合伙企业债务的清偿可以分为两个方面：一是对外承担无限连带责任，二是对内的追偿权。合伙企业对其债务应当以其全部财产进行清偿。合伙企业不能清偿到期债务的，合伙人承担无限连带责任。合伙人由于承担连带责任，所清偿数额超过合伙人内部约定或依法律规定的其亏损分担比例的，有权向其他合伙人追偿。

3. 合伙企业债务与合伙个人债务的清偿

在合伙企业存续期间，可能发生个别合伙人因不能偿还其个人债务而被追索的情况。由于合伙人在合伙企业中拥有财产利益，合伙人个人的债权人可能向合伙企业提出清偿请求。

为了保护合伙企业和其他合伙人的合法权益，同时也保护债权人的合法权益，《合伙企业法》第四十一条和第四十二条规定：①合伙人发生与合伙企业无关的债务，相关债权人不得以其债权抵销其对合伙企业的债务；也不得代位行使合伙人在合伙企业中的权利；②合伙人的自有财产不足清偿其与合伙企业无关的债务的，该合伙人可以以其从合伙企业中分取的收益用于清偿；债权人也可以依法请求人民法院强制执行该合伙人在合伙企业中的财产份额用于清偿。人民法院强制执行合伙人的财产份额时，应当通知全体合伙人，其他合伙人有优先购买权；其他合伙人未购买，又不同意将该财产份额转让给他人的，依照合伙企业法的规定为该合伙人办理退伙结算，或者办理削减该合伙人相应财产份额的结算。

（六）入伙与退伙

1. 入伙

入伙是指在合伙企业存续期间，合伙人以外的第三人通过一定程序加入合伙企业，从而取得合伙人资格的行为。

新合伙人入伙时，除合伙协议另有约定外，应当经全体合伙人同意，并依法订立书面入伙协议。订立入伙协议时，原合伙人应当向新合伙人告知原合伙企业的经营状况和财务状况。入伙的新合伙人与原合伙人享有同等权利，承担同等责任。入伙协议另有约定的，从其约定。需要注意的是，入伙的新合伙人对入伙前合伙企业的债务承担连带责任。

2. 退伙

退伙是指合伙人退出合伙企业，从而丧失合伙人资格的行为。退伙分为两种：一是自愿退伙，二是法定退伙。

（1）自愿退伙。这是指合伙人基于自愿退出合伙企业。根据《合伙企业法》第四十五条规定，合伙协议约定合伙企业的经营期限的，有下列情形之一时，合伙人可以退伙：①合伙协议约定的退伙事由出现；②经全体合伙人一致同意；③发生合伙人难以继续参加合伙企业的事由；④其他合伙人严重违反合伙协议约定的义务。

合伙协议未约定合伙企业的经营期限的，合伙人在不给合伙企业事务执行造成不利影响的情况下，可以退伙，但应当提前30日通知其他合伙人。

合伙人违反上述规定，擅自退伙的，应当赔偿由此给其他合伙人造成的损失。

（2）法定退伙。这是指合伙人基于法定事由而退伙。法定退伙分为当然退伙与除名退伙。

根据《合伙企业法》第四十八条规定，合伙人有下列情形之一的，当然退伙：①作为合伙人的自然人死亡或者被依法宣告死亡；②个人丧失偿债能力；③作为合伙人的法人或者其他组织依法被吊销营业执照、责令关闭、撤销，或者被宣告破产；④法律规定或者合伙协议约定合伙人必须具有相关资格而丧失该资格；⑤合伙人在合伙企业中的全部财产份额被人民法院强制执行。合伙人被依法认定为无民事行为能力人或者限制民事行为能力人的，经其他合伙人一致同意，可以依法转为有限合伙人，普通合伙企业依法转为有限合伙企业。其他合伙人未能一致同意的，该无民事行为能力或者限制民事行为能力的合伙人退伙。退伙事由实际发生之日为退伙生效日。

根据《合伙企业法》第四十九条规定，合伙人有下列情形之一的，经其他合伙人一致同意，可以决议将其除名：①未履行出资义务；②因故意或者重大过失给合伙企业造成损失；③执行合伙事务时有不正当行为；④发生合伙协议约定的事由。对合伙人的除名决议应当书面通知被除名人。被除名人接到除名通知之日，除名生效，被除名人退伙。被除名人对除名决议有异议的，可以自接到除名通知之日起30日内，向人民法院起诉。

（3）退伙的财产处理。合伙人退伙，其他合伙人应当与该退伙人按照退伙时的合伙企业财产状况进行结算，退还退伙人的财产份额。退伙人对给合伙企业造成的损失负有赔偿责任的，相应扣减其应当赔偿的数额。退伙时有未了结合伙企业事务的，待了结后进行结算。退伙人在合伙企业中财产份额的退还办法，由合伙协议约定或者由全体合伙人决定，可以退还货币，也可以退还实物。

退伙人对基于其退伙前的原因发生的合伙企业债务，承担无限连带责任。合伙人退伙时，合伙企业财产少于合伙企业债务的，退伙人应当依照合伙人内部约定或依照法律规定的其亏损分担比例分担亏损。

（七）特殊的普通合伙企业

1. 特殊的普通合伙企业的含义

根据《合伙企业法》第五十五条规定，特殊的普通合伙企业是指以专业知识和专门技能为客户提供有偿服务的专业服务机构。比如律师事务所、会计师事务所等专业服务机构。应当注意的是，特殊的普通合伙企业应当在其名称中标明"特殊普通合伙"的字样。

设立这一新经营模式的原因在于这类专业服务机构，虽采用合伙的模式，但各合伙人之间往往各自开展业务，彼此之间相对比较独立，采用特殊普通合伙模式后，可以保护无责的合伙人的利益，保证经营的稳定性。

2. 特别规定

（1）合伙人风险与责任的承担。特殊的普通合伙企业的特殊性在于其合伙人依照法律特别规定承担合伙债务，以避免使专业服务机构的普通合伙人承担过度风险。《合伙企业法》第五十七条规定："一个合伙人或者数个合伙人在执业活动中因故意或者重大过失造成合伙企业债务的，应当承担无限责任或者无限连带责任，其他合伙人以其在合伙企业中的财产份额为限承担责任。合伙人在执业活动中非因故意或者重大过失造成的合伙企业债务以及合伙企业的其他债务，由全体合伙人承担无限连带责任。"《合伙企业法》第五十八条规定："合伙人执业活动中因故意或者重大过失造成的合伙企业债务，以合伙企业财产对外承担责任后，该合伙人应当按照合伙协议的约定对给合伙企业造成的损失承担赔偿责任。"

（2）职业风险基金与职业保险制度。由于特殊的普通合伙企业合伙人是依照《合伙企业法》的特别规定承担合伙债务，对合伙企业的债权人的保护相对削弱。出于对特殊的普通合伙企业债权人的保护，《合伙企业法》第五十九条规定：特殊的普通合伙企业应当建立执业风险基金、办理职业保险。执业风险基金用于偿付合伙人执业活动造成的债务。执业风险基金应当单独立户管理。具体管理办法由国务院规定。

特殊的普通合伙企业实质上仍然是普通合伙企业，因此特殊的普通合伙企业的其他方面均适用《合伙企业法》对普通合伙企业的规定。

依照《合伙企业法》第一百零七条的规定，非企业专业服务机构依据有关法律采取合伙制的，其合伙人承担责任的形式可以适用《合伙企业法》关于特殊的普通合伙企业合伙人承担责任的规定。

三、有限合伙企业

（一）有限合伙企业的概念

有限合伙企业是指由有限合伙人和普通合伙人共同组成，普通合伙人对合伙企业债务承担无限连带责任，有限合伙人以其认缴的出资额为限对合伙企业债务承担责任的合伙企业。

为适应风险投资行业的发展，同时为市场主体提供更多的企业组织形式，我国修订后的《合伙企业法》增加了有限合伙企业制度，以专章的形式对其进行规定。依照《合伙企业法》第六十条的规定，有限合伙企业及其合伙人适用《合伙企业法》适用专章的规定；专章中未作规定的，适用《合伙企业法》关于普通合伙企业及其合伙人的规定。

（二）有限合伙企业设立的特别规定

1. 设立人

有限合伙企业由2个以上50个以下合伙人设立；但是，法律另有规定的除外。有限合伙企业至少应当有1个普通合伙人。有限合伙企业仅剩有限合伙人，应当解散；有限合企业仅剩普通合伙人的,则转为普通合伙企业。

2. 企业名称

有限合伙企业名称中应当标明"有限合伙"字样。

3. 合伙协议

有限合伙企业的合伙协议中应当特别载明以下事项:①普通合伙人和有限合伙人的姓名或者名称、住所;②执行事务合伙人应具备的条件和选择程序;③执行事务合伙人权限与违约处理办法;④执行事务合伙人的除名条件和更换程序;⑤有限合伙人入伙、退伙的条件、程序以及相关责任;⑥有限合伙人和普通合伙人相互转变程序。

4. 出资

有限合伙人可以用货币、实物、知识产权、土地使用权或者其他财产权利作价出资。需要特别注意的是,有限合伙人不得以劳务出资。有限合伙人应当按照合伙协议的约定按期足额缴纳出资;未按期足额缴纳的,应当承担补缴义务,并对其他合伙人承担违约责任。

5. 合伙企业登记事项

有限合伙企业登记事项中应当载明有限合伙人的姓名或者名称及认缴的出资数额。

(三) 有限合伙企业内部关系的特别规定

1. 有限合伙企业的事务执行

有限合伙企业由普通合伙人执行合伙事务。执行事务合伙人可以要求在合伙协议中确定执行事务的报酬及报酬提取方式。有限合伙人不执行合伙事务,不得对外代表有限合伙企业。但有限合伙人的下列行为,不视为执行合伙事务:①参与决定普通合伙人入伙、退伙;②对企业的经营管理提出建议;③参与选择承办有限合伙企业审计业务的会计师事务所;④获取经审计的有限合伙企业财务会计报告;⑤对涉及自身利益的情况,查阅有限合伙企业财务会计帐簿等财务资料;⑥在有限合伙企业中的利益受到侵害时,向有责任的合伙人主张权利或者提起诉讼;⑦执行事务合伙人怠于行使权利时,督促其行使权利或者为了本企业的利益以自己的名义提起诉讼;⑧依法为本企业提供担保。

2. 有限合伙企业利润分配

有限合伙企业不得将全部利润分配给部分合伙人;但是,合伙协议另有约定的除外。

3. 有限合伙人的特别权利

根据《合伙企业法》的规定,有限合伙人具有以下特别权利:①除合伙协议另有约定外,有限合伙人可以同本有限合伙企业进行交易;②除合伙协议另有约定外,有限合伙人可以自营或者同他人合作经营与本有限合伙企业相竞争的义务;③除合伙协议另有约定外,有限合伙人可以将其在有限合伙企业中的财务份额转让或者出质,而不必经全体合伙人一致同意。但向合伙人以外的人转让其在有限合伙企业中的财产份额,应当提前30日通知其他合伙人;④有限合伙人的自有财产不足清偿其与合伙企业无关的债务的,该合伙人可以以其从有限合伙企业中分取的收益用于清偿;债权人也可以依法请求人民法院强制执行该合伙人在有限合伙企业中的财产份额用于清偿。人民法院强制执行有限合伙人的财产份额时,应当通知全体合伙人。在同等条件下,其他合伙人有优先购买权。

(四) 有限合伙人有限责任保护的免除

第三人有理由相信有限合伙人为普通合伙人并与其交易的,该有限合伙人对该笔交易承担与普通合伙人同样的责任。

有限合伙人未经授权以有限合伙企业名义与他人进行交易,给有限合伙企业或者其他合伙人造成损失的,该有限合伙人应当承担赔偿责任。

（五）有限合伙人入伙、退伙的特别规定

（1）新入伙的有限合伙人对入伙前有限合伙企业的债务，以其认缴的出资额为限承担责任。

（2）有限合伙人符合普通合伙企业合伙人当然退伙情形之一的，为当然退伙。但个人丧失偿债能力除外。

（3）作为有限合伙人的自然人在有限合伙企业存续期间丧失民事行为能力的，其他合伙人不得因此要求其退伙。

（4）有限合伙人退伙后，对基于其退伙前的原因发生的有限合伙企业债务，以其退伙时从有限合伙企业中取回的财产承担责任。

（5）作为有限合伙人的自然人死亡、被依法宣告死亡或者作为有限合伙人的法人及其他组织终止时，无须经全体合伙人一致同意，其继承人或者权利承受人可以依法取得该有限合伙人在有限合伙企业中的资格。

（六）合伙人身份的转换

（1）除合伙协议另有约定外，普通合伙人转变为有限合伙人，或者有限合伙人转变为普通合伙人，应当经全体合伙人一致同意。

（2）有限合伙人转变为普通合伙人的，对其作为有限合伙人期间有限合伙企业发生的债务承担无限连带责任。

（3）普通合伙人转变为有限合伙人的，对其作为普通合伙人期间合伙企业发生的债务承担无限连带责任。

四、合伙企业解散、清算

（一）合伙企业解散

根据《合伙企业法》第八十五条规定，企业有下列情形之一的，应当解散：①合伙期限届满，合伙人决定不再经营；②合伙协议约定的解散事由出现；③全体合伙人决定解散；④合伙人已不具备法定人数满30天；⑤合伙协议约定的合伙目的已经实现或者无法实现；⑥依法被吊销营业执照、责令关闭或者被撤销；⑦法律、行政法规规定的其他原因。

（二）合伙企业的清算

1. 清算人组成

合伙企业解散，应当由清算人进行清算。清算人由全体合伙人担任；经全体合伙人过半数同意，可以自合伙企业解散事由出现后15日内指定一个或者数个合伙人，或者委托第三人，担任清算人。自合伙企业解散事由出现之日起15日内未确定清算人的，合伙人或者其他利害关系人可以申请人民法院指定清算人。

清算人自被确定之日起10内将合伙企业解散事项通知债权人，并于60日内在报纸上公告。债权人应当自接到通知书之日起30日内，未接到通知书的自公告之日起45日内，向清算人申报债权。债权人申报债权，应当说明债权的有关事项，并提供证明材料。清算人应当对债权进行登记。清算期间合伙企业存续，但不得开展与清算无关的经营活动。

2. 清算人的执行事务

根据《合伙企业法》第八十七条规定，清算人在清算期间执行下列事务：①清理合伙企业财产，分别编制资产负债表和财产清单；②处理与清算有关的合伙企业未了结事务；③清缴所欠税款；④清理债权、债务；⑤处理合伙企业清偿债务后的剩余财产；⑥代表合伙企业参加诉讼或者仲裁活动。

3. 清算顺利

合伙企业财产在支付清算费用后，按下列顺序清偿：①合伙企业所欠职工工资、社会保险费用、法定补偿金；②合伙企业所欠税款；③合伙企业的债务。合伙企业财产按上述顺序清偿后仍有剩余的，按照合伙人约定或法律规定的各合伙人的利润分配比例分配。

清算结束，清算人应当编制清算报告，经全体合伙人签名、盖章后，在15日内向企业登记机关报送清算报告，申请办理合伙企业注销登记。合伙企业注销后，原普通合伙人对合伙企业存续期间的债务仍应承担无限连带责任。

需要指出的是，合伙企业不能清偿到期债务的，债权人可以依法向人民法院提出破产清算申请，也可以要求普通合伙人清偿。合伙企业依法被宣告破产的，普通合伙人对合伙企业债务仍应承担无限连带责任。

案例2.1 合伙人被强制除名案

案情：2009年，孙某弟兄俩各出资5万元，万某出资10万元合伙开办了一食品超市，商议具体业务由孙某弟兄俩负责。经营1年多后，该超市赢利10万元，按照当时的合伙协议，万某分得了5万元的红利，孙某弟兄俩则每人分得2.5万元。孙某弟兄俩见该超市利润丰厚，便以"万某不会经营"为借口，将万某的投资从超市提出，退给万某，并强制将万某从该超市除名，不让万某到超市上班。

万某多次找孙某弟兄俩质问，均无结果。于是他决定到法院起诉孙某弟兄俩，可孙某弟兄俩却认为，合伙企业是三人自己的事，万某到法院起诉，是瞎子点灯白费蜡。他们说的对吗？法院能受理此案吗？

评析：我国《合伙企业法》第五十条规定：合伙人有下列情形之一的，经其他合伙人一致同意，可以决议将其除名：①未履行出资义务；②因故意或者重大过失给合伙企业造成损失；③执行合伙企业事务时有不正当行为；④合伙协议约定的其他事由。对合伙人的除名决议应当书面通知被除名人。被除名人自接到除名通知之日起，除名生效，被除名人退伙。被除名人对除名决议有异议的，可以在接到除名通知之日起30日内，向人民法院起诉。

从本案看，万某被孙某弟兄俩除名，孙某弟兄俩显然违反了上述规定，其理由：一是万某并没有出现上述规定被除名的行为；二是孙某弟兄俩将万某除名，没有用书面形式通知万某；三是孙某弟兄俩见合伙超市利润可观，就以万某不会经营为借口，将万某的投资退出，并强制将万某除名，并不让其到超市上班，引起万某不服。因此，万某完全可以依法向人民法院提起诉讼，请求人民法院确认该除名无效，以保护自己的合法权益。

资料来源：http://www.rxyj.org/html/2010/0404/783566.php

第三节 个人独资企业法

一、概述

（一）个人独资企业的概念和特征

1. 个人独资企业的概念

个人独资企业是指依法在中国境内设立，由一个自然人投资，财产为投资人个人所有，投资人以其个人财产对企业债务承担无限责任的经营实体。

2. 个人独资企业的特征

个人独资企业具有以下基本特征：

(1) 个人独资企业是由一个自然人出资设立的企业。在我国，个人独资企业的投资人还应是具有中国国籍的自然人。

(2) 个人独资企业不具有法人资格。个人独资企业即使具有一定的规模，有内部组织机构，也只是非法人组织。这是个人独资企业区别于一人公司的显著特征。

(3) 个人独资企业的投资者对企业债务承担无限责任。投资者以个人财产出资的，以投资者个人的财产对企业债务承担无限责任。需要注意的是，投资者若以其家庭共有财产作为个人出资的，应当依法以家庭共有财产对企业债务承担无限责任。

(4) 个人独资企业是一种个人所有的企业。个人独资企业的财产为投资者一人所有，投资者对企业的财产享有完全的所有权，其有关权利可以依法进行转让或继承。

3. 与个体工商户的区别

个人独资企业与个体工商户的相同之处是两者的投资人数相同，投入的财产及由此所产生的收益均归投资者个人所有，均承担无限责任。

二者的区别也是明显的，具体体现为：

(1) 成立的法律依据不同。前者是依据《个人独资企业法》成立和规范运行的，后者是依据《城乡个体工商户管理暂行条例》成立和规范运行的。

(2) 成立的条件不同。前者必须具有合法的企业名称，具有固定的生产经营场所和必要的生产经营条件及从业人员。而后者是否采用字号名称，完全由经营者自行决定，法律、法规无特别要求。对经营场所和从业人员也无前述限制，从事客货运输、贩运以及摆摊设点、流动服务的个体工商户无须固定的经营场所。

(3) 享有的权利不同。前者享有企业名称专用权，可以设立分支机构，可以自行管理企业事务，也可以委托或者聘用其他具有民事行为能力的人负责企业事务的管理。而后者的字号名称一般不能转让，也不能设立分支机构，投资人必须亲自从事经营活动。

另外，二者在者缴纳的税费、清算程序、承担民事责任的时效期间等方面均有不同。

(二) 个人独资企业的立法

为了规范个人独资企业的行为，保护个人独资企业投资人和债权人的合法权益，维护社会经济秩序，促进社会主义市场经济的发展，第九届全国人大第十一次会议于1999年8月30日通过了《中华人民共和国个人独资企业法》（以下简称《个人独资企业法》），并于2000年1月1日起施行。

二、个人独资企业的设立

(一) 个人独资企业的设立条件

根据《个人独资企业法》的规定，设立个人独资企业应当具备下列5个条件：

1. 投资人为一个自然人

在我国，个人独资企业的投资人只能是具有完全民事行为能力的中国公民，并且法律、行政法规禁止从事营利性活动的人，不得作为投资人申请设立个人独资企业。根据我国有关法律、行政法规规定，国家公务员、党政机关领导干部、警官、法官、检察官、商业银行工作人员等人员，不得作为投资人申请设立个人独资企业。

２. 有合法的企业名称

个人独资企业的名称中不得使用"有限"、"有限责任"或者"股份有限"等字样。

３. 有投资人申报的出资

《个人独资企业法》对设立个人独资企业的出资没有数额限制。设立个人独资企业可以用货币出资，也可以用实物、土地使用权、知识产权或者其他财产权利出资。若以家庭共有财产作为个人出资的，应当在设立申请中予以注明。

４. 有固定的生产经营场所和必要的生产经营条件

个人独资企业以其主要办事机构所在地为住所。

５. 有必要的从业人员

（二）个人独资企业的设立程序

１. 申请

申请设立个人独资企业，应当由投资人或者其委托的代理人向个人独资企业所在地的登记机关提交设立申请书、投资人身份证明、生产经营场所使用证明等文件。委托代理人申请设立登记时，应当出具投资人的委托书和代理人的合法证明。

个人独资企业设立申请书应当载明：企业的名称和住所、投资人的姓名和居所、投资人的出资额和出资方式、经营范围。从事法律、行政法规规定须报经有关部门审批的业务，应当在申请设立登记时提交有关部门的批准文件。

２. 工商登记

登记机关应当在收到设立申请文件之日起15日内，对符合条件的，予以登记，发给营业执照；对不符合条件的，不予登记，并应当给予书面答复，说明理由。个人独资企业设立分支机构，应当由投资人或者其委托的代理人向分支机构所在地的登记机关申请登记，领取营业执照。分支机构经核准登记后，应将登记情况报该分支机构隶属的个人独资企业的登记机关备案。分支机构的民事责任由设立该分支机构的个人独资企业承担。

个人独资企业的营业执照的签发日期，为个人独资企业成立日期。在领取个人独资企业营业执照前，投资人不得以个人独资企业名义从事经营活动。个人独资企业存续期间登记事项发生变更的，应当在作出变更决定之日起的15日内依法向登记机关申请办理变更登记。

三、个人独资企业的事务管理

个人独资企业在管理上采取灵活的方式，既可自行管理，也可以委托或者聘用其他具有民事行为能力的人管理。

１. 投资人自行管理

个人独资企业投资人可以自行管理企业事务。

２. 委托或者聘用他人管理

投资人委托或者聘用他人管理个人独资企业事务，应当与受托人或者被聘用的人签订书面合同，明确委托的具体内容和授予的权利范围。投资人对受托人或者被聘用的人员职权的限制，不得对抗善意的第三人。

受托人或者被聘用的人员应当履行诚信、勤勉义务，按照与投资人签订的合同负责个人独资企业的事务管理。投资人委托或者聘用的人员管理个人独资企业事物违反双方订立的合同，给投资人造成损害的，承担民事赔偿责任。

为充分保护投资人的合法权益，《个人独资企业法》第二十条规定：投资人委托或者聘用的管理个人独资企业事务的人员不得有下列行为：①利用职务上的便利，索取或者收受贿赂；②利用职务或者工作上的便利侵占企业财产；③挪用企业的资金归个人使用或者借贷给他人；④擅自将企业资金一个人名义或者以他人名义开来账户储存；⑤擅自以企业财产提供担保；⑥未经投资人同意，从事与本企业相竞争的业务；⑦未经投资人同意，同本企业订立合同或者进行交易；⑧未经投资人同意，擅自将企业商标或者其他知识产权转让给他人使用；⑨泄露本企业的商业秘密；⑩法律、行政法规禁止的其他行为。

五、个人独资企业的权利、义务

（一）个人独资企业的权利

（1）个人独资企业可以依法申请贷款、取得土地使用权，并享有法律、行政法规规定的其他权利。

（2）任何单位和个人不得违反法律、行政法规的规定，以任何方式强制个人独资企业提供财力、物力、人力；对于违法强制提供财力、物力、人力的行为，个人独资企业有权拒绝。

（二）个人独资企业的义务

（1）个人独资企业应当依法设置会计账簿，进行会计核算。

（2）个人独资企业职工依法建立工会，工会依法开展活动。

（3）个人独资企业招用职工的，应当依法与职工签订劳动合同，保障职工的劳动安全，按时、足额发放职工工资。个人独资企业应当按照国家规定参加社会保险，为职工缴纳社会保险费。

个人独资企业违反法律规定，侵犯职工合法权益，未保障职工劳动安全，不缴纳社会保险费用的，按照有关法律、行政法规予以处罚，并追究有关责任人员的责任。

五、个人独资企业的解散和清算

（一）解散

根据《个人独资企业法》第二十六条规定，个人独资企业有下列情形之一时，应当解散：①投资人决定解散；②投资人死亡或者被宣告死亡，无继承人或者继承人决定放弃继承；③被依法吊销营业执照；④法律、行政法规规定的其他情形。

（二）清算

个人独资企业解散，由投资人自行清算或者由债权人申请人民法院指定清算人进行清算。投资人自行清算的，应当在清算前15日书面通知债权人，无法通知的，应当予以公告。债权人应当在接到通知之日起30日内，未接到通知的应当在公告之日起60日内，向投资人申报其债权。

个人独资企业解散后，原投资人对个人独资企业存续期间的债务仍应承担偿还责任，但债权人在5年内未向债务人提出清偿请求的，该责任消灭。

个人独资企业解散的，财产应当按照下列顺序清偿：①所欠职工工资和社会保险费用；②所欠税款；③其他债务。

清算期间，个人独资企业不得开展与清算目的无关的经营活动。在清偿债务前，投资人不得转移、隐匿财产。个人独资企业财产不足以清偿债务的，投资人应当以其个人的其他财产予以清偿。

个人独资企业清算结束后,投资人或者人民法院指定的清算人应当编制清算报告,并于15日内到登记机关办理注销登记。

案例2.2 个人独资企业转让前债务承担案例

案情:2004年9月,被告赵某经工商管理部门核准登记,开办了A药房,企业性质为个人独资企业,投资人为赵某。2004年10月,A药房向原告张某借款5万元,约定季度付息2250元。2005年12月,被告赵某与被告关某签订了"药房转让协议书",协议约定:"赵某以13万元将A药房转让给关某,转让过户前,A药房的所有债权债务都由赵某承担,关某不承担转让前药房法人经营期间的任何债权债务。"2006年1月,经工商管理部门批准,关某将A药房投资人由赵某变更为关某、A药房更名为B药房。现原告张某起诉被告B药房及赵某、关某为共同被告,要求给付借款5万元及利息。

争议:本案在审理过程中,对A药房与原告张某借款事实无异议,主要是对个人独资企业转让前的债务由谁承担、如何承担存在严重分歧。第一种意见认为,应由原投资人独立承担给付责任。因为个人独资企业在企业转让前所负债务是原投资人赵某个人债务,企业转让应视为是旧企业的消灭、新企业的产生。受让人给付对价款取得该企业,他无权对原企业的债权主张权利,也没有义务偿还原企业的债务。并且被告赵某、关某在转让时已对债权债务进行了约定,按照约定应由赵某独自承担责任。第二种意见认为,应由B药房承担给付责任,现投资人关某承担补充责任。个人独资企业及现投资人承担完责任后,再向原投资人追偿。第三种意见认为,应由B药房承担给付责任,现投资人关某承担补充责任,原投资人赵某对全部债务承担连带责任。

评析:这里同意第三种意见。理由如下:

(1)个人独资企业因转让、变更企业名称及投资人产生的法律后果。本案关某与赵某在协议转让A药房时,并没有将A药房的工商执照及工商注册号注销,办理B药房的工商执照及注册号,而是延续使用原有的工商注册号,并到工商部门办理了工商执照变更手续,变更了企业名称和投资人。企业名称的变更不是原企业的消灭、新企业的产生,而是企业经营存续期间的变更,并不影响企业对外享有权利承担债务。至于投资人改变,根据《个人独资企业登记管理办法》第十七条"个人独资企业因转让或者继承致使投资人变化的,个人独资企业可向原登记机关提交转让协议书或者法定继承文件,申请变更登记"的规定,也应属于企业变更登记的范畴。本案因个人独资企业转让致使投资人发生变化及企业名称变更仍应属于企业变更登记的范畴之内,而非新企业的产生、原企业的消灭。因此,B药房对企业转让前的债务仍负有偿还义务,应先以其独立的自身财产承担无限责任。根据《个人独资企业法》第三十一条"个人独资企业财产不足以清偿债务的,投资人应当以其个人的其他财产予以清偿"的规定,B药房企业财产不足以清偿债务的,再由现投资人关某承担补充责任。

(2)原投资人赵某应对全部债务承担连带责任。个人独资企业法及其他法律对原投资人是否承担责任、如何承担责任无明文规定。上述第二种观点认为,债权人张某无权向原投资人赵某主张权利,而是由个人独资企业及现投资人承担完责任后,再向原投资人追偿。这样将助长原投资人与现投资人恶意串通,或者原投资人为了逃避债务,故意将个人独资企业转让给无偿债能力的第三人,致使债权人无法实现债权,导致原投资人以合法形式逃债,不利于更好地保护债权人的利益,不利于交易安全和经济秩序的稳定,也不利于个人独资企业的健康发展。而若判决原投资人对全部债务承担连带责任,一是能减少诉累,更好地保护债权人及个人独资企业的利益;二是能最大限度地体现公平与意思自治原则,符合原投资人与现投资人的真实意思表示；三是能维护交易安全、确保无恶意逃债，从而保护个人独资企业合理、健康发展。

资料来源：http://news.9ask.cn/grdz/tjzs/201107/1468438.shtml

思考题

1. 理解下列重要术语：
法人　合伙企业　个人独资企业　合伙人的竞业禁止义务
2. 简述合伙企业的设立条件。
3. 简述个人独资企业的设立条件。
4. 比较个人独资企业与个体工商户的异同。
5. 比较合伙企业与个人独资企业在责任承担上的异同。

第三章 外商投资企业法

第一节 概述

一、外商投资企业法概念

外商投资企业是指依照中华人民共和国的法律在中国境内设立的，由中国投资者和外国投资者共同投资或者单独由外国投资者投资设立的企业。

外商投资企业法是调整外商投资企业在设立、终止、延长及其生产经营活动过程中所发生的各种经济关系的法律规范的总称。根据我国宪法和相关法律的规定，中国投资者包括中国的企业或者其他经济组织，外国投资者包括外国的企业、其他经济组织和个人。在我国，外商投资企业一般包括中外合资经营企业、中外合作经营企业、外资企业和中外合资股份有限公司四种类型。由于历史的原因和实际情况，这里所指的"外商"包括一切国外和境外的投资者，即包括港、澳、台同胞和侨胞。

二、外商投资企业的立法

自改革开放以来，我国有关外商投资企业的立法经历了一系列历史性变更，国家陆续制定和颁布了有关外商投资的法律、法规，逐步形成了一个初具规模、具有中国特色的外商投资法律体系。

目前，我国有关外商投资的法律、法规主要有：

1. 《中华人民共和国中外合资经营企业法》（以下简称《合资经营企业法》）

《合资经营企业法》于1979年7月1日第五届全国人大二次会议通过，并于1990年4月4日作了第一次修正。为了适应加入世界贸易组织的需要，2001年3月15日第九届全国人大第四次会议进行了第二次修正。该法的颁布，开始了我国外商投资企业法律调整的新时代。

2. 《中华人民共和国中外合作经营企业法》（以下简称《合作经营企业法》）

《合作经营企业法》于1988年4月13日第七届全国人大第一次会议通过。为了适应迅速变化的时代要求，2000年10月31日第九届全国人大第十八次会议对该法进行了修订。

3. 《中华人民共和国外资企业法》（以下简称《外资企业法》）

《外资企业法》于1986年4月12日第六届全国人大第四次会议通过，于2000年10月31日进行了修订。

为了便于贯彻，国务院根据上述三部法律的规定，制定了三个实施细则，即《中外合资经营企业法实施细则》、《中外合作经营企业法实施细则》、《外资企业法实施细则》。另外还有大量的单行法规出台，如《中外合资经营企业合营期限暂行规定》、《中外合资经营企业合营各方出资的若干规定》、《国务院关于鼓励外商投资的规定》、《外商投资企业清算办法》、《关于设立外商投资股份有限公司若干问题的暂行规定》等配套规定和措施。

第二节 中外合资经营企业法

一、中外合资经营企业的概念

中外合资经营企业（以下简称合营企业）是指中国合营者与外国合营者依照中国法律的规定，在中国境内共同投资、共同经营，并按照投资比例分享利润，分担风险及亏损的企业。

从法律上讲，合营企业属于"股权式合营企业"，合营各方的投资都折算成股权，并按股权份额分享利润、分担风险，投资各方的权利义务都很明确，因此，大多数中外投资者都愿意采用这种形式。

二、合营企业的设立程序

（一）设立条件

根据《合资经营企业法实施条例》的规定，在中国境内设立的合营企业，应当能够促进中国经济的发展和科学技术水平的提高，有利于社会主义现代化建设。合营企业的投资方向应当符合国务院《指导外商投资方向规定》的要求。

申请设立合营企业有下列情况之一的，不予批准：①有损中国主权的；②违反中国法律的；③不符合中国国民经济发展要求的；④造成环境污染的；⑤签订的协议、合同、章程显属不公平，损害合营一方权益的。

（二）设立合营企业的申请

申请设立合营企业，由中外合营者共同向审批机构报送下列文件：①设立合营企业的申请书；②合营各方共同编制的可行性研究报告；③由合营各方授权代表签署的合营企业协议、合同和章程；④由合营各方委派的合营企业董事长、副董事长、董事人选名单；⑤审批机构规定的其他文件。以上所列文件应当用中文书写，其中可行性研究报告，合营企业协议、合同和章程，合营企业董事长、副董事长、董事人选名单可以同时用合营各方商定的一种外文书写。两种文字书写的文件具有同等效力。审批机构发现报送的文件有不妥之处的，应当要求限期修改。

在报送的材料中，需要注意合营企业协议、合营企业合同与合营企业章程之间的关系。所谓合营企业协议，是指合营各方对设立合营企业的某些要点和原则达成一致意见而订立的文件；所谓合营企业合同，是指合营各方为设立合营企业就相互权利、义务关系达成一致意见而订立的文件；所谓合营企业章程，是指按照合营企业合同规定的原则，经合营各方一致同意，规定合营企业的宗旨、组织原则和经营管理方法等事项的文件。

合营企业协议与合营企业合同有抵触时，以合营企业合同为准。经合营各方同意，也可以不订立合营企业协议而只订立合营企业合同、章程。合营企业合同的附件与合营企业合同具有同等效力，合营企业合同的订立、效力、解释、执行及其争议的解决，均应当适用中国的法律。

（三）设立合营企业的审批

根据《合资经营企业法实施条例》第六条规定，在中国境内设立合营企业，必须经中华人民共和国对外贸易经济合作部①审查批准，批准后，由其发给批准证书。

为了简化手续，提高审批效率，《合资经营企业法实施条例》还做了委托审批的规定。凡具备下列条件的，国务院授权省、自治区、直辖市人民政府或者国务院有关部门审批：①投资总额在国务院规定的投资审批权限以内，中国合营者的资金来源已经落实的；②不需要国家增拨原材料，不影响燃料、动力、交通运输、外贸出口配额等方面的全国平衡的。依照上述规定批准设立的合营企业，应当报商务部备案。

审批机构自接到中外合营者按规定报送的全部文件之日起，3个月决定批准或者不批准。审批机构发现报送的文件有不当之处的，应当要求限期修改。

（四）设立合营企业的登记

申请者应当自收到批准书之日起1个月内，按照国家有关规定，向工商行政管理机关办理登记手续。合营企业的营业执照签发日期，即为该合营企业的成立日期。

三、合营企业的组织形式

合营企业的形式为有限责任公司，合营各方对合营企业的责任以其各自认缴的出资额为限，合营企业以其全部资产对其债务承担责任。

但根据有关法律，经批准合营企业可以转为股份有限公司。1992年6月15日国家计委、国家体改委颁布的《股份制试点企业宏观管理的暂行规定》指出："在国家颁布的外商投资目录范围内，欢迎和鼓励外资入股组建股份制企业。""已设立的中外合资经营企业转为股份有限公司，需经原审批机关会同有关部门批准。"在深圳、上海早已出现了经批准改制为股份有限公司的中外合资经营企业，这些规定和实践突破了有限责任公司这一组织形式的限制，拓宽了外商投资企业等筹集资金的渠道。

四、合营企业的注册资本

合营企业的注册资本是指为了设立合营企业而在登记管理机关的资本总额，即为合营各方认缴的出资额之和。合营企业的注册资本一般以人民币表示，也可以用合营各方约定的外部表示。在合营企业的注册资本中，外国合营者的投资比例一般不低于25%。合营者的注册资本如果转让必须经合营各方同意。

（一）投资总额

合营企业的投资总额不同于注册资本。投资总额是指合营企业合同、章程规定的生产规模需要投入的基本建设资金和生产流动资金的总和。

根据国家工商总局于1987年发布的《中外合资经营企业注册资本与投资总额比例的暂行规定》第三条规定，中外合资经营企业的注册资本与投资总额的比例，应当遵守下列规定：

（1）中外合资经营企业的投资总额在300万美元以下（含300万美元）的，其注册资本至少应占投资总额的7/10。

---

① 中华人民共和国对外贸易经济合作部是中华人民共和国国务院曾经存在的部门，负责对外贸易事务。1982年，由进出口管理委员会、对外贸易部、对外经济联络部和外国投资管理委员会四个单位合并，设立对外经济贸易部，主管中国对外贸易。1993年3月16日，第八届全国人民代表大会第一次会议决定，撤销对外经济贸易部，新设对外贸易经济合作部。它的工作职能基本延续了之前的机构，主要负责对外贸易事务。2003年3月，第十届全国人民代表大会第一次会议决定，在对外贸易经济合作部和原国家经济贸易委员会的基础上，组建中华人民共和国商务部。

（2）中外合资经营企业的投资总额在300万美元以上至1000万美元（含1000万美元）的，其注册资本至少应占投资总额的1/2，其中投资总额在420万美元以下的，注册资本不得低于210万美元。

（3）中外合资经营企业的投资总额在1000万美元以上至3000万美元（含3000万美元）的，其注册资本至少应占投资总额的2/5，其中投资总额在1250万美元以下的，注册资本不得低于500万美元。

（4）中外合资经营企业的投资总额在3000万美元以上的，其注册资本至少应占投资总额的1/3，其中投资总额在3600万美元以下的，注册资本不得低于1200万美元。

中外合资经营企业如遇特殊情况，不能执行上述规定，由商务部会同国家工商行政管理局批准。

（二）出资方式

合营者可以用货币出资，也可以用建筑物、厂房、机器设备或者其他物料、工业产权、专有技术、场地使用权等作价出资。作为外国合营者出资的机器设备或者其他物料，应当是合营企业生产所必需的，其作价不得高于同类机器设备或其他物料当时的国际市场价格。

作为外国合营者出资的工业产权或者专有技术，必须符合下列条件之一：①能显著改进现有产品的性能、质量、提高生产效率的；②能显著节约原材料、燃料、动力的。此外，外国合营者应当提交该工业产权或者专有技术的有关资料，包括专利证书或者商标注册证书的复制件、有效状况及其技术特性、实用价值、作价的计算根据、与中国合营者签订的作价协议等有关文件，作为合营合同的附件。

外国合作者以机器设备或其他物料、工业产权或专有技术作为出资的，应报审批机关批准。这里需要注意的是，我国《公司法》与《中外合资经营企业法》在实物出资方面的规定有差异。根据《公司法》的规定，对作为出资的实物、工业产权、非专利技术或者土地使用权，必须进行评估作价，核实资产，不得高估或者低估；而依据中外合资经营企业法的规定，对作为出资的实物、工业产权、非专利技术、场地使用权，其作价可由合营各方根据公平合理的原则协商确定，或者聘请合营各方同意的第三方评定。

外国合营者作为出资的技术和设备，必须确实是适合我国需要的先进技术和设备。如果有意以落后的技术和设备进行欺骗，造成损失的，应赔偿损失。

（三）出资期限

合营各方应按照项目进度，在合同、章程中明确规定出资期限，并且按期缴清各自的出资额。逾期未缴或者未缴清的，应当按规定支付迟延利息或者赔偿损失。

（1）一次缴付。外商投资企业合同中规定一次缴付出资的，投资各方应当自营业执照签发之日起6个月内缴清。

（2）分期缴付。合同规定分期缴付的，投资各方第一期出资不得低于各自认缴出资额的15%，并且应于营业执照签发之日起3个月内缴清。

分期缴付的总期限应遵守下列规定：①注册资本在50万美元以下（含50万美元）的，自营业执照核发之日起1年内，应将资本全部缴清；②注册资本在50万美元以上、100万美元以下（含100万美元）的，自营业执照核发之日起1.5年内，应将资本全部缴清；③注册资本在100万美元以上、300万美元以下（含300万美元）的，自营业执照核发之日起2年内，应将资本全部缴清；④注册资本在300万美元以上、1000万美元以下（含1000万美元）的，自营业执照核发之日起3年内，应将资本全部缴清；⑤注册资本在1000万美元以上的，出资期限由审批机关根据实际情况审定。

(3) 未按规定缴付的后果。合营各方未能在规定的期限内缴付出资的，视同合营企业自动解散，合营企业批准证书自动失效。合营企业应当向工商行政管理机关办理注销登记手续，缴销营业执照；不办理注销登记手续和缴销营业执照的，由工商行政管理机关吊销其营业执照，并予以公告。

五、合营企业的组织机构

（一）董事会

《合资经营企业法》第六条规定："合营企业设立董事会。"董事会是合营企业的最高权力机构，董事会的职权由合营企业章程规定。董事会负责讨论决定合营企业的一切重大问题，包括企业发展规划、生产经营活动方案、收支预算、利润分配、劳动工资计划、停业，以及总经理、副总经理、总工程师、总会计师、审计师的任命或聘请及其职权和待遇等。

董事会的人数组成由合营各方协商，在合同、章程中确定，并由合营各方委派和撤换，其成员不得少于3人。董事的任期为4年，经合营各方继续委派可以连任。董事长和副董事长由合营各方协商确定或由董事会选举产生。中外合营者的一方担任董事长的，由他方担任副董事长。董事长是合营企业的法定代表人。

（二）经营管理机构

合营企业设经营管理机构，负责企业的日常经营管理工作。经营管理机构设总经理1人，副总经理若干人。总经理执行董事会会议的各项决议，组织、领导合营企业的日常经营管理工作。在董事会授权范围内，总经理对外代表合营企业，对内任免下属人员，行使董事会授予的其他职权。

总经理、副总经理由合营企业董事会聘请，可以由中国公民担任，也可以由外国公民担任。经董事会聘请，董事长、副董事长、董事可以兼任合营企业的总经理、副总经理或者其他高级管理职务。

合营企业的各项保险应向中国境内的保险公司投保。

六、合营企业的合营期限、解散与清算

（一）合营期限

根据《合资经营企业法》第十三条的规定，合营企业的合营期限按不同行业、不同情况，做不同的约定。一些行业的合营企业，应当约定合营期限；还有一些行业的合营企业，可以约定合营期限，也可以不约定合营期限。约定合营期限的合营企业，合营各方同意延长合营期限的，应在距合营期满6个月前向审查批准机关提出申请。审查批准机关应自接到申请之日起1个月内决定批准或不批准。

（二）解散

根据《合资经营企业法实施条例》的规定，合营企业在下列情况下解散：①合营期限届满；②企业发生严重亏损，无力继续经营；③合营一方不履行合营企业协议、合同、章程规定的义务，致使企业无法继续经营；④因自然灾害、战争等不可抗力遭受严重损失，无法继续经营；⑤合营企业未达到其经营目的，同时又无发展前途；⑥合营企业合同、章程所规定的其他解散原因已经出现。

发生上述第②④⑤⑥项情况的，由董事会提出解散申请书，报审批机构批准；发生上

述第③项情况的，由履行合同的一方提出申请，报审批机构批准。在第③项情况下，不履行合营企业协议、合同、章程规定的义务一方，应当对合营企业由此造成的损失负赔偿责任。

（三）清算

合营企业宣告解散时，应当进行清算。合营企业应当按照《外商投资企业清算办法》的规定成立清算委员会，由清算委员会负责清算事宜。

清算委员会的成员一般应当在合营企业的董事中选任。董事不能担任或者不适合担任清算委员会成员时，合营企业可以聘请中国的注册会计师、律师担任。审批机构认为必要时，可以派人进行监督。清算费用和清算委员会成员的酬劳应当从合营企业现存财产中优先支付。

清算委员会的任务是对合营企业的财产、债权、债务进行全面清查，编制资产负债表和财产目录。提出财产作价和计算依据，制订清算方案，提请董事会会议通过后执行。清算期间，清算委员会代表该合营企业起诉和应诉。

合营企业的清算工作结束后，由清算委员会提出清算结束报告，提请董事会会议通过后，报告审批机构，并向登记管理机构办理注销登记手续，缴销营业执照。合营企业解散后，各项账册及文件应当由原中国合营者保存。

第三节　中外合作经营企业法

一、中外合作经营企业的概念

中外合作经营企业（以下简称合作企业）是指中国合作者与外国合作者依照中国法律的规定，在中国境内共同举办的，按合同的约定分配收益或者产品，分担风险和亏损的企业。中国合作者包括中国的企业或者其他经济组织，外国合作者包括外国企业、其他经济组织和个人。

从法律上讲，合作企业属于"契约式合营企业"。合营各方的投资并不折算成股份，收益或者产品的分配、风险和亏损的分担，由各方在合作企业合同中加以约定。

合作企业与合营企业虽然都为外商投资企业，但二者之间有许多不同之处。合营企业是股权式合营企业，合营各方按股权份额分享利润，分担风险；其组织形式可以是有限责任公司，也可以是股份有限公司，具有法人资格；管理体制上采取单一的董事会领导下的总经理负责制；中外双方只有在依法解散时才能收回自己的资本，清算后的剩余财产按原来各方的投资比例进行分配。合作企业是契约式合营企业，合作各方的权利义务均由双方协商，在合同中加以确定；可以具有法人资格，也可以不具有法人资格；在管理体制上，可以设立董事会，也可以不设立董事会只设联合管理机构；合资期满时合作企业的全部固定资产归中国合作者拥有的前提下，外国合作者在合作期限内可以依合同的约定在合作期限内先行收回投资。

二、合作企业的设立

1. 设立条件

在中国境内举办合作企业，应当符合国家的发展政策和产业政策，遵守国家关于指导外商投资方向的规定。《合作经营企业法》第四条规定："国家鼓励举办产品出口或者技术先进的生产型合作企业。"[①]

申请设立合作企业，有下列情形之一的，不予批准：①损害国家主权或者社会公共利益的；②危害国家安全的；③对环境造成污染损害的；④有违反法律、行政法规或者国家产业政策的其他情形的。

2. 设立合作企业的申请

设立合资企业由商务部或者国务院授权的部门和地方人民政府审批批准。

设立合作企业属于下列情形的，由国务院授权的部门或者地方人民政府审查批准：①投资总额在国务院规定由国务院授权的部门或者地方人民政府审批的投资限额以内的；②自筹资金，并且不需要国家平衡建设、生产条件的；③产品出口不需要领取国家有关主管部门发放的出口配额、许可证，或者虽需要领取，但在报送项目建议书前已征得国家有关主管部门同意的；④由法律、行政法规规定由国务院授权的部门或者地方人民政府审查批准的其他情形的。

设立合作企业，应当由中国合作者向审查批准机关报送下列文件：①设立合作企业的项目建议书，并附送主管部门审查同意的文件；②合作各方共同编制的可行性研究报告，并附送主管部门审查同意的文件；③由合资各方的法定代表人或其授权的代表签署的合资企业协议、合同、章程；④合作各方的营业执照或者注册登记证明、资信证明及法定代表人的有效证明文件，外国合作者是自然人的，应当提供有关其身份、履历和资信情况的有效证明文件；⑤合作各方协商确定的合作企业董事长、副董事长、董事或者联合管理委员会主任、副主任、委员的人选名单；⑥审查批准机关要求报送的其他文件。

3. 设立合作企业的审批

审批机关应当自收到规定的全部文件之日起45天内决定批准或者不批准。对外经济贸易主管部门和国务院授权的部门批准设立的合作企业，由对外经济贸易主管部门颁发批准证书。国务院授权地方人民政府批准设立的合作企业，由有关地方人民政府颁发批准证书，并自批准之日起30日内将有关批准文件报送对外经济贸易主管部门备案。

4. 登记

设立合作企业的申请经批准后，应当自接到批准之日起30日内向工商行政管理机关申请登记，领取营业执照。营业执照签发日期为企业的成立日期。合作企业自成立之日起30日内向税务机关办理税务登记。

三、合作企业的组织形式

《合作经营企业法》第二条第二款规定："合作企业符合中国法律关于法人条件的规定的，依法取得中国法人资格。"即合作企业包括依法取得中国法人资格的合资企业和不具有法人资格的合资企业。合作企业依法取得中国法人资格的为有限责任公司。不具有法人资格的合作企业，合作各方的关系是一种合伙关系，合作各方应根据其认缴的出资额或提供的合作条件，在合作合同中确定各自承担债务的比例，但不影响合作各方连带责任的承担。

四、合作企业的注册资本

合作企业的注册资本可以用人民币表示，也可以用合作各方约定的一种可自由兑换的

[①] 产品出口企业是指产品主要用于出口，年度外汇总收入减去年度生产经营支出额和外国投资者汇出分得利润所需外汇额以外，外汇有结余的生产型企业。

先进技术企业是指外国投资者提供先进技术，从事新产品开发，实行产品升级换代，以增加出口创汇或者进口替代的生产性企业。

外币表示。在依法取得中国法人资格的合作企业中，外国合作者的投资一般不低于合作企业注册资本的25%，合作企业的注册资本在合作期限内不得减少，但是因投资总额和生产经营规模变化确需减少的，须经审批机关批准。合作企业的注册资本不同于投资总额。

中外合作者投资或者提供的合作条件可以是现金、实物、土地使用权、工业产权、非专利技术和其他财产权利。中国合作者的投资或者提供的合作条件，属于国有资产的，应当依照有关法律、行政法规的规定进行资产评估。合作各方应当以其自有的财产或者财产权利作为投资或者合作条件，对该投资或者合作条件不得设置抵押权或者其他形式的担保。

五、合作企业的分配方式和投资的回收

合作经营企业法规定，中外合作者依照合同的约定，分配收益或者产品，承担风险和亏损，此外，中外合作者在合作企业合同中的约定合作期满时合作企业的全部固定资产归中国合作者所的，可以在合作企业合同中约定外国合作者在合作期限内先行收回投资的办法，如约定由外国合作者先行收回投资的，须向财政税务机关提出申请并经过审批，同时，中外合作者应依有关法律规定和合作企业合同的约定，对合作企业的债务承担责任。

六、合作企业的组织机构

合作企业的经营管理方式和组织管理机构的设置比较灵活，可以选择以下三种管理方式。

1. 董事会制

具有法人资格的合作企业，一般实行董事会制。董事会是合作企业的最高权力机构，决定合作企业的重大问题。

2. 联合管理制

不具有法人资格的合作企业，一般实行联合管理制。联合管理机构由合作各方代表组成，是合作企业的最高权力机构，决定合作企业的重大问题。联合管理机构主任是合作企业的法定代表人，联合管理机构可以设立经营管理机构，也可以不设立经营管理机构。

3. 委托管理制

无论合作企业是否具备法人资格，经合作各方一致同意，合作企业可以委托中外合作一方进行管理，也可以委托合作方以外的第三方经营管理。合作企业成立后改为委托第三方经营管理的，属于合作合同的重大变更，必须经董事会或者联合管理机构一致同意，并应当与被委托人签订委托经营管理合同，报审批机关审批，向工商行政管理机关办理变更登记手续。

七、合作企业的期限与解散

合作企业的合作期限由中外合作者协商，并在合作企业合同中订明，双方若同意延长合作期限的，应在距合作期满180天前向审批机关提出申请，审批机关应自接到申请之日起30天内决定批准或不批准。

合作企业期满或提前终止的，应当依法定程序对资产和债权、债务进行清算，并向工商行政管理机关和税务机关办理注销登记手续。

案例3.1　中外合作经营的合同审核

中外双方经过多次协商，准备签署一份中外合作经营的合同，合作企业合同的内容中有以下条款：

（1）中外合作企业设立董事会，中方担任董事长，外方担任副董事长。董事会每届任期4年，董事长和董事均不得连任。

（2）合作企业投资的注册资本为50万美元，中方出资40万美元，外方出资10万美元，自营业执照核发之日起一年半内，应将资本全部缴齐。

（3）合作企业的合作期限为12年，合作期满时，合作企业的全部固定资产无偿归中国合作者所有，外国合作者依法可以在合作期限内先行回收投资。

请问上述条款是否合法？为什么？

评析：（1）第一条的约定违反了《中外合作经营企业法》关于合作企业组织机构的规定：董事会每届任期不得超过3年。董事任期届满，委派方继续委任的，可以连任。

（2）第二条的约定也违反了《中外合作经营企业法》的有关规定：对取得法人资格的合作企业，外国合作者的投资比例一般不得低于合作企业注册资本的25%。而上述约定中外方出资10万美元，只占注册资本总额50万美元的20%，显然低于法定比例。此外，投资者分期出资的总期限也不符合规定："注册资本在50万美元以下（含50万美元）的，自营业执照核发之日起一年内，应将资本全部缴齐。"

（3）第三条约定符合《中外合作经营企业法》的规定，是合法的，可以保留。

第四节 外资企业法

一、外资企业的概念和特征

外资企业是指依照中国有关法律在中国境内设立的全部资本由外国投资者投资的企业。不包括外国企业和其他经济组织在中国境内的分支机构。

外资企业具有以下法律特征：

1. 外资企业是依照中国法律设立的企业

外资企业的设立必须符合中国法律规定的设立条件，并依法申请审批，登记而设立，它必须遵守中国法律法规，不得损害中国的社会公共利益，外国投资者在中国境内的投资、获得的利润和其他合法权益，受中国法律保护。

2. 外资企业是建立在中国境内的企业

外资企业在中国境内设立，即外资企业的主要办事机构、住所必须设在中国境内。这是外资企业与外国企业的根本区别，因此，《外资企业法》规定，外资企业不包括外国企业和其他经济组织在中国境内的分支机构。

3. 外资企业的全部资本由外国投资者投资

这是外资企业与合营企业和合作企业的主要区别，其投资主体可以是独家外商，也可以为两家或两家以上合资的外商。中国企业、其他经济组织不提供资本。

二、《外资企业法》的主要内容

《外资企业法》是调整依中国法律在中国境内设立的、全部资本由我国投资者投资的企业，在设立、终止及其生产经营过程中所发生的各种经济的法律规范的总称。

1. 外资企业的设立、期限和终止

设立外资企业，由国务院对外经济贸易主管部门或国务院授权的机关批准后，在规定时间内向工商行政管理部门申请登记，经批准后，领取营业执照，依法成立。符合中国法律关于法人条件规定的,可依法取得中国法人资格。外商投资企业的合法权益受我国法律保护,国家对外资企业不实行国有化和征收,在特殊情况下,根据社会公共利益的需要,对外资企业实行征收和给予相应的补偿。

外资企业的经营期限由外国投资者申报,并由审批机关批准,期满需延长的,应在期满180天内向审批机关提出申请,审批机关应于接到之日起30天内决定批准或不批准。

外资企业的分立、合并或变更其他事项,经审批机关审批后向工商行政管理机关办理变更登记手续。外资企业的终止,应及时公告,依法定程序进行清算,并向工商行政管理机关办理注销登记手续和缴销营业执照。

2. 外资企业的组织形式、组织机构与出资方式

外资企业的组织形式为有限责任公司,经批准也可为其他责任形式。外资企业为有限责任公司,外国投资者对企业的责任以其认缴的出资额为限,外资企业为其他责任形式的,外国投资者对企业的责任适用中国法律法规的规定。

外资企业为有限责任公司的,为中国法人,其组织机构可采用董事会制,下设经营管理部门,聘请总经理,在章程规定的范围内进行经营管理活动。

外国投资者可以用自由兑换的外币出资,也可以用机器设备、工业产权、专有技术等作价出资。经审批机关批准,外国投资者也可以用其从中国境内举办的其他外商投资企业获得的人民币利润出资。

3. 外资企业的经营管理

(1) 生产经营管理

外资企业享有物资采购权,对于在批准的经营范围内所需的机器设备、原材料、燃料等物资,按照公平、合理的原则,可以在国内市场或者在国际市场购买。外资企业享有产品销售自主权。企业可根据国内外市场情况自主决定产品的内销或外销。国家鼓励举办产品出口或者技术先进的外资企业。

(2) 财务会计管理

外资企业必须在中国境内设置会计账簿,进行独立核算。外资企业应当向财税机关报送年度资产负债表和损益表,接受财税机关的监督,并报审批机关和工商行政管理机关备案。外资企业的年度会计报表和清算会计报表,应当聘请中国的注册会计师进行验证并出具报告。

(3) 劳动管理

外资企业在中国境内雇佣职工,应当依照中国的法律、行政法规签订劳动合同。劳动合同应订明雇佣、辞退、报酬、福利、劳动保护、劳动保险等事项。企业应负责职工的业务、技术培训,建立考核制度,使职工在生产、管理技能方面能够适应企业的生产与发展的需要。外资企业的职工有权建立工会组织,开展工会活动。

思考题

1. 理解下列重要术语:
外商投资企业 中外合资经营企业 中外合作经营企业
2. 比较中外合资经营企业与中外合作经营企业在设立条件上的异同。
3. 比较个人独资企业与外资独资企业的异同。

第四章 公司法

第一节 概述

一、公司的概念和特征

(一) 公司的概念

公司是一种重要的企业组织形式，但由于各国对公司成立的法律要求不同，因此公司的法律概念也不尽相同。《公司法》第三条规定："公司是企业法人，有独立的法人财产，享有法人财产权，公司以其全部财产对公司的债务承担责任。"根据以上规定，可以给公司作如下定义：公司是依法设立，以营利为目的，由股东投资而设立的企业法人。

(二) 公司的特征

1. 合法性

公司必须依公司法或其他相关法律规定的条件和程序设立。非法设立或貌似"公司"的组织，不仅不会受到公司法的保护，相关主体还将被追究法律责任。

2. 营利性

以营利为目的，一方面是指公司的经营目的是为了获取利润；另一方面是指经营具有连续性，即连续从事同一性质的经营活动，且经营范围要固定。这一特征使公司区别于不直接从事经营活动的国家行政机关及各类事业法人，也区别于一些看似从事一定的经济活动，但不以营利为目的的其他组织，如慈善机构。

3. 法人性

公司区别于独资企业和合伙企业的显著特征就是公司具有独立的法人资格。公司是企业法人，公司财产与公司成员的个人财产区别开来，公司是以自己的命义依法独立享有权利和承担义务。

4. 集合性

公司是股东以财产进行的联合。根据传统公司法，公司是社团法人的一种，一般由两个以上股东组成。各股东按照公司章程的规定，共同出资、共享利润、共担风险，具有明显的集合性。虽然公司法中认可了"一人公司"，但这只是公司常态的例外。

(二) 公司的分类

1. 公司的学理分类

(1) 依公司的信用标准不同，可将其分为：①人合公司。公司的设立和经营着重于股东的个人条件，以股东个人的信用、地位和声誉作为对外活动基础的公司。无限公司是典型的人合公司。②资合公司。公司的设立和经营着重于公司的资本数额，以股东的出资为信用基础的公司。股份有限公司为典型的资合公司。③人合兼资合公司。公司的设立和经营兼具人的信用和资本信用两方面特征的公司。

(2) 依公司的组织系统不同，可将其分为：①母公司（也称控股公司）。即通过掌握其他公司的股份，从而能实际控制其经营活动的公司。②子公司（也称受控公司）。即受母公司控制但在法律上具有独立法人资格的公司。

(3) 依公司的管辖系统不同，可将其分为：①总公司（也称本公司）。依法首先设立或与分公司同时设立，管辖公司全部组织的总机构。②分公司。在法律上和经济上没有独立地位，受总公司所管辖的分支机构。分公司不具有法人资格。

(4) 依公司国籍不同，可将其分为：①本国公司。公司国籍依特定国家的公司法规定而设立的属于该国的公司。②外国公司。公司虽设立在本国，但其国籍不属于本国，而是依他国公司法设立的属于他国的公司。我国《公司法》设专章对此作了专门规定。③多国公司（也称跨国公司、国际公司）。由母公司与设立在各国的子公司、分公司组成的，以本国为基地或中心从事国际性生产经营活动的经济组织。它在法律上并非一独立的公司，而表现为公司之间所形成的一种特殊的联系，实质上为母、子公司与总、分公司间的法律关系。

2. 公司的法律分类

大陆法系国家将公司主要分为四种类型：

(1) 无限公司。全体股东对公司债务负无限连带责任的公司。

(2) 有限责任公司（也称有限公司）。一般由两个以上股东出资设立、各股东仅以其出资额为限对公司债务负清偿责任，公司以全部资产对其债务承担责任的公司。

(3) 股份有限公司（也称股份公司）。由一定数量股东出资设立的，公司全部资本分为等额股份，股东以其所认购的股份额对公司债务承担有限责任，公司以其全部资产对公司债务承担责任的公司。

(4) 两合公司。由无限责任股东与有限责任股东组成的，无限责任股东对公司债务负无限连带责任，有限责任股东对公司债务仅以其出资额为限承担有限责任的公司。

二、公司法的概念及适用范围

(一) 公司法的概念

公司法有广义和狭义之分。广义的公司法是指调整关于公司的设立、组织机构及公司对内对外的各种经济关系的法律规范的总称。其调整对象主要包括以下两方面：①公司在设立、组织和活动中所发生的财产关系。主要有公司内部的财产关系和公司外部的财产关系。②公司在设立、组织和活动中所发生的管理关系。主要指公司与国家有关主管部门之间的管理关系和公司内部的管理关系。

狭义的公司法指《公司法》。1993年12月29日，第八届全国人大常委会通过《公司法》，自1994年7月1日起施行。1999年12月、2004年8月、2005年10月全国人大常委会对此进行了三次修订或修正，自2006年1月1日起施行。新《公司法》共13章219条，原法中只有20余条内容未变，但立法体系与法律结构更为合理严谨。从内容上看，新《公司法》的立法理念更适应市场经济之需要，体现了鼓励投资，简化程序，提高效率的精神，取消了诸多不必要的国家干预的条款，废除了股份公司设立的审批制，减少了强制性规范，强化当事人意思自治，突出了公司章程的制度构建作用，为进一步完善公司治理结构，加强对股东权益的保护提供了制度保障。

(二) 公司法的适用范围

《公司法》第二条规定："本法所称公司是指依照本法在中国境内设立的有限责任公司

和股份有限公司。"因此，我国《公司法》的适用范围仅包括有限责任公司和股份有限公司两类。值得一提的是，外商投资的有限责任公司和股份有限公司也可以适用《公司法》，但是，有关外商投资的法律另有规定的，适用其规定。

第二节　有限责任公司

一、有限责任公司的概念

有限责任公司是指公司股东对公司债务仅以其出资额为限承担责任，公司以其全部资产对公司债务承担责任的企业法人。

与股份有限责任公司相比较，有限责任公司不向社会募集资本，股东通常是基于信任而联合起来的，具有一定的封闭性，因此其设立程序相对更简便，股东人数也相对更稳定。

二、有限责任公司的设立

（一）公司设立的概念

公司设立是指发起人为组建公司，依照法律规定的条件和程序，使其取得法人资格所进行的一系列法律行为的总称。公司设立与公司成立不同。公司设立是始于发起人进行公司筹备活动，到最终公司获得法人资格的全过程；公司成立则是公司依法设立，最终取得法律主体资格的一种事实状态。

（二）设立方式

公司的设立方式可以分为以下两种：

1. 发起设立

发起设立也称单纯设立或共同设立，是指公司资本由发起人全部认购，不向他人招募资本的公司设立方式。无限公司、两合公司、有限公司只能采取此种方式设立，股份有限公司也可采取此种方式设立。

2. 募集设立

募集设立也称渐次设立、复杂设立，是指公司设立时发起人只认购公司一定比例的股份，其余部分向社会公开募集或者向特定对象募集的公司设立方式。只有股份有限公司方能采取此种设立方式。

根据我国《公司法》的规定，有限责任公司采取的是发起设立方式。

（三）设立条件

1. 股东符合法定人数

我国有限责任公司由50个以下股东出资设立。《公司法》允许一个自然人股东或者一个法人股东的有限责任公司，即一人有限责任公司的存在。自然人股东应具有完全的民事行为能力，且不属于法律禁止经商的党政机关公务人员。

2. 股东出资达到法定注册资本的最低限额

有限责任公司注册资本的最低限额为人民币3万元。法律、行政法规对有限责任公司注册资本的最低限额有较高规定的，从其规定。

有限责任公司的注册资本为在公司登记机关登记的全体股东认缴的出资额。公司全体股东的首次出资额不得低于注册资本的20%，也不得低于法定的注册资本最低限额，其余部分由股东自公司成立之日起2年内缴足；其中，投资公司可以在5年内缴足。

股东可以用货币出资，也可以用实物、知识产权、土地使用权等可以用货币估价并可以依法转让的非货币财产作价出资；但是，法律、行政法规规定不得作为出资的财产除外。全体股东的货币出资金额不得低于有限责任公司注册资本的30%。股东缴纳出资后，必须经依法设立的验资机构验资并出具证明。

案例4.1 公司设立人可以以劳务出资吗？

案情：2010年，广州市的顾某与张某约定准备开设一家有限责任公司，在公司设立的过程中，顾某提供了公司成立所需要的注册资本，并提供了公司的营业场地以及办公用品所需要的费用。在此期间，张某为该公司的成立四处奔走，独自办理了公司成立的全部手续，办理了公司办公处的租赁事宜，购买了全部的办公用品，招聘了公司的全部工作人员，该公司于2010年10月正式成立，名称为"广州市某某物资有限责任公司"，顾某为该公司的总经理，张某为副总经理。

2001年，顾某见公司的效益很好，又在工作中与张某发生了一系列的矛盾，故不愿与张某分享利润，在张某缺席的情况下，顾某召开了公司全体员工会议，除去张某的副总经理的职务，张某认为，其在公司成立的过程中付出了劳动，应该是公司的主要股东之一，理应参加公司的分红，并且顾某在其缺席的情况下撤销了自己的副总经理职务，是不合程序的，顾某的行为侵犯了他的股东权益，于是诉之法院，要求恢复副总经理的职务，分给他应有的分红并对其进行赔偿。

评析：本案的关键是公司的出资能不能以劳务的形式进行。所谓劳务出资，是指股东以精神上、身体上的劳务抵冲出资。在一些大陆法系国家的公司法是允许无限责任股东以信用和劳务作为出资。但依据我国的《公司法》规定：有限责任公司和股份有限公司的资本由现金、实物、工业产权、土地使用权等构成，劳务不能作为公司资本的组成要素，即我国的公司不能以劳务入股。在本案中，张某虽然在公司的成立过程中付出了很多的劳务，但是这些劳务不能看作出资，即张某自始至终都没有取得该公司的股东的身份。所以张某主张要求取得分红的诉讼请求是得不到法院的支持的，张某仅能通过要求公司对其为公司付出的劳务给予合理的报酬来进行救济，而免去张某的副总经理的职务并没有侵犯其股东的权利，故不能以此为理由要求公司对其进行赔偿。法院最终驳回了张某的诉讼请求。

3. 股东共同制定公司章程

有限责任公司章程应当载明下列事项：公司名称和住所；公司经营范围；公司注册资本；股东的姓名或者名称；股东的出资方式、出资额和出资时间；公司的机构及其产生办法、职权、议事规则；公司法定代表人；股东会会议认为需要规定的其他事项。股东应当在公司章程上签名、盖章。

4. 有公司名称，建立符合有限责任公司要求的组织机构

公司名称是一个公司区别于其他公司的标记，因此具有排他性，在一定范围内，一个公司只能使用特定的经过注册的名称。在设立程序上，体现为在公司向登记机关报送登记资料前，应首先向公司登记机关申请名称预先核准。公司名称通常由公司注册所在地的行政区划、商号、公司所属行业或经营特点、公司的类别四部分组成。

有限责任公司必须在公司名称中标明"有限责任公司"或者"有限公司"字样。同时，有限责任公司还应建立与法律规定相一致的组织机构，即设立股东会、董事会或执行董事、监事会或监事。

5. 有公司住所

公司以其主要办事机构所在地为住所。

三、有限责任公司的组织机构

(一) 股东会

1. 股东会的设立与地位

有限责任公司股东会由全体股东组成，是公司权力机构。除法律有特别规定，有限责任公司必须设股东会。

2. 股东会职权

根据《公司法》第三十八条规定，有限责任公司股东会行使下列职权：①决定公司的经营方针和投资计划；②选举和更换非由职工代表担任的董事、监事，决定有关董事、监事的报酬事项；③审议批准董事会的报告；④审议批准监事会或者监事的报告；⑤审议批准公司的年度财务预算方案、决算方案；⑥审议批准公司的利润分配方案和弥补亏损方案；⑦对公司增加或者减少注册资本作出决议；⑧对发行公司债券作出决议；⑨对公司合并、分立、解散、清算或者变更公司形式作出决议；⑩修改公司章程；⑪公司章程规定的其他职权。

对上述所列事项股东以书面形式一致表示同意的，可以不召开股东会会议，直接作出决定，并由全体股东在决定文件上签名、盖章。

3. 股东会会议

股东会不采取常设机构或日常办公的方式。股东会会议分为定期会议和临时会议。定期会议应当依照公司章程的规定按时召开。代表 1/10 以上表决权的股东，1/3 以上的董事，监事会或者不设监事会的公司的监事提议召开临时会议的，应当召开临时会议。

首次股东会会议由出资最多的股东召集和主持。以后的股东会会议，公司设立董事会的，由董事会召集，董事长主持；董事长不能履行职务或者不履行职务的，由副董事长主持；副董事长不能履行职务或者不履行职务的，由半数以上董事共同推举一名董事主持。有限责任公司不设董事会的，股东会会议由执行董事召集和主持。董事会或者执行董事不能履行或者不履行召集股东会会议职责的，由监事会或者不设监事会的公司的监事召集和主持；监事会或者监事不召集和主持的，代表 1/10 以上表决权的股东可以自行召集和主持。

召开股东会会议，应当于会议召开 15 日前通知全体股东；但是，公司章程另有规定或者全体股东另有约定的除外。股东会应当对所议事项的决定作成会议记录，出席会议的股东应当在会议记录上签名。

4. 股东会决策

股东会会议由股东按照出资比例行使表决权；但是，公司章程另有规定的除外。股东会的议事方式和表决程序，除《公司法》有规定的外，由公司章程规定。

股东会会议作出修改公司章程、增加或者减少注册资本的决议，以及公司合并、分立、解散或者变更公司形式的决议，必须经代表 2/3 以上表决权的股东通过。

(二) 董事会、经理

1. 董事会的设立与地位

有限责任公司的董事会是公司股东会的执行机构，向股东会负责。

有限责任公司设董事会，其成员为 3~13 人。股东人数较少或者规模较小的有限责任公司，可以不设董事会，而只设 1 名执行董事。执行董事可以兼任公司经理，其职权由公司章程规定。

两个以上的国有企业或者两个以上的其他国有投资主体投资设立的有限责任公司，其董事会成员中应当有公司职工代表；其他有限责任公司董事会成员中可以有公司职工代表。董事会中的职工代表由公司职工通过职工代表大会、职工大会或者其他形式民主选举产生。董事会设董事长 1 人，可以设副董事长。董事长、副董事长的产生办法由公司章程规定。

2. 董事会的职权

根据《公司法》第四十七条规定，行使下列职权：①召集股东会会议，并向股东会报告工作；②执行股东会的决议；③决定公司的经营计划和投资方案；④制订公司的年度财务预算方案、决算方案；⑤制订公司的利润分配方案和弥补亏损方案；⑥制订公司增加或者减少注册资本以及发行公司债券的方案；⑦制订公司合并、分立、解散或者变更公司形式的方案；⑧决定公司内部管理机构的设置；⑨决定聘任或者解聘公司经理及其报酬事项，并根据经理的提名决定聘任或者解聘公司副经理、财务负责人及其报酬事项；⑩制定公司的基本管理制度；⑪公司章程规定的其他职权。

3. 董事的任期

董事任期由公司章程规定，但每届任期不得超过 3 年。董事任期届满，连选可以连任。董事任期届满未及时改选，或者董事在任期内辞职导致董事会成员低于法定人数的，在改选出的董事就任前，原董事仍应当依照法律、行政法规和公司章程的规定，履行董事职务。

4. 董事会会议

董事会会议由董事长召集和主持；董事长不能履行职务或者不履行职务的，由副董事长召集和主持；副董事长不能履行职务或者不履行职务的，由半数以上董事共同推举一名董事召集和主持。

董事会的议事方式和表决程序，除《公司法》有规定的外，由公司章程规定。董事会应当对所议事项的决定作成会议记录，出席会议的董事应当在会议记录上签名。董事会决议的表决，实行 1 人 1 票。

5. 经理的设立及职权

有限责任公司可以设经理，由董事会决定聘任或者解聘。经理对董事会负责，并列席董事会会议。

根据《公司法》第五十条规定，经理行使下列职权：①主持公司的生产经营管理工作，组织实施董事会决议；②组织实施公司年度经营计划和投资方案；③拟订公司内部管理机构设置方案；④拟订公司的基本管理制度；⑤制定公司的具体规章；⑥提请聘任或者解聘公司副经理、财务负责人；⑦决定聘任或者解聘除应由董事会决定聘任或者解聘以外的负责管理人员；⑧董事会授予的其他职权。公司章程对经理职权另有规定的，从其规定。

(三) 监事会

1. 监事会的设立与地位

有限责任公司的监事会或监事是公司的内部监督机构，对股东负责。

有限责任公司设监事会，其成员不得少于 3 人。但股东人数较少或者规模较小的有限责任公司，可以只设 1~2 名监事，不设监事会。监事会应当包括股东代表和适当比例的公司职工代表，其中职工代表的比例不得低于 1/3，具体比例由公司章程规定。监事会中的职工代表由公司职工通过职工代表大会、职工大会或者其他形式民主选举产生。

监事会设主席 1 人，由全体监事过半数选举产生。监事会主席召集和主持监事会会议；

监事会主席不能履行职务或者不履行职务的,由半数以上监事共同推举 1 名监事召集和主持监事会会议。董事、高级管理人员不得兼任监事。

2. 监事会的职权

根据《公司法》第五十四条规定,监事会、不设监事会的公司的监事行使下列职权:①检查公司财务;②对董事、高级管理人员执行公司职务的行为进行监督,对违反法律、行政法规、公司章程或者股东会决议的董事、高级管理人员提出罢免的建议;③当董事、高级管理人员的行为损害公司的利益时,要求董事、高级管理人员予以纠正;④提议召开临时股东会会议,在董事会不履行本法规定的召集和主持股东会会议职责时召集和主持股东会会议;⑤向股东会会议提出提案;⑥依照本法第一百五十二条的规定,对董事、高级管理人员提起诉讼;⑦公司章程规定的其他职权。

3. 监事的任期

监事的任期每届为 3 年。监事任期届满,连选可以连任。监事任期届满未及时改选,或者监事在任期内辞职导致监事会成员低于法定人数的,在改选出的监事就任前,原监事仍应当依照法律、行政法规和公司章程的规定,履行监事职务。

4. 监事会会议

监事会每年度至少召开一次会议,监事可以提议召开临时监事会会议。监事会的议事方式和表决程序,除本法有规定的外,由公司章程规定。监事会决议应当经半数以上监事通过。监事会应当对所议事项的决定作成会议记录,出席会议的监事应当在会议记录上签名。

四、有限责任公司的股权转让

(一) 股权转让的程序、优先购买权

有限责任公司的股东之间可以相互转让其全部或者部分股权。股东向股东以外的人转让股权,应当经其他股东过半数同意。股东应就其股权转让事项书面通知其他股东征求其他股东同意,其他股东自接到书面通知之日起满 30 日未答复的,视为同意转让。半数以上其他股东不同意转让的,不同意的股东应当购买该部分转让的股权;不购买的,视为同意转让。

经股东同意转让的股权,在同等条件下,其他股东有优先购买权。两个以上股东主张行使优先购买权的,协商确定各自的购买比例;协商不成的,按照转让时各自的出资比例行使优先购买权。公司章程对股权转让另有规定的,从其规定。

(二) 人民法院强制执行股权的规定

人民法院依照法律规定的强制执行程序转让股东的股权时,应当通知公司及全体股东,其他股东在同等条件下有优先购买权。其他股东自人民法院通知之日起满 20 日不行使优先购买权的,视为放弃优先购买权。

(三) 股权转让后公司处理相关义务的规定

因股东原因强制执行程序转让股权后,公司应当注销原股东的出资证明书,向新股东签发出资证明书,并相应修改公司章程和股东名册中有关股东及其出资额的记载。对公司章程的该项修改不需再由股东会表决。

(四) 公司对异议股东的股权收购的规定

根据《公司法》第七十五条规定,有下列情形之一的,对股东会该项决议投反对票的股东可以请求公司按照合理的价格收购其股权：①公司连续五年不向股东分配利润，而公司该五年连续盈利，并且符合本法规定的分配利润条件的；②公司合并、分立、转让主要财产的；③公司章程规定的营业期限届满或者章程规定的其他解散事由出现，股东会会议通过决议修改章程使公司存续的。

自股东会会议决议通过之日起60日内，股东与公司不能达成股权收购协议的，股东可以自股东会会议决议通过之日起90日内向人民法院提起诉讼。

（五）自然人股东资格继承制度的规定

自然人股东死亡后，其合法继承人可以继承股东资格；但是，公司章程另有规定的除外。

五、国有独资公司与一人有限公司

（一）国有独资公司

1. 国有独资公司的概念

国有独资公司是指国家单独出资、由国务院或者地方人民政府授权本级人民政府国有资产监督管理机构履行出资人职责的有限责任公司，即国家是该公司的唯一股东。

国有独资公司章程由国有资产监督管理机构制定，或者由董事会制订报国有资产监督管理机构批准。

2. 国有独资公司的组织机构

（1）国有资产监督管理机构。国有独资公司不设股东会，由国有资产监督管理机构行使股东会职权。

国有资产监督管理机构可以授权公司董事会行使股东会的部分职权，决定公司的重大事项，但公司的合并、分立、解散、增加或者减少注册资本和发行公司债券，必须由国有资产监督管理机构决定；其中，重要的国有独资公司合并、分立、解散、申请破产的，应当由国有资产监督管理机构审核后，报本级人民政府批准。

（2）董事会及经理。国有独资公司设董事会。董事每届任期不得超过3年。董事会成员中应当有公司职工代表。董事会成员由国有资产监督管理机构委派；但是，董事会成员中的职工代表由公司职工代表大会选举产生。董事会设董事长1人，可以设副董事长。董事长、副董事长由国有资产监督管理机构从董事会成员中指定。

国有独资公司设经理，由董事会聘任或者解聘。经理依照《公司法》第五十条规定行使职权。经国有资产监督管理机构同意，董事会成员可以兼任经理。

国有独资公司的董事长、副董事长、董事、高级管理人员，未经国有资产监督管理机构同意，不得在其他有限责任公司、股份有限公司或者其他经济组织兼职。

（3）监事会。国有独资公司监事会成员不得少于5人，其中职工代表的比例不得低于1/3，具体比例由公司章程规定。监事会成员由国有资产监督管理机构委派；但是，监事会成员中的职工代表由公司职工代表大会选举产生。监事会主席由国有资产监督管理机构从监事会成员中指定。

（二）一人有限责任公司

1. 一人有限责任公司的概念

一人有限责任公司是指只有一个自然人股东或者一个法人股东的有限责任公司。

一人有限责任公司与个人独资企业是不同的，具体体现在三个方面。

（1）投资主体不同。前者的投资主体可以是一个自然人股东，也可以是一个法人股东。后者的投资主体只能是一个自然人，财产为投资人个人所有。

（2）转投资不同。对于一个自然人股东的一人有限责任公司对外进行投资时，不能投资设立新的一人有限责任公司。个人独资企业在转投资方面则完全没有限制，个人独资企业的投资人个人完全可以通过受让股份或购买股票的方式成为其他有限责任公司或股份有限责任公司的股东。

（3）民事责任承担方式不同。这也是二者的本质区别，前者对债权人承担有限责任，后者对债权人则承担无限责任。

2. 一人有限责任公司的特别规定

（1）一人有限责任公司的设立。一人有限责任公司的注册资本最低限额为人民币10万元。股东应当一次足额缴纳公司章程规定的出资额。一个自然人只能投资设立一个一人有限责任公司。该一人有限责任公司不能投资设立新的一人有限责任公司。一人有限责任公司应当在公司登记中注明自然人独资或者法人独资，并在公司营业执照中载明。一人有限责任公司章程由股东制定。

（2）一人有限责任公司的组织机构。一人有限责任公司不设股东会。股东作出决定时，应当采用书面形式，并由股东签名后置备于公司。

（3）一人有限责任公司的审计与债务承担。一人有限责任公司应当在每一会计年度终了时编制财务会计报告，并经会计师事务所审计。一人有限责任公司的股东不能证明公司财产独立于股东自己的财产的，应当对公司债务承担连带责任。

第三节 股份有限责任公司

一、股份有限责任公司的概念

股份有限责任公司是指由一定人数的股东组成，公司资本划分为若干金额相等的股份，股东仅以自己认购的股份为限对公司债务承担责任，公司以全部资产对公司债务承担责任的公司。

股份有限公司与有限责任公司相比，其特点体现为股份的等额性，可以采取发起设立或者募集设立的方式，设立程序较为复杂。

二、股份有限责任公司的设立

（一）设立条件

1. 发起人符合法定人数

设立股份有限公司，应当有2人以上200人以下为发起人，其中半数以上的发起人在中国境内有住所。股份有限公司发起人承担公司筹办事务。发起人应当签订发起人协议，明确各自在公司设立过程中的权利和义务。

2. 发起人认购和募集的股本达到法定资本最低限额

股份有限公司注册资本的最低限额为人民币500万元。法律、行政法规对股份有限公司注册资本的最低限额有较高规定的，从其规定。

股份有限公司采取发起设立方式设立的，注册资本为在公司登记机关登记的全体发起人认购的股本总额。公司全体发起人的首次出资额不得低于注册资本的20%，其余部分由发起人自公司成立之日起 2 年内缴足；其中，投资公司可以在 5 年内缴足。在缴足前，不得向他人募集股份。股份有限公司采取募集方式设立的，注册资本为在公司登记机关登记的实收股本总额。

3. 股份发行、筹办事项符合法律规定

4. 发起人制定公司章程，采用募集方式设立的经创立大会通过

根据《公司法》第八十二条规定，股份有限公司章程应当载明下列事项：①公司名称和住所；②公司经营范围；③公司设立方式；④公司股份总数、每股金额和注册资本；⑤发起人的姓名或者名称、认购的股份数、出资方式和出资时间；⑥董事会的组成、职权和议事规则；⑦公司法定代表人；⑧监事会的组成、职权和议事规则；⑨公司利润分配办法；⑩公司的解散事由与清算办法；⑪公司的通知和公告办法；⑫股东大会会议认为需要规定的其他事项。

5. 有公司名称，建立符合股份有限公司要求的组织机构

6. 有公司住所

(二) 设立程序

1. 发起设立的程序

以发起设立方式设立股份有限公司的，发起人应当书面认足公司章程规定其认购的股份；一次缴纳的，应即缴纳全部出资；分期缴纳的，应即缴纳首期出资。以非货币财产出资的，应当依法办理其财产权的转移手续。发起人不依照规定缴纳出资的，应当按照发起人协议承担违约责任。

发起人首次缴纳出资后，应当选举董事会和监事会，由董事会向公司登记机关报送公司章程、由依法设定的验资机构出具的验资证明以及法律、行政法规规定的其他文件，申请设立登记。

2. 募集设立程序

(1) 发起人签订发起协议，制订公司章程。

(2) 发起人认购公司股份。以募集设立方式设立股份有限公司的，发起人认购的股份不得少于公司股份总数的 35%；但是，法律、行政法规另有规定的，从其规定。

(3) 发起人募集股份。主要程序包括：第一，进行募股申请，制作认股书。发起人必须公告招股说明书，并制作认股书，由认股人填写认购股数、金额、住所，并签名、盖章。认股人按照所认购股数缴纳股款。第二，委托证券公司承销，签订代收股协议。发起人向社会公开募集股份，应当由依法设立的证券公司承销，签订承销协议。同时与银行签订代收股款协议，代收股款的银行应当按照协议代收和保存股款，向缴纳股款的认股人出具收款单据，并负有向有关部门出具收款证明的义务。

(4) 召开创立大会。发行股份的股款缴足后，必须经依法设立的验资机构验资并出具证明。发起人应当自股款缴足之日起 30 日内主持召开公司创立大会。创立大会由发起人、认股人组成。发行的股份超过招股说明书规定的截止期限尚未募足的，或者发行股份的股款缴足后，发起人在 30 日内未召开创立大会的，认股人可以按照所缴股款并加算银行同期存款利息，要求发起人返还。发起人应当在创立大会召开 15 日前将会议日期通知各认股人或者予以公告。创立大会应有代表股份总数过半数的发起人、认股人出席，方可举行。

(5) 申请设立登记。董事会应于创立大会结束后 30 日内，向公司登记机关报送包括国务院证券监督管理机构的核准文件在内的相关文件，申请设立登记。

(三) 发起人未缴足出资的规定

股份有限公司成立后，发起人未按照公司章程的规定缴足出资的，应当补缴；其他发起人承担连带责任。股份有限公司成立后，发现作为设立公司出资的非货币财产的实际价额显著低于公司章程所定价额的，应当由交付该出资的发起人补足其差额；其他发起人承担连带责任。

三、股份有限公司的组织机构

股份有限公司中股东大会、董事会、经理、监事会的职权均适用有限责任公司的相关规定。

(一) 股东大会

1. 股东大会的召集和主持

股东大会分为股东年会和临时大会两种。根据《公司法》第一百零一条规定，有下列情形之一的，应当在两个月内召开临时股东大会：①董事人数不足本法规定人数或者公司章程所定人数的三分之二时；②公司未弥补的亏损达实收股本总额三分之一时；③单独或者合计持有公司百分之十以上股份的股东请求时；④董事会认为必要时；⑤监事会提议召开时；⑥公司章程规定的其他情形。

股东大会会议由董事会召集，董事长主持；董事长不能履行职务或者不履行职务的，由副董事长主持；副董事长不能履行职务或者不履行职务的，由半数以上董事共同推举一名董事主持。董事会不能履行或者不履行召集股东大会会议职责的，监事会应当及时召集和主持；监事会不召集和主持的，连续90日以上单独或者合计持有公司10%以上股份的股东可以自行召集和主持。

召开股东大会会议，应当将会议召开的时间、地点和审议的事项于会议召开20日前通知各股东；临时股东大会应当于会议召开15日前通知各股东；发行无记名股票的，应当于会议召开30日前公告会议召开的时间、地点和审议事项。

单独或者合计持有公司3%以上股份的股东，可以在股东大会召开10日前提出临时提案并书面提交董事会；董事会应当在收到提案后2日内通知其他股东，并将该临时提案提交股东大会审议。临时提案的内容应当属于股东大会审议范围，并有明确议题和具体决议事项。

2. 股东出席会议

股东可以委托代理人出席股东大会会议，代理人应当向公司提交股东授权委托书，并在授权范围内行使表决权。无记名股票持有人出席股东大会会议的，应当于会议召开5日前至股东大会闭会时将股票交存于公司。

3. 股东大会的表决权

股东出席股东大会会议，所持每一股份有一表决权。但是，公司持有的本公司股份没有表决权。股东大会作出决议，必须经出席会议的股东所持表决权过半数通过。但是，股东大会作出修改公司章程、增加或者减少注册资本的决议，以及公司合并、分立、解散或者变更公司形式的决议，必须经出席会议的股东所持表决权的2/3以上通过。

《公司法》和公司章程规定公司转让、受让重大资产或者对外提供担保等事项必须经股东大会作出决议的，董事会应当及时召集股东大会会议，由股东大会就上述事项进行表决。

股东大会选举董事、监事，可以依照公司章程的规定或者股东大会的决议，实行累积投票制。所谓累积投票制，是指股东大会选举董事或者监事时，每一股份拥有与应选董事或者监事人数相同的表决权，股东拥有的表决权可以集中使用。

股东大会应当对所议事项的决定作成会议记录，主持人、出席会议的董事应当在会议记录上签名。会议记录应当与出席股东的签名册及代理出席的委托书一并保存。

(二) 董事会、经理

1. 董事会的组成

股份有限公司设董事会，其成员为5~19人。董事会成员中可以有公司职工代表。董事会中的职工代表由公司职工通过职工代表大会、职工大会或者其他形式民主选举产生。董事会设董事长1人，可以设副董事长。董事长和副董事长由董事会以全体董事的过半数选举产生。

2. 董事会的召集与主持

董事长召集和主持董事会会议，检查董事会决议的实施情况。副董事长协助董事长工作，董事长不能履行职务或者不履行职务的，由副董事长履行职务；副董事长不能履行职务或者不履行职务的，由半数以上董事共同推举1名董事履行职务。

3. 董事会会议

董事会每年度至少召开2次会议，每次会议应当于会议召开10日前通知全体董事和监事。代表1/10以上表决权的股东、1/3以上董事或者监事会，可以提议召开董事会临时会议。董事长应当自接到提议后10日内，召集和主持董事会会议。董事会召开临时会议，可以另定召集董事会的通知方式和通知时限。

4. 董事会决议

董事会会议应有过半数的董事出席方可举行，董事因故不能出席，可以书面委托其他董事代为出席，委托书中应载明授权范围。董事会作出决议，必须经全体董事的过半数通过。董事会决议的表决，实行一人一票。董事会应当对会议所议事项的决定作成会议记录，出席会议的董事应当在会议记录上签名。董事应当对董事会的决议承担责任。董事会的决议违反法律、行政法规或者公司章程、股东大会决议，致使公司遭受严重损失的，参与决议的董事对公司负赔偿责任。但经证明在表决时曾表明异议并记载于会议记录的，该董事可以免除责任。

5. 经理

股份有限公司设经理，由董事会决定聘任或者解聘。公司董事会可以决定由董事会成员兼任经理。

(三) 监事会

1. 监事会的组成

股份有限公司设监事会，其成员不得少于3人。监事会应当包括股东代表和适当比例的公司职工代表，其中职工代表的比例不得低于1/3，具体比例由公司章程规定。监事会中的职工代表由公司职工通过职工代表大会、职工大会或者其他形式民主选举产生。

监事会设主席1人，可以设副主席。监事会主席和副主席由全体监事过半数选举产生。监事会主席召集和主持监事会会议；监事会主席不能履行职务或者不履行职务的，由监事会副主席召集和主持监事会会议；监事会副主席不能履行职务或者不履行职务的，由半数以上监事共同推举1名监事召集和主持监事会会议。董事、高级管理人员不得兼任监事。公司法中关于有限责任公司监事任期的规定，适用于股份有限公司监事。

2. 监事会会议

监事会每6个月至少召开一次会议。监事可以提议召开临时监事会会议。监事会的议事方式和表决程序，除公司法有规定的外，由公司章程规定。

  3. 监事会决议

  监事会决议应当经半数以上监事通过。监事会应当对所议事项的决定作成会议记录，出席会议的监事应当在会议记录上签名。

四、上市公司组织机构的特别规定

  上市公司是指其股票在证券交易所上市交易的股份有限公司。《公司法》对其有以下特别规定：第一，增加股东大会特别决议事项。上市公司在1年内购买、出售重大资产或者担保金额超过公司资产总额30%的，应当由股东大会作出决议，并经出席会议的股东所持表决权的2/3以上通过。第二，上市公司设立独立董事，具体办法由国务院规定。第三，上市公司设董事会秘书，负责公司股东大会和董事会会议的筹备、文件保管以及公司股东资料的管理，办理信息披露事务等事宜。第四，增设关联关系董事的表决权排除制度。上市公司董事与董事会会议决议事项所涉及的企业有关联关系的，不得对该项决议行使表决权，也不得代理其他董事行使表决权。该董事会会议由过半数的无关联关系董事出席即可举行，董事会会议所作决议须经无关联关系董事过半数通过。出席董事会的无关联关系董事人数不足3人的，应将该事项提交上市公司股东大会审议。

五、股份有限公司的股份发行和转让

（一）股份发行

  股份有限公司的资本划分为股份，每一股的金额相等。公司的股份采取股票的形式。股票是公司签发的证明股东所持股份的凭证。

  1. 股份发行的基本原则

  股份的发行，实行公平、公正的原则，同种类的每一股份应当具有同等权利。同次发行的同种类股票，每股的发行条件和价格应当相同；任何单位或者个人所认购的股份，每股应当支付相同价额。股票发行价格可以按票面金额，也可以超过票面金额，但不得低于票面金额。

  2. 股票的分类

  公司发行的股票，可以为记名股票，也可以为无记名股票。公司向发起人、法人发行的股票，应当为记名股票，并应当记载该发起人、法人的名称或者姓名，不得另立户名或者以代表人姓名记名。公司发行记名股票的，应当置备股东名册，记载下列事项：①股东的姓名或者名称及住所；②各股东所持股份数；③各股东所持股票的编号；④各股东取得股份的日期。发行无记名股票的，公司应当记载其股票数量、编号及发行日期。

  3. 发行新股的规定

  公司发行新股，股东大会应当对下列事项作出决议：①新股种类及数额；②新股发行价格；③新股发行的起止日期；④向原有股东发行新股的种类及数额。公司经国务院证券监督管理机构核准公开发行新股时，必须公告新股招股说明书和财务会计报告，并制作认股书。公司发行新股，可以根据公司经营情况和财务状况，确定其作价方案。发行新股募足股款后，必须向公司登记机关办理变更登记，并公告。

（二）股份转让

  股东持有的股份可以依法转让。股东转让其股份，应当在依法设立的证券交易场所进行或者按照国务院规定的其他方式进行。

1. 记名股票的转让

记名股票由股东以背书方式或者法律、行政法规规定的其他方式转让。转让后由公司将受让人的姓名或者名称及住所记载于股东名册。股东大会召开前20日内或者公司决定分配股利的基准日前5日内，不得进行上述规定的股东名册的变更登记。但是，法律对上市公司股东名册变更登记另有规定的，从其规定。

2. 无记名股票的转让

无记名股票的转让由股东将该股票交付给受让人后即发生转让的效力。

3. 股票转让的限制

发起人持有的本公司股份，自公司成立之日起1年内不得转让。公司公开发行股份前已发行的股份，自公司股票在证券交易所上市交易之日起1年内不得转让。

公司董事、监事、高级管理人员应当向公司申报所持有的本公司的股份及其变动情况，在任职期间每年转让的股份不得超过其所持有本公司股份总数的25%；所持本公司股份自公司股票上市交易之日起1年内不得转让。上述人员离职后半年内，不得转让其所持有的本公司股份。公司章程可以对公司董事、监事、高级管理人员转让其所持有的本公司股份作出其他限制性规定。

4. 公司收购本公司股份的例外情形

根据《公司法》第一百四十三条规定，公司不得收购本公司股份。但是，有下列情形之一的除外：①减少公司注册资本；②与持有本公司股份的其他公司合并；③将股份奖励给本公司职工；④股东因对股东大会作出的公司合并、分立决议持异议，要求公司收购其股份的。公司因前述第①②③项的原因收购本公司股份的，应当经股东大会决议。公司依照前述规定收购本公司股份后，属于第①项情形的，应当自收购之日起10日内注销；属于第②项、第④项情形的，应当在6个月内转让或者注销。公司依照款第③项规定收购的本公司股份，不得超过本公司已发行股份总额的5%；用于收购的资金应当从公司的税后利润中支出；所收购的股份应当在1年内转让给职工。

公司不得接受本公司的股票作为质押权的标的。

第四节 公司的其他基本法律制度

一、董事、监事、高级管理人员的资格、义务与责任

（一）资格

一般而言，董事、监事、高级管理人员的任职资格包括积极资格和消极资格。前者是指成为公司董事、监事、高级管理人员应当具备的条件；后者则指成为公司董事、监事、高级管理人员禁止的情形。

我国《公司法》第一百四十七条以列举的方式，对董事、监事、高级管理人员的消极资格作出了规定。有下列情形之一的，不得担任公司的董事、监事、高级管理人员：①无民事行为能力或者限制民事行为能力；②因贪污、贿赂、侵占财产、挪用财产或者破坏社会经济秩序，被判处刑罚，执行期满未逾5年，或者因犯罪被剥夺政治权利，执行期满未逾5年；③担任破产清算的公司、企业的董事或者厂长、经理，对该公司、企业的破产负有个人责任的，自该公司、企业破产清算完结之日起未逾3年；④担任因违法被吊销营业执照、责令关闭的公司、企业的法定代表人，并负有个人责任的，自该公司、企业被吊销

营业执照之日起未逾3年；⑤个人所负数额较大的债务到期未清偿。此外，董事、高级管理人员不得兼任监事。公司违反上述规定选举、委派董事、监事或者聘任高级管理人员的，该选举、委派或者聘任无效。董事、监事、高级管理人员在任职期间出现上述所列情形的，公司应当解除其职务。

（二）义务

1. 忠实义务

所谓忠实义务，又称信义义务，是指董事、监事、高级管理人员经营公司业务时，应毫无保留的为公司最大利益努力工作，当自身利益与公司利益发生冲突时，应以公司利益为先。

我国《公司法》对董事、监事、高级管理人员规定的忠实义务主要包括：①不得获得非法利益。董事、监事、高级管理人员不得利用职权收受贿赂或者其他非法收入，不得侵占公司的财产；董事、高级管理人员不得接受他人与公司交易的佣金归己所有。②禁止越权使用公司财产。董事、高级管理人员不得挪用公司资金；将公司资金以其个人名义或者以其他个人名义开立账户存储；违反公司章程的规定，未经股东会、股东大会或者董事会同意，将公司资金借贷给他人或者以公司财产为他人提供担保。③竞业禁止。董事、高级管理人员不得未经股东会或者股东大会同意，自营或者为他人经营与所任职公司同类的业务。④抵触利益交易与篡夺公司机会的禁止。董事、高级管理人员不得未经股东会或者股东大会同意，利用职务便利为自己或者他人谋取属于公司的商业机会；不得违反公司章程的规定或者未经股东会、股东大会同意，与本公司订立合同或者进行交易。⑤禁止泄露公司秘密。董事、高级管理人员不得擅自披露公司秘密。此外，《公司法》还规定，公司的董事、监事、高级管理人员不得利用其关联关系损害公司利益。董事、高级管理人员违反忠实义务所得的收入应当归公司所有。

2. 勤勉义务

所谓勤勉义务，又称善管义务、注意义务或谨慎义务，是指董事、监事、高级管理人员应诚信地履行对公司的职责，尽到普通人在类似情况和地位下谨慎的合理注意义务，为实现公司最大利益努力工作。我国《公司法》第一百四十八条对董事、监事、高级管理人员的勤勉义务作了原则性规定。

董事、监事、高级管理人员执行公司职务时违反法律、行政法规或者公司章程的规定，给公司造成损失的，应当承担赔偿责任。

案例4.2 小股东状告大股东"竞业禁止"案

案情：在上海越凯通信设备有限公司（以下简称越凯公司）任法定代表人和执行董事的大股东洛欣，又成立了经营同类业务的上海辰凯信息技术有限公司（以下简称辰凯公司）。公司小股东王君将其告上法院，要求洛欣向越凯公司给付竞业禁止收入108万余元。近日，上海市静安区人民法院判决由洛欣将辰凯公司收入100.17万余元，支付给越凯公司。

2006年3月上旬，王君、洛欣及黄某、闻某共同出资设立上海越凯通信设备有限公司，其中洛欣出资190万元，占出资比例的38%，王君等人出资均未超过25%。洛欣是大股东，任公司执行董事，王君任公司监事，越凯公司经营范围为通信设备（除专控），五金交电的批售，集成技术开发、技术转让、技术咨询和技术服务等。

2006年3月22日，洛欣又与张某设立了辰凯公司，其中洛欣出资30万元，张某出资20万元，洛欣任执行董事。2007年10月末，辰凯公司变更登记由洛欣增资150万元，出资比例变为90%，张某出资不变比例下降为10%。辰凯公司的经营范围为计算机软硬件，通信设备集成技术开发等与越凯公司相同的业务。

2008年3月18日，辰凯公司2007年度年检专项审计报告显示，该公司年初未付利润为137.7万余元，未分配利润为29.2万余元。2008年3月21日，越凯公司授权辰凯公司，代越凯公司履行与上海某媒体签订的合同及今后技术服务。

2009年1月上旬，王君以高级管理人员损害公司利益赔偿纠纷，把洛欣告上法院，法院通知越凯公司为案件的第三人参加诉讼。王君诉称，越凯公司的执行董事及法定代表人洛欣，竟然设立与本公司经营业务相同的辰凯公司，该行为违反了《公司法》规定，辰凯公司的收入应归越凯公司所有，请求法院判令洛欣须向越凯公司给付竞业禁止收入108.9万余元。

法庭上，洛欣辩称王君所提诉讼缺乏必要法律规定，设立辰凯公司是事先与王君约定的。王君对辰凯公司早已知晓并认可，自己不存在自营与任职公司同类业务的行为，未给越凯公司造成损失。

越凯公司认为，王君未向公司提出要诉讼追究洛欣的责任，不同意王君代表公司提起的诉讼。认为洛欣设立辰凯公司，是事先与王君约定的，不存在有侵害越凯公司的行为，对此王君完全知晓并认可，洛欣在辰凯公司的收入应属于合法收入。

法院审判：我国《公司法》规定董事未经股东会同意，不得自营或者为他人经营与其所在任职公司同类的营业或者从事损害本公司利益的活动。从事此类活动的，所得收入应当归公司所有，这是董事的竞业禁止义务。辰凯公司的2007年度年检专项审计报告，有公司年初未付利润、未分配利润，洛欣表示不认可，也不同意对辰凯公司的财务进行审计，应承担由此不利的法律后果。王君自愿以洛欣原先60%的股权份额来计算洛欣在辰凯公司的全部收入获法院准许，遂法院判决洛欣支付越凯公司100.17万余元。（本案中公司、个人均为化名）

资料来源：http://news.9ask.cn/ldjf/bjtj/201010/903968.shtml

二、公司的财务会计制度和利润分配

（一）公司的财务会计制度

根据《公司法》规定，公司应当依照法律、行政法规和国务院财政主管部门的规定建立公司的财务会计制度，并在每一会计年度终了时制作财务会计报告，并依法经会计师事务所审计。财务会计报告应当依照法律、行政法规和国务院财政部门的规定制作。

有限公司应按章程规定的期限将财务会计报告送交各股东。股份有限公司应在股东大会召开20日前将财务会计报告置备于公司供股东查阅；公开发行股票的股份有限公司须公告其财务会计报告。

（二）公司的利润分配

为体现资本维持原则，维护公司正常的生产经营活动，公司在对股东进行利润分配时，应遵循无盈不分、多盈多分、少盈少分的原则，依下列顺序分配公司利润：①弥补公司以前年度的亏损，但不得超过税法规定弥补期限（最长不得超过5年）；②缴纳所得税；③弥补税前利润不足以弥补的亏损，但资本公积金不得用于弥补公司的亏损；④提取税后利润10%为公司法定公积金，用于弥补公司亏损、扩大公司生产经营或转增资本。当其累计额为公司注册资本50%以上时可以不再提取。⑤经股东会或股东大会作出决议提取任意公积金。⑥对股东进行分配。分配方式可采用现金分配、增资或发送新股、公积金转增资本的形式进行。有限公司股东按照实缴的出资比例分取红利；以增资方式分配的，股东有权优先按照实缴的出资比例认缴出资。但是，全体股东约定不按照出资比例分取红利或者不按照出资比例优先认缴出资的除外。股份有限公司按照股东持有的股份比例分配，但公司章程规定不按持股比例分配的除外。

值得注意的是，公司持有的本公司股份不得分配利润。如股东会、股东大会或者董事会违反有关规定，在公司弥补亏损和提取法定公积金之前向股东分配利润的，股东必须将违反规定分配的利润退还公司。

三、公司的变更、解散和清算

（一）公司的变更

公司的变更包括公司合并、分立及组织形式的转换。

1. 公司合并

（1）公司合并的概念和形式。公司合并是指两个或两个以上的公司依照法定程序归并入其中一个公司或创设一个新公司的法律行为。公司合并的形式主要有吸收合并和新设合并两种。

（2）公司合并的程序及法律效力。公司合并的程序一般包括：①参与合并公司的董事会或执行董事提出合并方案；②股东会或股东大会对合并作出特别决议；③签订合并协议；④股东会或股东大会通过合并协议；⑤编制资产负债表和财产清单；⑥通知、公告债权人；⑦实施合并并办理登记。

公司合并的法律效力有三点：①公司设立、变更、消灭的效力。吸收合并中，存续公司发生变更，被吸收公司法人资格消灭；新设公司中，参与合并的各公司法人资格消灭，新设立的公司成立。②股东资格的当然承继。原有股东的股份按合并协议转换为合并后公司的股份。③公司权利义务的概括转移。参与合并的公司的权利义务概括地转移给合并后存续或新设的公司，由其全部承受。

2. 公司分立

（1）公司分立的概念和形式。公司分立是指一个公司依法定程序分为两个或两个以上公司的法律行为。公司分立的形式有派生分立和新设分立。派生分立是指一个公司在其法人资格存续情况下，分出一部分或若干部分财产成立一个或数个公司的法律行为。新设分立是指将一个公司的财产进行分割，分别设立两个或两个以上的新公司，原公司因此消灭的法律行为。

因为公司分立的程序及法律后果与公司合并的程序和法律后果基本相同，此不赘述。

（2）公司分立后的债务承担。我国《公司法》规定，公司分立前的债务由分立后的公司承担连带责任。但是，公司在分立前与债权人就债务清偿达成的书面协议另有约定的除外。

3. 公司组织形式的转换

公司组织形式的转换也称公司组织变更，是指原有公司在存续情况下，由一种法定形态转变为另一种法定形态的行为。通常情况下，只有责任形式相近的公司才能进行相互变更。根据《公司法》第九条规定，有限公司与股份有限公司可以相互转换，但应当符合法律规定的有限公司或者股份有限公司的条件，且公司变更前的债权、债务由变更后的公司承继。

（二）公司的解散和清算

1. 公司解散

公司解散是一种终止其法人资格的行为。根据《公司法》的规定，公司因下列原因解散：①公司章程规定的营业期限届满或者公司章程规定的其他解散事由出现；②股东会或者股东大会决议解散；③因公司合并或者分立需要解散；④依法被吊销营业执照、责令关闭或者被撤销；⑤公司经营管理发生严重困难，继续存续会使股东利益受到重大损失，通过其他途径不能解决的，持有公司全部股东表决权10%以上的股东，可以请求人民法院解散公司。

2. 公司清算

公司清算是指公司解散后，清理其财产及债权债务、分配公司剩余财产、了结公司法律关系、最终消灭公司法人资格的法律程序。公司清算分为破产清算和非破产清算，分别适用破产法和公司法。

(1) 清算组的组成。根据我国《公司法》第一百八十四条规定，除破产清算外，公司应当在解散事由出现之日起15日内成立清算组，开始自行清算。有限责任公司的清算组由股东组成，股份有限公司的清算组由董事或者股东大会确定的人员组成。逾期不成立清算组进行清算的，债权人可以申请人民法院指定有关人员组成清算组进行清算。人民法院应当受理该申请，并及时组织清算组进行清算。

(2) 清算组的职权。根据《公司法》第一百八十五条规定，清算组在清算期间行使下列职权：①清理公司财产，分别编制资产负债表和财产清单；②通知、公告债权人；③处理与清算有关的公司未了结的业务；④清缴所欠税款以及清算过程中产生的税款；⑤清理债权、债务；⑥处理公司清偿债务后的剩余财产；⑦代表公司参与民事诉讼活动。

在清算期间，公司存续，但不得开展与清算无关的经营活动。清算期间，公司机关应停止执行职务，由依法组成的清算组对内组织清算，对外代表公司，依法行使其职权。清算组在清理公司财产、编制资产负债表和财产清单后，应当制订清算方案，并报股东会、股东大会或者人民法院确认。

(3) 清算顺序。公司财产在分别支付清算费用、职工工资、社会保险费用和法定补偿金，缴纳所欠税款，清偿公司债务后的剩余财产，有限公司按照股东的出资比例分配，股份有限公司按照股东持有的股份比例分配。公司财产在未按以上顺序清偿前，不得分配给股东。

(4) 清算的终结

公司清算结束后，清算组应当制作清算报告，报股东会、股东大会或者人民法院确认，并报送公司登记机关，申请注销公司登记，公告公司终止。

值得注意的是，如果清算组在清理公司财产、编织资产负债表和财产清单后，发现公司财产不足清偿债务的，应当向人民法院申请宣告破产，依法进入破产清算程序。

思考题

1. 理解下列重要术语：
有限责任公司　一人公司　股份有限责任公司　注册资本
2. 比较一人有限责任公司与个人独资企业的异同。
3. 试述有限责任公司与股份有限公司在设立方式和设立条件上的区别。
4. 简述有限责任公司股东出资转让的法律规定。
5. 简述董事、监事、高级管理人员的义务。

第五章 破产法

第一节 概述

一、破产与破产法的概念

破产一词可在多层含义上理解,但通常都是在经济意义或者法律意义上加以使用。法律意义上的破产,是指债务人不能清偿到期债务时,法院对债务人的所有财产公平清偿给所有债权人的特殊偿债程序。

破产法是破产制度的法律表现形式,破产法起源于罗马法,有狭义和广义之分。我国1986年制定了新中国第一部破产法——《中华人民共和国企业破产法(试行)》,该法仅适用于全民所有制企业的破产。1991年制定的《中华人民共和国民事诉讼法》设专章"企业法人破产还债程序",调整具有法人资格的非国有企业的破产。2006年8月27日,《中华人民共和国企业破产法》(以下简称《企业破产法》)由全国人民代表大会审议通过,2007年7月1日起正式实施。它标志着我国第一部具有现代意义的市场经济的破产法的诞生,这也就是狭义上的企业破产法。广义上的企业破产法还包括其他处理破产案件的程序规范和实体规范,如《合伙企业法》、《公司法》等单行法中关于破产的实体性规范。

二、《企业破产法》的适用范围

值得注意的是,《企业破产法》仅直接适用于企业法人,在我国可以包括国有企业与法人型私营企业、三资企业、上市公司与非上市公司,有限责任公司与股有限公司,甚至金融机构,但金融机构实施该法的,国务院可以依据该法和其他有关法律的规定制定实施办法。

《企业破产法》不能直接适用于非法人组织。依照其他法律规定企业法人以外的组织的清算,属于破产清算的,参照适用《企业破产法》规定的程序。

第二节 破产申请与受理

一、破产申请的实质条件

(一)破产能力

破产能力是指债务人可受破产宣告的资格。依我国《企业破产法》规定,一切企业法人均有破产能力。根据《企业破产法》的规定,可以提出破产申请的主体具体包括债务人、债权人、清算责任人、国务院金融监督管理机构四类。

（二）破产原因

破产原因又称破产界限，是指适用破产程序所依据的特定的法律事实。根据《企业破产法》第二条规定，破产原因有三种：①债务人不能清偿到期债务，并且资产不足以清偿全部债务；②债务人不能清偿到期债务，并且明显缺乏清偿能力；③债务人有明显丧失清偿能力可能，该项仅适用于提起重整申请。

二、破产申请的形式要件

（一）破产申请的提出

关于破产开始的程序，各国破产法有两种立法例，即申请主义和职权主义，各国主要采取以申请主义为主，职权主义为辅的原则。我国破产法采取申请主义原则。向人民法院提出破产申请，应当采用书面形式，提交破产申请书和有关证据。

（二）破产申请的受理

破产申请的受理，又称立案，是指法院对申请人提出的破产申请进行审查，认为符合受理条件并予以立案的司法行为。这是破产程序开始的标志。

1. 审查和受理

债权人提出破产申请的，人民法院应当自收到申请之日起5日内通知债务人。债务人对申请有异议的，应当自收到人民法院的通知之日起7日内向人民法院提出。人民法院应当自异议期满之日起10日内裁定是否受理。若无异议，人民法院应当自收到破产申请之日起15日内裁定是否受理。有特殊情况需要延长前两款规定的裁定受理期限的，经上一级人民法院批准，可以延长15日。

人民法院裁定不受理破产申请的，应当自裁定作出之日起5日内送达申请人并说明理由。申请人对裁定不服的，可以自裁定送达之日起10日内向上一级人民法院提起上诉。人民法院受理破产申请后至破产宣告前，经审查发现债务人不符合破产原因的，可以裁定驳回申请。申请人对裁定不服的，可以自裁定送达之日起10日内向上一级人民法院提起上诉。

2. 破产申请受理后的效力

人民法院受理破产申请后，债务人对个别债权人的债务清偿无效。债务人的债务人或者财产持有人应当向管理人清偿债务或者交付财产。有关债务人财产的保全措施应当解除，执行程序应当中止。人民法院受理破产申请后，已经开始而尚未终结的有关债务人的民事诉讼或者仲裁应当中止；在管理人接管债务人的财产后，该诉讼或者仲裁继续进行。人民法院受理破产申请后，有关债务人的民事诉讼，只能向受理破产申请的人民法院提起。

依法开始的破产程序，对债务人在中华人民共和国领域外的财产发生效力。对外国法院作出的发生法律效力的破产案件的判决、裁定，涉及债务人在中华人民共和国领域内的财产，申请或者请求人民法院承认和执行的，人民法院依照中华人民共和国缔结或者参加的国际条约，或者按照互惠原则进行审查，认为不违反中华人民共和国法律的基本原则，不损害国家主权、安全和社会公共利益，不损害中华人民共和国领域内债权人的合法权益的，裁定承认和执行。

（三）破产案件的管辖

我国法律将破产案件的管辖分为地域管辖和级别管辖。

1. 地域管辖

破产案件由债务人住所地人民法院管辖。债务人住所地为企业法人主要办事机构所在地。

2. 级别管辖

基层人民法院一般管辖县、县级市或区的工商行政管理机关核准登记的企业破产案件，中级人民法院一般管辖地区，地级市（含本级）以上工商行政管理机关核准登记的企业破产案件。

第三节　管理人与债权人会议

一、管理人

（一）管理人概念与指定

管理人是指在破产程序进行过程中负责债务人或破产人财产的管理、处分、业务经营以及破产方案拟订和执行的专门机构。

根据《企业破产法》的相关规定，人民法院裁定受理破产申请后，应当同时指定管理人。债权人会议认为管理人不能依法、公正执行职务或者有其他不能胜任职务情形的，可以申请人民法院予以更换。

（二）管理人的组成与资格

1. 管理人的组成

管理人可以由有关部门、机构的人员组成的清算组或者依法设立的律师事务所、会计师事务所、破产清算事务所等社会中介机构担任。人民法院根据债务人的实际情况，可以在征询有关社会中介机构的意见后，指定该机构具备相关专业知识并取得执业资格的人员担任管理人。个人担任管理人的，应当参加执业责任保险。

2. 管理人的资格

根据《企业破产法》第二十四条的规定，有下列情形之一的，不得担任管理人：①因故意犯罪受过刑事处罚；②曾被吊销相关专业执业证书；③与本案有利害关系；④人民法院认为不宜担任管理人的其他情形。

（三）管理人的权利

管理人对破产申请受理前成立而债务人和对方当事人均未履行完毕的合同有权决定解除或者继续履行，并通知对方当事人。管理人自破产申请受理之日起2个月内未通知对方当事人，或者自收到对方当事人催告之日起30日内未答复的，视为解除合同。管理人决定继续履行合同的，对方当事人应当履行；但是，对方当事人有权要求管理人提供担保。管理人不提供担保的，视为解除合同。

管理人在执行职务过程中，经人民法院许可，可以聘用必要的工作人员。管理人有获得报酬的权利。管理人的报酬由人民法院决定，债权人会议对其报酬有异议的，有权向人民法院提出。

（四）管理人的职责与义务

1. 管理人的职责

管理人主要履行以下职责：①接管债务人的财产、印章和账册、文书等资料；②调查债务人财产状况，制作财产状况报告；③决定债务人的内部管理事务；④决定债务人的日常开支和其他必要开支；⑤在第一次债权人会议召开之前，决定继续或者停止债务人的营业；⑥管理和处分债务人的财产；⑦代表债务人参加诉讼、仲裁或者其他法律程序；⑧提议召开债权人会议；⑨人民法院认为管理人应当履行的其他职责。

2. 管理人的义务

管理人应当履行善良管理人的注意义务，勤勉尽责，忠实执行职务。管理人未勤勉尽责，忠实执行职务的，人民法院可以依法处以罚款；给债权人、债务人或者第三人造成损失的，依法承担赔偿责任；构成犯罪的，依法追究刑事责任。

二、债权申报与债权人会议

(一) 债权申报

人民法院受理破产申请后，应当确定债权人申报债权的期限。债权申报期限自人民法院发布受理破产申请公告之日起计算，最短不得少于 30 日，最长不得超过 3 个月。债权人应当在人民法院确定的债权申报期限内向管理人申报债权。附条件、附期限的债权和诉讼、仲裁未决的债权，债权人可以申报。

需要注意的是，根据我国《企业破产法》规定，债务人所欠职工的工资和医疗、伤残补助、抚恤费用，所欠的应当划入职工个人账户的基本养老保险、基本医疗保险费用，以及法律、行政法规规定应当支付给职工的补偿金，不必申报，由管理人调查后列出清单并予以公示。职工对清单记载有异议的，可以要求管理人更正；管理人不予更正的，职工可以向人民法院提起诉讼。

债权人申报债权时，应当书面说明债权的数额和有无财产担保，并提交有关证据。申报的债权是连带债权的，应当说明。连带债权人可以由其中一人代表全体连带债权人申报债权，也可以共同申报债权。

在人民法院确定的债权申报期限内，债权人未申报债权的，可以在破产财产最后分配前补充申报；但是，此前已进行的分配，不再对其补充分配。为审查和确认补充申报债权的费用，由补充申报人承担。债权人未依破产法规定申报债权的，不得依照破产法规定的程序行使权利。

管理人收到债权申报材料后，应当登记造册，对申报的债权进行审查，并编制债权表。债权表和债权申报材料由管理人保存，供利害关系人查阅。

(二) 债权人会议

1. 债权人会议的地位

债权人会议是由债权人组成的代表全体债权人参加破产程序并集体行使权利的决议机构。在破产程序中，债权人会议不是常设机构，也不是一个执行机关，其所做出的各项决议由管理人等相应机构执行。

2. 债权人会议的组成和召集

债权人会议由依法申报债权的债权人组成。第一次债权人会议由人民法院召集，自债权申报期限届满之日起 15 日内召开。以后的债权人会议，在人民法院认为必要时，或者管理人、债权人委员会、占债权总额 1/4 以上的债权人向债权人会议主席提议时召开。召开债权人会议，管理人应当提前 15 日通知已知的债权人。债权人会议设主席 1 人，由人民法院从有表决权的债权人中指定。债权人会议主席主持债权人会议。

3. 债权人会议的职权及决议

根据《公司法》第六十一条规定，债权人会议行使下列职权：①核查债权；②申请人民法院更换管理人，审查管理人的费用和报酬；⑥监督管理人；④选任和更换债权人委员会成员；⑤决定继续或者停止债务人的营业；⑥通过重整计划；⑦通过和解协议；⑧通过债务人财产的管理方案；⑨通过破产财产的变价方案；⑩通过破产财产的分配方案；⑪人民法院认为应当由债权人会议行使的其他职权。

依法申报债权的债权人享有表决权。债权尚未确定的债权人，除人民法院能够为其行使表决权而临时确定债权额的外，不得行使表决权。对债务人的特定财产享有担保权的债权人，未放弃优先受偿权利的，对上述第⑦和第⑩项事项不享有表决权。债权人可以委托代理人出席债权人会议，行使表决权。代理人出席债权人会议，应当向人民法院或者债权人会议主席提交债权人的授权委托书。

债权人会议的决议，由出席会议的有表决权的债权人过半数通过，并且其所代表的债权额占无财产担保债权总额的 1/2 以上。但是，债权人会议通过重整计划草案，须由出席会议的同一表决组的债权人过半数同意，并且其所代表的债权额占该组债权总额的 2/3 以上。债权人会议通过和解协议的决议，须由出席会议的有表决权的债权人过半数同意，并且其所代表的债权额占无财产担保债权总额的 2/3 以上。债权人会议的决议，对于全体债权人均有约束力。

4. 债权人委员会

债权人会议可以决定设立债权人委员会。债权人委员会由债权人会议选任的债权人代表和 1 名债务人的职工代表或者工会代表组成。债权人委员会成员不得超过 9 人，其成员应当经人民法院书面决定认可。

根据《公司法》第六十八条规定，债权人委员会行使下列职权：①监督债务人财产的管理和处分；②监督破产财产分配；③提议召开债权人会议；④债权人会议委托的其他职权。

债权人委员会执行职务时，有权要求管理人、债务人的有关人员对其职权范围内的事务作出说明或者提供有关文件。如其拒绝接受监督的，债权人委员会有权就监督事项请求人民法院作出决定。

第四节 重整与和解

一、重整

重整是指对已具破产原因或有破产原因而又有再生希望的债务人实施的旨在挽救其生存的法律程序。这是一种积极的挽救债务人避免破产，获得新生的制度。

（一）重整申请

申请是重整程序开始的唯一依据。我国《破产法》规定，债务人、债权人或者出资额占债务人注册资本 1/10 以上的出资人，可以直接向人民法院申请或者在人民法院受理破产申请后、宣告债务人破产前，向人民法院申请重整。

（二）重整期间

重整期间是指法院裁定许可债务人重整之日起，至重整程序终止时的法定期间。其目的在于防止债权人在重整期间对债务人及其财产采取诉讼或其他程序，以保护企业的正常运作和制定重整计划。

1. 自动停止

自动停止是指破产程序启动时,所有针对债务人的实现债权的行为都自动归于停止的制度。这一制度是重整期间对债务人财产价值的保护措施,其目的在于制止债权人的一切个别追讨行为。

根据《企业破产法》规定,这些保护措施主要包括:①重整申请受理后,应当中止一切有关债务人财产的其他民事执行程序和其他保全措施,已开始尚未审结的有关债务人财产或者权利的民事诉讼也应中止;②重整期间,对债务人的特定财产享有的担保权暂停行使。但是,担保物有损坏或者价值明显减少的可能,足以危害担保权人权利的,担保权人可以向人民法院请求恢复行使担保权;③重整期间,债务人的出资人不得请求投资收益分配。债务人的董事、监事、高级管理人员不得向第三人转让其持有的债务人的股权。但是,经人民法院同意的除外。

2. 重整期间的营业机构

在重整期间,经债务人申请,人民法院批准,债务人可以在管理人的监督下自行管理财产和营业事务。依法已接管债务人财产和营业事务的管理人应当向债务人移交财产和营业事务,管理人的职权由债务人行使。管理人负责管理财产和营业事务的,可以聘任债务人的经营管理人员负责营业事务。

3. 重整程序的终止

根据《公司法》第七十八条规定,在重整期间,有下列情形之一的,经管理人或者利害关系人请求,人民法院应当裁定终止重整程序,并宣告债务人破产:①债务人的经营状况和财产状况继续恶化,缺乏挽救的可能性;②债务人有欺诈、恶意减少债务人财产或者其他显著不利于债权人的行为;③由于债务人的行为致使管理人无法执行职务。

(三) 重整计划

重整计划是指以旨在维持债务人的继续营业,谋求债务人的再生并清理债权债务关系为内容的协议。其类似于和解程序中的和解协议,是重整程序中最为重要的法定文件。

1. 重整计划的制订

根据《企业破产法》规定,债务人自行管理财产和营业事务的,由债务人制作重整计划草案。管理人负责管理财产和营业事务的,由管理人制作重整计划草案。重整计划草案应当包括下列内容:①债务人的经营方案;②债权分类;③债权调整方案;④债权受偿方案;⑤重整计划的执行期限;⑥重整计划执行的监督期限;⑦有利于债务人重整的其他方案。

2. 重整计划的通过和批准

债务人或者管理人应当自人民法院裁定债务人重整之日起 6 个月内,同时向人民法院和债权人会议提交重整计划草案。上述期限届满,经债务人或者管理人请求,有正当理由的,人民法院可以裁定延期 3 个月。债务人或者管理人未按期提出重整计划草案的,人民法院应当裁定终止重整程序,并宣告债务人破产。

法院应当自收到重整计划草案之日起 30 日内召开债权人会议,对重整计划草案进行表决。债权人会议应当按照规定的债权分类,对重整计划草案进行分组表决。出席会议的同一表决组的债权人过半数同意重整计划草案,并且其所代表的债权额占该组债权总额的 2/3 以上的,即为该组通过重整计划草案。各表决组均通过重整计划草案时,重整计划即为通过。

自重整计划通过之日起 10 日内,债务人或者管理人应当向人民法院提出批准重整计划的申请。人民法院经审查认为符合法律规定的，应当自收到申请之日起30日内裁定批准，终止重整程序，并予公告。

部分表决组未通过重整计划草案的，债务人或者管理人可以同未通过重整计划草案的表决组协商。该表决组可以在协商后再表决一次。双方协商的结果不得损害其他表决组的利益。未通过重整计划草案的表决组拒绝再次表决或者再次表决仍未通过重整计划草案，但重整计划草案符合法律特别规定的，债务人或者管理人可以申请人民法院批准重整计划草案。人民法院经审查认为符合法律规定的，应当自收到申请之日起30日内裁定批准，终止重整程序，并予公告。

重整计划草案未获得债权人会议通过或者人民法院批准的，人民法院应当裁定终止重整程序，并宣告债务人破产。

3. 重整计划的效力、执行与终止

经人民法院裁定批准的重整计划，对债务人和全体债权人均有约束力。债权人未依法申报债权的，在重整计划执行期间不得行使权利；在重整计划执行完毕后，可以按照重整计划规定的同类债权的清偿条件行使权利。债权人对债务人的保证人和其他连带债务人所享有的权利，不受重整计划的影响。

重整计划由债务人负责执行。人民法院裁定批准重整计划后，已接管财产和营业事务的管理人应当向债务人移交财产和营业事务。自人民法院裁定批准重整计划之日起，在重整计划规定的监督期内，由管理人监督重整计划的执行。在监督期内，债务人应当向管理人报告重整计划执行情况和债务人财务状况。

监督期届满时，管理人应当向人民法院提交监督报告。自监督报告提交之日起，管理人的监督职责终止。管理人向人民法院提交的监督报告，重整计划的利害关系人有权查阅。经管理人申请，人民法院可以裁定延长重整计划执行的监督期限。

债务人不能执行或者不执行重整计划的，人民法院经管理人或者利害关系人请求，应当裁定终止重整计划的执行，并宣告债务人破产。

二、和解

破产和解是指具备破产原因的债务人，为避免破产清算，与债权人在互谅互让的基础上，就债务人延期清偿债务、减少债务数额等事项达成协议，以中止破产程序，防止企业破产的法律制度。和解目的和直接后果在于中止破产程序，防止债务人破产，是一条成本较小的清理债务问题、化解债务危机的途径。

（一）和解协议的提出与通过

债务人可以依照破产法规定，直接向人民法院申请和解；也可以在人民法院受理破产申请后、宣告债务人破产前，向人民法院申请和解。

债务人申请和解，应当提出和解协议草案。人民法院经审查认为和解申请符合法律规定的，应当裁定许可进行和解，予以公告，并召集债权人会议讨论和解协议草案。

债权人会议通过和解协议的决议，须由出席会议的有表决权的债权人过半数同意，并且其所代表的债权额应当占已确定的无财产担保的债权总额的2/3以上。和解协议草案经债权人会议表决未获得通过，或者已经债权人会议通过的和解协议未获得人民法院认可的，人民法院应当裁定终止和解程序，并宣告债务人破产。

（二）和解协议的履行及其法律后果

经人民法院裁定认可的和解协议，对债务人和全体和解债权人均有约束力。在和解协议履行期间，债务人的企业法人地位不变，企业的法定代表人继续依法代表企业法人行使职权，但其经营活动、财产管理受债权人会议、管理人和人民法院的监督。

和解协议生效的法律后果有：①终止和解程序。债权人会议通过和解协议的，由人民法院裁定认可，终止和解程序，并予以公告。管理人应当向债务人移交财产和营业事务，并向人民法院提交执行职务的报告。②解除破产保全处分。破产保全以破产程序进行为前提，和解协议一旦生效，破产程序即中止，破产保全处分也就失去效力。

（三）和解协议的无效和终止

因债务人的欺诈或者其他违法行为而成立的和解协议，人民法院应当裁定无效，并宣告债务人破产。

债务人不能执行或者不执行和解协议的，人民法院经和解债权人请求，应当裁定终止和解协议的执行，并宣告债务人破产。

人民法院受理破产申请后，债务人与全体债权人就债权债务的处理自行达成协议的，可以请求人民法院裁定认可，并终结破产程序。

第五节　破产清算程序

一、破产宣告

破产宣告是指人民法院依当事人申请或依职权，按照法定程序对已具备破产要件的债务人，裁定宣告其破产并进入破产清算程序的司法审判行为。

债务人被宣告破产后，债务人称为破产人，债务人财产称为破产财产，人民法院受理破产申请时对债务人享有的债权称为破产债权。根据《企业破产法》第一百零八条规定，破产宣告前，有下列情形之一的，人民法院应当裁定终结破产程序，并予以公告：①第三人为债务人提供足额担保或者为债务人清偿全部到期债务的；②债务人已清偿全部到期债务的。

二、破产财产与破产债权

（一）破产财产

破产财产是指在破产宣告后，根据法律规定可以依法定程序对债权人的债权进行清偿的破产企业的财产。我国《企业破产法》规定，破产申请受理时属于破产人的全部财产，以及破产申请受理后至破产程序终结前破产人取得的财产，为破产财产。

为维护债权人的合法权益，《企业破产法》第三十一条规定，人民法院受理破产申请前1年内，涉及破产人财产的下列行为，管理人有权请求人民法院予以撤销：①无偿转让财产的；②以明显不合理的价格进行交易的；③对没有财产担保的债务提供财产担保的；④对未到期的债务提前清偿的；⑤放弃债权的。其所对应的财产列入破产财产。

《企业破产法》第三十二条规定，人民法院受理破产申请前6个月内，破产人已达破产界限，但仍对个别债权人进行清偿的，管理人有权请求人民法院予以撤销，但是，个别清偿使破产人财产受益的除外。

《企业破产法》第33条规定，涉及破产人财产的下列行为无效：①为逃避债务而隐匿、转移财产的；②虚构债务或者承认不真实的债务的。对上述行为而取得的破产人的财产，管理人有权追回，并将其列入破产财产。

但人民法院受理破产申请后，破产人占有的不属于破产人的财产，该财产的权利人可以通过管理人取回。但法律另有规定的除外。人民法院受理破产申请时，出卖人已将买卖标的物向作为买受人的破产人发运，破产人尚未收到且未付清全部价款的，出卖人可以取回在运途中的标的物。但管理人可以支付全部价款，请求出卖人交付标的物。

（二）破产债权

破产债权是指人民法院受理破产申请时对债务人享有的债权。值得注意的是，对破产人的特定财产享有担保权的权利人，对该特定财产享有优先受偿的权利。当债权人行使优先受偿权利未能完全受偿的部分，作为普通债权对待，如果当债权人放弃优先受偿权利的，其债权也作为普通债权对待。

根据《公司法》第四十条规定，债权人在破产申请受理前对破产人负有债务的，可以向管理人主张抵消。但是，有下列情形之一的，不得抵消：①破产人的债务人在破产申请受理后取得他人对破产人的债权的；②债权人已知破产人有不能清偿到期债务或者破产申请的事实，对破产人负担债务的；但是，债权人因为法律规定或者有破产申请1年前所发生的原因而负担债务的除外；③破产人的债务人已知破产人有不能清偿到期债务或者破产申请的事实，对破产人取得债权的；但是，破产人的债务人因为法律规定或者有破产申请1年前所发生的原因而取得债权的除外。

三、破产费用与共益债务

（一）破产费用

破产费用是指破产程序中为保障破产程序顺利进行和全体债权人的共同利益而在破产财产的管理、变价和分配中产生的费用，以及为破产财产进行诉讼和办理其他事务而支付的费用。根据《企业破产法》第四十一条规定，破产费用包括：①破产案件的诉讼费用；②管理、变价和分配债务人财产的费用；③管理人执行职务的费用、报酬和聘用工作人员的费用。

（二）共益债务

共益债务是指破产程序中为保障全体债权人的共同利益而管理、变价和分配破产财产而负担的债务。根据《企业破产法》第四十二条规定，人民法院受理破产案件后发生的下列债务为共益债务：①因管理人或者债务人请求对方当事人履行双方均未履行完毕的合同所产生的债务；②债务人财产受无因管理所产生的债务；③因债务人不当得利所产生的债务；④为债务人继续营业而应支付的劳动报酬和社会保险费用以及由此产生的其他债务；⑤管理人或者相关人员执行职务致人损害所产生的债务；⑥债务人财产致人损害所产生的债务。

（三）破产费用与共益债务的清偿

破产费用与共益债务由债务人财产随时清偿。债务人财产不足以清偿所有破产费用和共益债务的，先行清偿破产费用。债务人财产不足以清偿所有破产费用或者共益债务的，按照比例清偿。债务人财产不足以清偿破产费用的，管理人应当提请人民法院终结破产程序。人民法院应当自收到请求之日起15日内裁定终结破产程序，并予以公告。

四、破产清算顺序与破产终结

（一）破产清算顺序

破产财产的分配是指破产管理人将变价后的破产财产依照法定顺序和程序，并经债权人会议通过的分配方案,对全体破产债权人进行平等清偿的程序。破产财产的分配,是破产清算的最后阶段。

《企业破产法》第一百一十三条规定,破产财产在优先清偿破产费用和共益债务后,依照下列顺序清偿:①破产人所欠职工的工资和医疗、伤残补助、抚恤费用,所欠的应当划入职工个人账户的基本养老保险、基本医疗保险费用,以及法律、行政法规规定应当支付给职工的补偿金。②破产人欠缴的除前项规定以外的社会保险费用和破产人所欠税款。③普通破产债权。破产财产不足以清偿同一顺序的清偿要求的,按照比例分配。破产企业的董事、监事和高级管理人员的工资按照该企业职工的平均工资计算。破产财产的分配应当以货币分配方式进行。但是,债权人会议另有决议的除外。

(二)破产程序终结

破产程序的终结是指在破产程序进行中,因法定事由的发生,由法院裁定结束破产程序。终结破产程序的法定事由有以下几种情况:①债务人有《破产法》规定的不予宣告破产的法定事由;②破产财产分配完毕;③债权人与债务人达成庭外和解;④破产财产不足以支付破产费用。

破产程序终结后,债权债务关系即行消灭,未得到清偿的债权不再清偿。破产程序终结后,破产管理人应当向破产企业原登记机关办理破产企业的注销登记。至此,破产企业的法人资格宣告彻底消灭。

自破产程序终结之日起2年内,有下列情形之一的,债权人可以请求人民法院按照破产财产分配方案进行追加分配:①发现破产人有依法应当追回的财产的;②发现破产人有应当供分配的其他财产的。但上述财产数量不足以支付分配费用的,不再进行追加分配,由人民法院将其上交国库。

案例 5.1 雅光葡萄酒厂破产案

案情:2008 年 12 月 10 日,债权人某银行分行向市中级人民法院申请雅光葡萄酒厂破产。经查明,雅光葡萄酒厂仅有资产73.7 万元,债务为159.7 万元,亏损额达 86 万元,资产负债率为46.1%。法院立案,在规定时间内通知债权人,并于2009 年 1 月 5 日在报上公告要求债权人申报债权,规定2009 年 2 月 10 日召开第一次债权人会议。有些债权人担心自己的债权得不到全额清偿,通过各种途径抢先清偿,如从仓库提走产品抵债。2009 年 2 月 10 日第一次债权人会议召开,确认了 24 家债权人,各种债务累计159.7 万元。银行的部分债务是有抵押权的。2009 年 2 月 11 日法院裁定雅光葡萄酒厂破产。2009 年 3 月 9 日破产清算组成立。清算组提出财产分配方案,债权人会议通过所有财产集体拍卖,全体债权人按比例受偿的决议。于是,清算组委托拍卖公司公开拍卖。最终,拍卖所得为59.7 万元(包括手续费)。银行提出异议,不同意含有抵押债权的财产加入整体拍卖,要求优先受偿。法院裁定异议不成立,扣除破产费,按原方案分配后,裁定终止破产程序。

问题:①银行有部分无财产担保债权,申请破产合法吗?②根据《中华人民共和国企业破产法》和《中华人民共和国民事诉讼法》,破产还债程序包括什么?③作为债权人某银行分行申请破产应向法院提交哪些材料?④国有企业破产原因是什么?⑤如果是作为债务人,雅光葡萄酒厂提出破产申请,应向法院提交哪些材料?⑥债务人申请破产是否要得到他人同意?⑦债权人会议召开和清算组成立时间有无不妥?⑧进入破产程序后,个别清偿是否有效?⑨银行有部分抵押债权,以上处理合法吗,你认为应该如何处理?

参考分析:(1)银行有部分无财产担保债权,申请破产合法。

(2) 根据《中华人民共和国企业破产法》和《中华人民共和国民事诉讼法》，破产还债程序是：①债权人或债务人的书面申请；②法院审查，决定是否进入破产还债程序；③进入破产还债程序后，在10日内通知债权人和债务人，并发布公告；④通知后30日内，公告3个月内，申报债权；⑤3个月加15天内，由法院召集第一次债权人会议；⑥企业可以与债权人会议达成和解协议，法院认可，并发公告，中止破产程序；⑦法院裁定宣告企业破产，15日内成立清算组，管理、处理有关事务，并分配；⑧分配完毕，法院终结破产程序；清算组向登记机关注销登记。

(3) 债权人某银行分行申请破产应向法院提交材料：债权发生的证据；债权的性质、数量；有无财产担保和提供证据；不能清偿到期债务的证据，如停止支付，并呈连续性。

(4) 国有企业破产原因是：①企业经营不善；②严重亏损；③不能清偿到期债务。

(5) 债务人提出破产申请，应向法院提交材料包括：财产状况说明、债权债务清册、有关财务会计报告、职工安置预案以及职工工资的支付和社会保险费用的缴纳情况。

(6) 《中华人民共和国企业破产法》第八条第一款规定："债务人经其上级主管部门同意后，可以申请宣告破产。"即国有企业债务人申请破产以上级主管部门同意为条件，因为国有企业的所有权人是国家，而上级主管部门享有代表国家行使所有权的权力。这与非国有企业作为债务人申请破产时需要其所有权人同意是相类似的。例如，我国《公司法》第三十八条和第一百零三条规定，有限责任公司的股东会、股份有限公司的股东大会，行使对公司解散、清算事项做出决议的职权。公司自愿申请破产，与公司解散一样，是关系公司存亡和股东权益得失的重大事项。

(7) 第一次债权人会议应于2009年4月5日后的15天内召开，2009年2月10日召开不妥。清算组应于2009年2月11日后15天内成立，2009年3月9日成立不妥。

(8) 《中华人民共和国企业破产法》第十二条规定："人民法院受理破产案件后，债务人对部分债权人的清偿无效，但是债务人正常生产经营所必需的除外。"这是关于禁止个别清偿的现行规定。要构成"债务人正常生产经营所必需"这一例外，须同时具备四项条件：①债务人仍在从事生产经营；②这种生产经营是正常的，即有利于企业财产保值和债权人的清偿利益；③所为的个别清偿是必需的，即若不实施这一清偿，将有损于企业财产和债权人利益；④受理破产案件的人民法院的批准。所以，债务人在《中华人民共和国企业破产法》第十二条规定的期间实施的个别清偿，凡不具备这四项条件的，应认定为无效。

(9) 银行有部分抵押债权，有权优先受偿，理论上属于别除权。可以把抵押财产单独拍卖优先尝受银行债务，如果拍卖会是整体财产价值减少，也可以整体拍卖，但是保证抵押债权优先充分受偿。

资料来源：http://anli.falv.me/?action-viewnews-itemid-24125

思考题

1. 理解下列重要术语：
重整　破产和解　破产财产　破产债权　破产费用　共益债务
2. 简述破产程序开始的要件。
3. 简述破产财产与破产债权各自的构成范围。
4. 简述破产财产的清偿顺序。

第三编
国际商事行为法

第三编
国际商事仲裁法

第六章 合同法

第一节 概述

一、合同的概念、法律特征与分类

(一) 合同的概念

合同又称契约,是指两个以上当事人在平等自愿的基础上为实现一定目的而达成的协议。在现实生活中,人们可以就各种各样的事项达成协议,但并非任何协议都适用合同法。1999年10月1日起实施的《中华人民共和国合同法》(以下简称《合同法》)第二条规定:"合同是平等主体的自然人、法人、其他组织之间设立、变更、终止民事权利义务关系的协议。婚姻、收养、监护等有关身份关系的协议,适用其他法律的规定。"

(二) 合同的基本法律特征

1. 合同是一种民事法律行为

民事法律行为是指民事主体实施的能够引起民事权利与民事义务的产生、变更或终止的合法行为。合同是以意思表示为成立要素,并且按意思表示的内容赋予法律效果,因此合同在性质上是一种民事法律行为,而非事实行为。

2. 合同是当事人的双方行为

法律行为分为单方行为与双方行为,而合同是一种典型的双方行为。其本质特征是双方当事人(或多方当事人)均要作出意思表示,并且意思表示一致,即当事人之间达成合意。

3. 合同以设立、变更或终止民事权利义务关系为目的

合同是民事主体的一种有意识、有目的性的行为,其目的体现在设立、变更、终止当事人之间的民事权利义务关系。所谓设立民事权利义务关系,是指当事人依法成立合同后,在他们之间便产生了民事权利义务关系。所谓变更民事权利义务关系,是指当事人之间的民事权利义务关系发生变化,形成新的民事权利义务关系。所谓终止民事权利义务关系,是指当事人之间的民事权利义务关系归于消灭。

4. 合同关系应体现平等、自愿与公平的原则

在订立合同时,当事人的法律地位是平等的,任何一方都不得将自己在意志强加给另一方。合同内容应是经过当事人的自愿协商达成,能真实反映当事人的内心愿望,因胁迫、欺诈或重大错误而签订的合同在效力上存在缺陷。合同还应体现出公平的原则,当事人的权利与义务应当对等。

(三) 合同的分类

根据不同的标准,合同有不同的分类。主要的分类有以下几种:

1. 有名合同与无名合同

这是根据法律是否设有规范并赋予特定名称而进行的分类。有名合同又称典型合同，是指法律设有规范，并赋予了特定名称的合同。我国《合同法》所列的买卖合同、借款合同、租赁合同、承揽合同、运输合同等 15 种合同就是有名合同。无名合同又称非典型合同，是指法律没有特别规定，也没有赋予特定名称的合同。

区分有名合同与无名合同的法律意义在于：合同适用的法律不同。有名合同既适用我国《合同法》的总则规定，又直接适用分则中有关该合同的具体规定；无名合同则适用《合同法》总则规定和与该合同相近似的有名合同的法律规定，并同时参照当事人的意思和目的处理。

2. 双务合同与单务合同

这是根据合同当事人是否互负义务而进行的分类。双务合同是指双方当事人都有对待给付的义务。如买卖合同，买方有权获得货物，但也有义务支付货款；卖方有权获得货款，但也有义务交付货物。可见，在双务合同中，一方当事人的权利就是另一方当事人的义务，一方当事人的义务就是另一方当事人的权利。现实生活中的合同大多数为双务合同。单务合同是指仅有一方当事人负给付义务，或虽然双方均负给付义务，但双方的给付义务不能形成对价关系的合同。如赠与合同、民间借款合同、无偿保管合同等。

值得注意的是，单务合同不是单方行为，而仍然是双方行为，比如赠与合同中如果只有赠与人愿意赠与还并不能产生合同关系，还必须有受赠与人愿意接受赠与才能使合同具有法律效力。

3. 诺成合同与实践合同

这是根据合同的成立是否以交付标的物为要件而进行的分类。诺成合同又称不要物合同，是指只要当事人意思表示一致就可以成立的合同。这种合同不以标的物的交付为要件，即所谓的"一诺而成"。在经济生活中，绝大多数合同都是诺成合同。如买卖、租赁、承揽合同等。实践合同又称要物合同，是指除当事人意思表示一致以外，还必须实际交付标的物才能成立的合同。这种合同数量相对较少，如民间借贷、借用、保管、定金合同。在判断一个合同到底是诺成合同还是实践合同，有时还需要具体分析。比如赠与合同，一般的赠与合同自赠与人向受赠人提供赠与物时成立，属于实践合同。但是，对于一些特殊的赠与合同，如具有救灾、扶贫等社会公益、道德义务性质的赠与合同或者经过公证的赠与合同，则属诺成合同。

区分诺成合同与实践合同的意义主要在于二者产生的法律后果不同。在诺成合同中，如不交付标的物则会构成违约责任。而在实践合同中，如果不交付标的物合同则无法成立，也就不存在违约，如果要追究责任的话应是缔约过失责任。

4. 有偿合同与无偿合同

这是根据当事人之间的权利义务是否存在着对价关系而进行的分类。有偿合同是指当事人一方根据合同从对方取得利益必须支付相应代价的合同，如买卖合同、租赁、承揽合同等。有偿合同是商品交换最典型的法律形式。无偿合同是指当事人一方根据合同从对方取得利益不须支付相应代价的合同，如赠与、借用合同等。还有些合同既可以是有偿合同，也可以是无偿合同，如保管合同、委托合同。

值得注意的是，一般而言，有偿合同都是双务合同，但无偿合同并非都是单务合同。这里的"偿"是指相应的代价和报酬，与获得的利益在价值数量上应该相当；"务"则是指负有的义务，该义务不一定与其享有的权利在价值数量上相当。例如，有的赠与合同要求受赠人按赠与人的要求做一些事情，这时的受赠人实际上是在获得赠品的同时有义务去做指定的事情,即为双务合同,但赠与人并不需要为所获得的赠品支付相应的报酬,即为无偿合同。通常来说,即使赠与合同是附条件的,所附的条件与赠品的价值相比也是微不足道的。

5. 要式合同与不要式合同

这是根据合同的成立是否必须采取特定的形式而进行的分类。要式合同是指法律要求必须具备特定形式的合同。特定形式包括书面、公证、登记等。不要式合同又称略式合同,是指法律不要求必须具备特定形式的合同,合同的形式可以由当事人任意选择。在经济生活中,大多数合同属于不要式合同。

6. 主合同与从合同

这是根据相互有联系的合同之间的主从关而进行的分类。主合同是指能够独立存在、不以其他合同的存在为条件的合同;从合同又称附属合同,是指不能独立存在而以其他合同的存在为前提才能成立的合同,如保证合同、抵押合同等担保合同。

7. 格式合同与非格式合同

这是根据合同条款是否能为当事人协商确定而进行的分类。格式合同又称附从合同、定型化合同,是指在订立合同时,一方当事人为了反复使用而预先制订,相对方不能就合同条款进行协商,只能概括地接受或不接受的合同。非格式合同又称商议合同,是指合同条款是经当事人协商确定的合同。这种合同充分考虑了各方当事人的合意自治权,是合同的主要形式。

二、合同法律制度

(一) 我国的合同立法

我国合同法律制度经历了一个曲折的发展过程。20 世纪 80 年代以来,为了适应改革开放的需要,我国先后颁布实施了《中华人民共和国经济合同法》、《中华人民共和国涉外经济合同法》、《中华人民共和国技术合同法》等法律,同时,国务院还制定了一系列与经济合同法、技术合同法相配套的各类实施细则或者合同条例。自此,我国合同法形成了三足鼎立的立法格局,对保护合同当事人的合法权益、维护社会经济秩序发挥了重要的作用。

但随着我国市场经济体制改革的深化,三部单行法分别调整合同关系的模式已经不能适应市场经济对市场交易规则统一化的要求。因此,1999 年 3 月 15 日,中华人民共和国第九届全国人民代表大会第二次会议通过了《合同法》,分为总则与分则两部分,共 23 章 428 条。《合同法》从 1999 年 10 月 1 日起施行,《中华人民共和国经济合同法》、《中华人民共和国涉外经济合同法》、《中华人民共和国技术合同法》同时废止。这才使我国的合同法律走向统一。《合同法》是我国第一部完全委托学者起草的法律。过去的法律,我国都由相应的行政主管部门起草,如《中华人民共和国邮政法》、《中华人民共和国铁路法》等。这种起草方式可能带来两方面弊端,一是法律草案不够科学,二是立法不够公平。学者起草则可以避免这两个弊端。

除了《合同法》以外,《民法通则》、《外商投资企业法》、《海商法》等其他与合同有关的法律、行政法规、法律解释,以及我国参加的与合同有关的国际条约等,也都是我国合同法律制度的重要组成部分。

(二) 合同法的基本原则

合同法的基本原则,是制定、解释、执行和研究合同法的依据和出发点,也是合同立法的指导思想以及民事主体间合同关系所应遵循的基本方针和准则。

1. 平等原则

平等原则是指合同当事人的法律地位是平等的，一方当事人不能将自己的意志强加给另一方。这一原则是民事权利义务关系的本质和基础，是自愿原则的前提，贯穿于合同的整个过程。

2. 自由原则

自由原则是指当事人依法享有自由签订合同的权利，任何单位和个人不得非法干预，即当事人意思自治。这一原则的确立是市场经济不断发展和完善的必然结果，通常包括以下内容：缔结合同的自由、选择合同相对人的自由、决定合同内容的自由、选择合同形式的自由、变更和解除合同的自由等、选择合同方式的自由。

应当注意的是，我国合同法所确定的合同自由是一种有限制的、相对的自由。首先，合同自由是在法律规定范围内的自由，不违反法律、行政法规的强制性规定；其次，如果是为了保护社会公共利益和社会正义，在立法上有必要限制当事人一方的合同自由。

3. 公平原则

公平原则是指合同当事人本着公平合理的观念确定各方的权利义务。即当事人之间要互利，不得损害对方的利益。判断公平的标准，是从社会正义的角度，体现社会的价值观、是非观，包括人们公认的经济利益上的合理标准。

4. 诚信原则

诚信原则是指当事人行使权利、履行义务时应诚实不欺、讲究信用，在不损害他人利益及社会利益的前提下追求自身利益。此原则贯穿于合同订立、履行、变更和终止的整个过程，是合同法的一个重要原则。诚信原则本来是存在于商品交易中的一种道德规范，当其上升为法律原则以后，就兼具了道德调整和法律调整的双重功能，正如杨仁寿先生所言，诚实信用原则虽以社会伦理观念为基础，唯其并非道德，而是将道德法律技术化：一方面它要求和鼓励当事人在进行民事活动时应讲求诚信和善意；另一方面，它又给予当事人的民事活动以强制性的约束，直接对当事人所作行为的后果产生影响。

通常来说，诚信原则包括三层含义：一是诚实，要表里如一，因欺诈订立的合同无效或者可以撤销。二是守信，要言行一致，不能反复无常，也不能口惠而实不至。三是从当事人协商合同条款时起，就处于特殊的合作关系中，当事人应当恪守商业道德，履行相互协助、通知、保密等义务。

5. 遵守法律与社会公共利益原则

这一原则要求当事人订立和履行合同应当遵守法律、行政法规，尊重社会公德，不得扰乱社会公共秩序，损害社会公共利益。公序良俗与诚信原则的区别在于二者的适用范围不同，诚信原则主要适用于市场交易中，而公序良俗规则的适用范围还包括社会道德、社会经济秩序和社会公共利益的合同关系、民事关系。

6. 鼓励交易原则

鼓励交易原则是指在不违背法律及社会公共利益的前提下，法律赋予交易的当事人快速达成交易并尽可能促使更多交易获得成功，从而实现经济效益的提高。鼓励交易原则符合社会主义市场经济体制对经济交易的根本要求，交易越活跃，越有利于市场经济的发展。合同法作为维护市场交易秩序的基本法律，应当起到鼓励交易快速达成并尽可能促使更多交易获得成功的作用。

需要注意的是，鼓励交易原则是有限制的：一是应当鼓励合法、正当的交易。合同的合法性是合同能够生效的前提，如果当事人之间已经成立的合同，违背了法律或社会公共道德，则此种交易不仅不应当受到鼓励，而且应当追究交易当事人的责任。二是应当鼓励自愿的交易，即在当事人意思表示真实的基础上产生的交易。基于欺诈、胁迫或其他意思表示有瑕疵的行为而产生的交易，往往并不符合双方当事人、特别是意思表示不真实一方的意志和利益，因此也会产生不公平、不公正的交易，对此种交易活动不应当予以鼓励，而应当通过可变更、可撤销等法律规则予以限制和调整。

第二节　合同的订立

一、合同订立的概述

（一）合同订立的概念

合同的订立是指当事人之间为了设立、变更和终止相互之间的民事权利义务关系而互为意思表示，并就合同条款达成合意的过程。这个过程分为要约和承诺两个阶段。在这个过程中，缔约当事人负有先合同义务，过失违反先合同义务，给缔约相对方造成损失的，产生缔约过失责任。

合同订立与合同成立的涵义有所不同。合同的订立着眼于缔约当事人达成协议的过程，而合同的成立是一个事实判断问题，着眼于合同是否存在，即缔约当事人达成协议的结果。可以说，合同成立是合同订立所产生的最理想的结果。

（二）合同订立的主体

合同订立的主体是指实际订立合同的人。根据《合同法》第二条规定，订立合同的主体是自然人、法人、其他经济组织。同时《合同法》第九条还规定："当事人订立合同，应当具有相应的民事权利能力和民事行为能力。当事人依法可以委托代理人订立合同。"

合同订立的主体与合同的主体之间既有联系又有区别。订立合同是一种民事行为，合同当事人既可以自己实施该民事行为，也可以委托代理人订立合同。如果当事人为自己订立合同，此时合同订立的主体与合同的主体是统一的；如果当事人委托代理人为自己订立合同，此时订立合同的主体是其委托的代理人，而合同的主体，即承担合同法律后果的则是被代理人，也就是当事人自己。

（三）合同订立的形式

合同的形式是指表示合同内容的具体方式，或者说是合同内容的外在表现形式。我国《合同法》第十条规定："当事人订立合同，有书面形式、口头形式和其他形式。法律、行政法规规定采用书面形式的，应当采用书面形式。当事人约定采用书面形式的，应当采用书面形式。"

1. 书面形式

根据《合同法》第十条的规定，应当采用书面形式的合同包括两类：一是法律、行政法规规定采用书面形式的，应当采用书面形式。比如融资租赁合同、建设工程合同、技术开发合同、技术转让合同、保证合同、抵押合同、质押合同、定金合同等。二是当事人约定采用书面形式的，应当采用书面形式。尤其是那些价款或者酬金数额较大的合同以及法律关系复杂的合同，当事人应当采用书面形式。

合同的书面形式有多种，根据《合同法》第十一条规定，书面形式是指合同书、信件和数据电文（包括电报、电传、传真、电子数据交换和电子邮件）等可以有形地表现所载内容的形式，其中通常采用的是合同书这种形式。合同书文本多种多样，有行业协会制定的示范性合同文本，也有营业者提供的由营业者制订的格式合同文本，而大量的则是双方当事人自己签订的合同文本。一般来说，作为合同书应当符合以下条件：①必须以某种文字、符号书写；②必须有双方当事人（或者代理人）的签字（或者同时盖章）；③必须规定当事人的权利义务。

采用书面形式订立合同的优点是明确肯定，有据可查，举证方便，有利于防止争议和解决纠纷。因此，书面形式成为当事人最普遍采用的一种合同形式，

2. 口头形式

口头形式是指当事人面对面或者通过电讯设备等以口头交谈的方式达成的合同的形式。以交谈方式达成的口头合同，其内容应当符合下列要求：不违反法律、行政法规的强制性规定；一方没有以欺诈、胁迫的手段订立合同，损害国家利益；双方不是恶意串通，损害国家、集体或者第三人利益；双方不是以合法的形式掩盖非法目的；没有损害社会公共利益；订立合同的主体具有民事行为能力和民事权利能力；意思表示真实。符合以上要求的口头合同就成立并具有法律效力，受法律保护。

采用口头形式订立合同的优点是简便、快捷，缔约成本低。缺点是发生纠纷时难以举证，不易分清责任。因此对于非即时结清的，或者比较重要、内容复杂的合同不提倡采取口头形式。

3. 其他形式

合同的其他形式是指当事人以书面、口头以外的其他方式进行意思表示，表现合同内容的形式。这个"其他形式"，主要指行为形式，即当事人通过某种作为或者不作为的行为方式进行意思表示。前者是明示意思表示的一种，比如顾客到超市购买商品，直接到货架上拿取商品，支付价款后合同即成立，无须以口头或书面形式确立双方的合同关系。后者是默示意思表示方式，比如存在长期供货业务关系的企业之间，一方当事人在收到与其素有业务往来的相对方发出的订货单或提供的货物时，如不及时向对方表示拒绝接受，则推定为同意接受。但需要注意的是，不作为的意思表示只有在有法定或约定、存在交易习惯的情况下可视为同意的意思表示。

我国《合同法》承认合同的"其他形式"，这与我国经济的发展、交易形态的多样化是相符的。如果仅仅拘泥于书面形式和口头形式，将可能使一些交易变得过于繁琐，从而违背鼓励交易的原则。

二、合同订立的程序

合同订立的过程，也就是当事人相互协商、达成合意的过程。《合同法》第十三条规定："当事人订立合同，采取要约、承诺方式。"

(一) 要约

1. 要约的概念与构成要件

要约，又称发盘、出盘、发价、出价或报价，是指希望和他人订立合同的意思表示。也就是说，要约是将自己希望和他人订立合同的内心想法通过一定的形式（书面、口头或其他形式）表现出来。发出要约的一方称为"要约人"，接受要约的一方称为"受要约人"。要约人可以是买方、也可以是卖方，法律并没有限定要约人必须是特定的哪一方当事人。

根据《合同法》第十四条的规定，一项有效的要约，通常应具备下列两个构成要件：

（1）内容具体确定。由于要约一旦得到受要约人的承诺，合同就成立，因此要约内容

应当具体明确,以便受要约人确切知道要约的内容,从而作出承诺。要约至少应当具有合同成立所必需的条款,而哪些是必需条款,可根据合同的性质和当事人的合同目的来确定,不可一概而论。一般来说,标的条款是不可或缺的,但只有标的条款还不能构成合意,还需要设定其他条款。如标的数量、价款或者是对数量、价款的计量方式,合同也可以成立。

(2) 表明经受要约人承诺,要约人即受该意思表示的约束。要约人发出要约是以订立合同为目的,因此要约中应当表明,该要约一旦经受要约人承诺,要约人就要接受该意思表示的约束。这一点也是合同法诚信原则的具体要求。

2. 要约与要约邀请的区别

要约邀请,又称要约引诱,是指希望他人向自己发出要约的意思表示。要约邀请是当事人订立合同的预备行为,如寄送的价目表、拍卖公告、招标公告、招股说明书、商业广告一般视为要约邀请。但是如果商业广告的内容符合要约规定的,可视为要约。

要约与要约邀请的区别主要表现在:

(1) 要约是一方向另一方发出的以订立合同为目的的意思表示,并且要约内容具体确定。要约邀请则是一方向另一方发出的邀请其向自己发出要约的意思表示,不具有合同成立所应当具备的主要条款。

(2) 要约中包含当事人愿意接受要约拘束的意思表示,承诺生效,合同就成立。要约邀请不含当事人愿意接受拘束的意思表示,只产生对方向其发出要约的可能,还须要约邀请人承诺,合同才能成立。

(3) 发出要约和接受要约的当事人应为特定,而要约邀请的对方往往是不特定的,但也有例外的情形,如公共汽车驶入站台载客、标价出售的商品、自动售货机售卖商品的要约邀请的接受人可以不特定。

3. 要约的法律效力

要约的法律效力,又称要约的拘束力,包括要约生效、对要约人的拘束力以及对受要约人的拘束力三个方面。

(1) 要约生效的时间。各国对于要约的生效存在三种立法形式,即发信主义(也称投邮生效)、到达主义和了解主义。我国《合同法》采用到达主义,即要约到达受要约人时生效。如果采用数据电文订立合同,收件人指定特定系统接收数据电文的,该数据电文进入该特定系统的时间,视为到达时间;未指定特定系统的,该数据电文进入收件人的任何系统的首次时间,视为到达时间。

(2) 对要约人的效力,又称对要约的形式拘束力,指要约一经生效,要约人即收到要约的拘束,不得随意撤销要约或对要约加以限制、变更和扩张。其目的在于维护交易安全,保护受要约人的合法权益。

(3) 对受要约的效力,又称对要约的实质拘束力。要约生效,即意味着受要约人取得了承诺的权利,在要约的有效期间内,受要约人可以承诺,也可以不承诺。但在强制缔约的情况下,承诺也是一种义务。

(4) 要约的存续期限。要约的存续期限是指要约发生法律效力的期间,即承诺期限。具体分为两种情形:定有存续期限和未定有存续期限。定有承诺期限的要约,相对人须在此期限作出承诺,才能对要约人有拘束力。未定承诺期限的要约,要约的存续期限应依法律的规定,即要约以对话方式作出的,除当事人另有约定的以外,应当即时承诺;要约以非对话方式作出的,承诺应当在合理期限内到达。如何确定合理期限,通常应考虑要约与承诺到达对方所需的在途时间、受要约人考虑是否作出承诺的权衡时间以及行业习惯等因素。在合理期间受要约人未承诺,要约失效。

4. 要约的撤回与撤销

（1）要约的撤回是指在要约生效之前，要约人阻止要约发生法律效力的行为。要约的撤回既尊重了要约人的意志，又未损及受要约人的利益，因此，《合同法》第十七条规定："要约可以撤回。撤回要约的通知应当在要约到达受要约人之前或者与要约同时到达受要约人"。

值得注意的是，如果要约人在要约生效前对已发送的要约进行修改，其效果等同于原要约的撤回，新要约的产生。

（2）要约的撤销是指在要约生效以后，受要约人作出承诺之前，要约人将要约的法律效力归于消灭的行为。《合同法》第十八条规定："要约可以撤销。撤销要约的通知应当在受要约人发出承诺通知之前到达受要约人。"

因为要约的撤销是在该要约生效后进行的，因而有可能此撤销行为对受要约人不利，对此，有必要在法律上对要约的撤销予以严格的限制。根据《合同法》第十九条规定，要约在以下两种情形不得撤销：一是要约人确定了承诺期限或者以其他形式明示要约不可撤销；二是受要约人有理由认为要约是不可撤销的，并已经为履行合同作了准备工作。

5. 要约的失效

要约的失效是指要约丧失其法律效力，不再对要约人和受要约人产生拘束力。

根据《合同法》第二十条的规定，要约失效的原因主要有：①拒绝要约的通知到达要约人；②要约人依法撤销要约；③承诺期限届满，受要约人未作出承诺；④受要约人对要约的内容作出实质性变更。所谓实质性变更，是指对要约中有关合同标的、数量、质量、价款、履行期限、地点、方式、违约责任、争议的解决方式等作出变更。这实际上是受要约人向要约人发出了新的要约。

（二）承诺

1. 承诺的概念与构成要件

承诺是指受要约人同意要约的内容，并向要约人明确表示愿意与要约人签订合同的意思表示。承诺的法律效力在于承诺一经作出并送达要约人，合同即告成立。

一项有效的承诺应当具备以下构成要件：

（1）承诺必须由受要约人向要约人作出。不论是非受要约人向要约人作出的表示接受的意思表示，还是受要约人向非受要约人作出的表示接受的意思表示，均不是承诺。

（2）承诺必须在承诺期限内到达要约人。受要约人必须在承诺期限内作出承诺，并使承诺达到要约人。《合同法》第二十三条规定："承诺应当在要约确定的期限内达到要约人。"同时还规定，要约人没有确定承诺期限的，承诺应当依照下列规定到达：要约以对话方式作出的，应当即时作出承诺，但当事人另有约定的除外；要约以非对话方式作出的，承诺应当在合理期限内到达。

（3）承诺的内容必须与要约的内容一致。这是承诺有效的核心要件。合同是当事人双方权利义务意思表示一致的产物，因此，从严格意义上说，承诺必须与要约的内容完全一致，不得限制、扩张或者变更要约的内容。这一观点得到了两大法系国家的一致承认，尤其是英美法系国家采取了"镜像原则"，要求承诺如同照镜子一般照出要约的内容。正如英国学者阿蒂亚在《合同法概论》中提到的："承诺应当是绝对和无条件的，而且必须表示愿意按照要约人所提出的各项条件签订合同。一个意图增加或改变要约人所提出的条款的承诺，实际上根本就不是承诺。"但是，随着交易的发展，人们发现绝对地坚持这一原则可能会阻碍很多合同的成立，不利于鼓励交易。因此两大法系和有关国际公约都对这一原则作了变通，允许承诺对要约进行非实质性更改。

我国《合同法》第三十条和第三十一条借鉴了这一立法经验，认为承诺的内容应当与要约的内容一致。如果要约人对要约的内容作出实质性变更的，为新要约；如果承诺对要约的内容作出非实质性变更的，除要约人及时表示反对或者要约表明承诺不得对要约的内容作出任何变更的以外，则该承诺有效。

2. 承诺的方式

承诺方式是指承诺人通过何种形式将其承诺的意思送到要约人。《合同法》第二十二条规定："承诺应当以通知的方式作出，但根据交易习惯或者要约表明可以通过行为作出承诺的除外。"

据此，承诺的作出可以采用通知与非通知的行为两种方式。

（1）通知方式。在一般情况下，受要约人接受要约应当向受要约人发出承诺通知，承诺通知应为明示通知，至于何种通知方式，书面、口头均可。

（2）非通知的行为方式。这是指明示行为以外的行为方式。依据民法理论，该行为方式称之为默示，包括作为的默示和不作为的默示。应当注意的是，以此种方式承诺的，要么必须依据交易习惯，要么是要约中表明了的。

作为的默示是非通知行为方式的主要形式。这样的行为，通常是履行行为，比如预付价款、装运货物等，即承诺人以实际履行要约内容的行为表示接受要约。

不作为的默示即缄默本身原则上不构成承诺，但对此也不能绝对化。在以下几种特殊的情况下，应承认其效力：一是受要约人在向要约人发出要约邀请时曾明确声明，在对方发出要约后的一定期限内，如果没有收到答复，即视为已经承诺。在这种情况下，实际上双方已经就承诺的方式达成了协议，即约定承诺的方式为缄默。二是双方已经有过多次磋商，并达成了初步的协议，一方更改了初步协议中的部分条款，并要求另一方当事人就这部分条款作出答复，同时提出如果不在规定时间内作出答复，则视为接受。这是因为双方已经过协商，产生了一种合理的信赖，即信任对方在没有明确表示对更改条款有异议的情况下，视为同意接受该条款。三是依据双方以前的交易习惯或者当地的某种交易惯例，承诺可以以缄默的方式成立。

3. 承诺的生效

承诺的生效是指承诺发生法律效力即法律约束力。承诺生效，则合同成立，因此，承诺生效的时间在合同法上具有极其重要的意义。《合同法》第二十六条规定："承诺通知到达要约人时生效。承诺不需要通知的，根据交易习惯或者要约的要求作出承诺的行为时生效。"如果采用数据电文订立合同，收件人指定特定系统接收数据电文的，该数据电文进入该特定系统的时间，视为到达时间；未指定特定系统的，该数据电文进入收件人的任何系统的首次时间，视为到达时间。注意的是，承诺的生效只需要到达，而不需要要约人了解，即承诺的通知到达要约人支配的范围内，如信箱、营业场所等，而要约人是否实际阅读或了解承诺内容，并不影响承诺的效力。

4. 承诺的撤回

承诺的撤回是指受要约人在发出承诺通知以后，承诺发生法律效力之前阻止其生效的行为。《合同法》第二十七条规定："承诺可以撤回。撤回承诺的通知应当在承诺通知到达要约人之前或者与承诺通知同时到达要约人。"如果承诺已经生效，则合同成立，此时受要约人则不能再撤回承诺。

5. 承诺的迟延

承诺的迟延是指受要约人未在承诺期限内发出承诺。承诺的迟延可以分为两种：一是迟发的承诺。《合同法》第二十八条规定："受要约人超过承诺期限发出承诺的,除要约人及时通知受要约人承诺有效的以外,为新要约"。二是迟到的承诺。《合同法》第二十九条规定："受要约人在承诺期限内发出承诺,按照通常情形能够及时到达要约人,但因其他原因承诺到达要约人时超过承诺期限的,除要约人及时通知因承诺超过期限不接受承诺,否则该承诺有效。"

案例6.1　四个合同是否都成立

案情: 某粮食公司向甲、乙、丙、丁四家商场发出函电:"我公司有一批粮食可以出售,你方是否需要?"次日粮食公司即收到四个商场的回电:"需要,请告知详情。"粮食公司遂于3月3日向四个商场发电详告:"袋装珍珠米共2000袋,一级,规格为10千克/袋,单价4.00元/千克,质量符合国家标准,我方负责运输,10日内答复有效。"甲商场于3月6日回电:"同意,请尽快送货。"乙商场考虑到当地市场需求的特点,于3月8日回电:"请将规格改为5千克/袋,其他条件同意。"丙商场于3月10发出函电:"同意。"但该函电由于电信局的原因于3月14日才到达粮食公司。丁商场负责人在外出差,直到3月15日才回来,当日即发电给粮食公司:"同意。"粮食公司在收到四家商场的函电后均没作出任何答复。

问题: 粮食公司与四家商场的合同是否都成立?

三、合同的条款

(一)合同条款的概念与种类

所谓合同的条款,从实质上说,即合同的内容,是确定合同当事人权利与义务的根据。合同条款应当明确、肯定、完整、并且条款之间彼此不矛盾。如果合同条款含混不清或者存在漏洞,则应通过合同的解释予以完善。

根据合同条款在合同中的地位和作用,可以将合同条款进行不同的分类,这里着重介绍必备条款与非必备条款。必备条款是指依据合同的性质和当事人的特别约定所必须具备的条款,缺少这些条款将影响合同的成立。必备条款主要包括两个方面:一是依据合同性质所必须具备的条款,如所有合同都应具备标的条款,买卖合同应具备价金条款。二是根据当事人的特别约定所必须具备的条款。例如,当事人在合同中约定:"本合同必须经过公证才能生效。"则公证成为该合同的必备条款。非必备条款是指依据合同的性质在合同中不是必须具备的条款,即使缺少这些条款也不会影响合同的成立。如履行期限、数量、质量等条款。在缺少这些条款的情况下,也可以根据《合同法》第六十一条与第六十二条的规定填补漏洞。

(二)合同的一般条款

根据《合同法》第十二条规定,合同一般包括以下条款:①当事人的名称或者姓名和住所;②标的;③数量;④质量;⑤价款或者报酬;⑥履行期限、地点和方式;⑦违约责任;⑧解决争议的方法。这其中既有必备条款,也有非必备条款;既有实体条款,也有程序条款。

(三)合同的格式条款

格式条款,又称标准条款、格式合同,是指当事人为了反复使用而预先制订,并在订立合同时未与对方协商的条款。格式条款的产生和发展是20世纪合同法发展的重要标志之一，其形成是由于某些行发展到一定程度时出现了大量重复性的交易，为了简化合同订立的程序而预先制订的，刚开始这样的合同确实大大提高了工作效率，但这些企业一般发展较快、规模较大，带有一定程度的垄断性。因此格式合同也带来了弊端，即提供商品或服务的一方往往利用其优势低位，制订有利于自己而不利于相对方的条款，而相对方不能与之协商，只能被动接受。这样一来，格式合同就违背了合同自由原则与公平原则。

我国《合同法》对格式合同予以了一定的限制，具体如下：

（1）制订格式条款应当遵循公平原则。如果内容显失公平，相对方有权请求人民法院或者仲裁机构变更或撤销。

（2）格式合同的制订方应当采取合理方式对免责条款进行提示和说明。这里的"合理方式"，是指格式条款的制订方采用的提请对方注意的方式应在通常情况下确实能起到让对方注意的作用。

（3）规定了格式合同无效的情形。比如，造成对方人身伤害或者因故意、重大过失造成对方财产损失的免责条款无效；格式合同制订方免除其责任、加重对方责任、排除对方主要权利的，该条款无效。

（4）确立格式合同的解释规则。对格式条款的理解发生争议的，应按照通常理解予以解释。如果对格式条款有两种以上解释的，应当作出不利于提供格式条款一方的解释。格式条款与非格式条款不一致的，应当采用非格式条款。

第三节　合同的效力

一、合同效力的概述

（一）合同效力的概念

合同的效力，又称合同的法律效力，是指法律赋予依法成立的合同在当事人之间产生的法律拘束力。一般情况下，由于合同具有相对性，合同的效力原则上局限在当事人之间，但有时合同对第三人也有拘束力，主要表现在赋予合同当事人具有排斥第三人的妨害及在第三人侵害合同债权时享有要求赔偿损失的权利。此外，合同对第三人的拘束力还表现在为保全合同利益，法律允许债权人可在特定的情况下主张代位权和撤销权。例如，债务人基于恶意将财产低价出售给第三人，明显不利于债权人债权的，则债权人可依法主张撤销该转让行为。

（二）合同成立与合同生效的关系

合同的成立与合同的生效在合同效力制度中是一个很重要的问题，二者既有联系又有区别。联系可以体现在：合同的成立是合同生效的前提，如果合同没有成立当然就不可能生效；反之，合同生效是合同成立的结果和当事人订约的目的，如果合同不能生效，那订立合同也就没有意义了。

但是，二者确实是属于不同的法律范畴，区别主要表现在：合同的成立是指当事人就合同的主要条款达成合意，只是表明当事人之间存在合意这一事实。因此，合同成立与否属于事实判断问题，着眼点在于判断合同是否存在，其判读结果只能是成立或不成立的事实。合同的生效则反映的是法律对已经成立的合同的评价。也就是说，合同的有效与否是一个法律价值判断问题，着眼点在于判断合同是否符合法律的精神和规定，能否发生法律上的效力。其判断结果有生效、无效、效力待定、可变更、可撤销等多种状态。

二、有效合同

(一) 有效合同的概念

有效合同,又称为生效的合同,是指符合合同的生效要件,在当事人之间产生法律拘束力,并受法律保护的合同。

(二) 合同的生效要件

合同的生效要件是判断合同是否具有法律效力的标准。根据《民法通则》第五十五条的规定,一般合同的生效要具备几个要件。

1. 合同当事人的主体资格合法

这是指合同当事人在订立合同时必须具有相应的缔约能力。所谓相应的缔约能力包括三个方面的内容:一是缔约人缔约时要有相应的民事行为能力;二是缔约人缔约时要有相应的缔约资格,比如由代理人代理订立合同,代理人要取得代理权;三是缔约人缔约时对其所处分的财产权利要有相应的处分能力,比如买卖合同的出卖人对其出卖的财产要有处分权。

2. 意思表示真实

意思表示真实是指表意人的表示行为真实地反映其内心的效果意思,这是契约自由与契约正义的基本要求。如果意思表示不真实或意思表示有瑕疵,都将直接影响合同的生效,即产生合同无效或者合同为可撤、可变更的法律后果。

3. 不违反法律与社会公共利益

这要求合同的内容、形式与目的要具有合法性。只有当事人缔结的合同内容与形式符合法律的规定,不损害社会公共利益,并且不具有规避法律的合同目的,法律才对其作出肯定性的评价,赋予其法律效力,此时合同才能产生当事人预期的法律后果。

三、无效合同

(一) 无效合同的概念与特征

无效合同是指虽然已经成立,但因损害国家利益、社会利益与他人利益,违反法律、行政法规,因此没有发生法律拘束力的合同。

无效合同通常具有以下几个特征:

(1) 无效合同的违法性。虽然无效合同种类很多,但都具有违法性。所谓违法性,是指违反法律、行政法规的强制性规定以及社会公共利益。

(2) 对无效合同的国家干预。这里的国家干预主要体现在两方面,一是法院和仲裁机构不待当事人请求合同无效,便可依职权主动审查合同是否无效。从这个意义上来说,无效合同是当然无效。二是有关国家行政机关可以对一些无效合同予以查处,并追究有关无效合同当事人的行政责任。

(3) 无效合同具有不得履行性。所谓不得履行性,是指当事人在订立无效合同以后,不得依据合同实际履行,也不承担不履行合同的违约责任。但需要注意的是,如果当事人可以依法对无效合同予以更正,并使其符合了法律的规定,则该合同转化为有效合同。

(4) 无效合同自始无效。合同一旦被确认无效,就将产生溯及力,即合同自订立之时起就不具法律拘束力,以后也不能转化为有效合同。已经履行的,应当通过返还财产、赔偿损失等方法使当事人的财产恢复到合同订立之前的状态。

(二) 无效合同的种类

根据《合同法》第五十二条的规定，无效合同的种类主要包括以下五种：一是一方以欺诈、胁迫的手段订立合同，损害国家利益；二是恶意串通，损害国家、集体或者第三人的利益；三是以合法形式掩盖非法目的；四是损害社会公共利益；五是违反法律、行政法规的强制性规定。

(三) 合同的部分无效

合同可以全部无效，也可以部分无效。《合同法》第五十六条规定："合同部分无效，不影响其他部分的效力，其他部分仍然有效。"由此可见，如果合同在内容上是由若干相互独立的有效部分和无效部分共同组成的，那么当无效部分被确认无效后，有效部分仍继续有效。但是，如果无效部分与有效部分是相互牵连的，确认部分内容无效将影响有效部分的效力，或者从行为的目的、交易的习惯以及根据诚信原则和公平原则，决定剩余的有效部分对于当事人已无意义或已不公平合理，则该合同应被确认为全部无效。

四、可撤销合同

(一) 可撤销合同的概念与特征

可撤销的合同，又称为相对无效合同或可撤销、可变更合同，是指虽欠缺合同生效要件，但存在法定撤销事由，当事人有权提请人民法院或仲裁机构撤销或变更的合同。

可撤销合同一般具有下列法律特征：

(1) 可撤销合同主要是意思表示不真实的合同。这是关于撤销对象的确定问题。通常，能够撤销的合同是没有故意违反法律、行政法规的强制性规定与社会公共利益的合同。在这一点上，可撤销合同与无效合同是有区别的。

(2) 可撤销合同须由撤销权人主动行使撤销权。这是关于行使撤销权的主体问题。法律将此权利赋予给撤销权人，由其决定是否撤销合同。而法院和仲裁机构则采取不告不理的态度，不能主动宣告合同的撤销。

(3) 可撤销合同在未被撤销前是有效的。如果撤销权人未在规定的期限内行使撤销权，或者撤销权人仅要求变更合同的条款，并不要求撤销合同，则该合同仍然有效。

(4) 撤销权人可以选择撤销或者变更合同。当事人请求变更的，法院或者仲裁机构不得撤销。

(二) 可撤销合同的种类

根据《合同法》第五十四条规定，可撤销合同的种类如下：

(1) 因重大误解订立的合同。所谓重大误解，是指一方或者双方当事人对合同的性质、主要内容（如标的物的种类、质量、数量）等存在错误认识，违背其真实意思表示订立合同，并因此受到较大损失的情形。

(2) 显失公平的合同。所谓显失公平，是指一方当事人利用自己的优势或者对方的经验欠缺，在订立合同时致使双方的权利与义务明显不对等或者利益明显不平衡的情形。这违背了合同的公平原则，应予以撤销或变更。

(3) 因欺诈、胁迫而订立的没有损害国家利益的合同。因欺诈、胁迫而订立的合同可以分为两类：一是同时损害了国家利益，这类合同是无效合同；二是损害的是非国家利益，这类合同应作为可撤销合同来对待。

(4) 乘人之危的合同。所谓乘人之危，是指行为人利用他人的危难处境或紧迫需要，强迫对方接受某种明显不公平的条件并作出违背其真实意思的意思表示。例如，出租车司机借抢救病人急需租车之机，提高十倍车价，即属于乘人之危的行为。这里有两点需要注意，一是这里的危难，除了指经济上的窘迫外，也包括生命、健康、名誉等危难；二是不法行为人所取得的利益应明显违背了公平原则，超出了法律允许的限度。

（三）撤销权的行使

通常，撤销权由意思表示不真实而受损害的一方当事人行使。撤销权的行使，并一定通过诉讼的方式。如果撤销权人向对方主动作出撤销的意思表示，而对方未表示异议，则可直接发生撤销合同的法律后果；如果双方对撤销问题有争议，则必须通过诉讼或者仲裁方式解决问题。

撤销权人必须在规定的期限内形式撤销权。根据《合同法》第五十五条规定，具有撤销权的当事人自知道或者应当知道撤销事由之日起1年内没有行使撤销权，或者知道撤销事由后明确表示或者以自己的行为表示放弃撤销权的，撤销权消灭。此时当事人请求撤销的，人民法院或者仲裁机构不得撤销。

合同被撤销后，因该合同取得的财产，应当予以返还；不能返还或者没有必要返还的，应当折价补偿。有过错的一方当事人应当赔偿对方因此所受到的损失，双方都有过错的，应当各自承担相应的责任。

五、效力待定合同

（一）效力待定合同的概念

效力待定合同是指合同虽然已经成立，但因其不完全具备生效要件，因此不能确定是否发生效力，一般须经有权人承认才能生效。这里的不完全具备生效要件，主要是指合同主体资格有缺陷，比如无代理权人以本人名义订立合同。与无效合同不同的是，这些合同中的瑕疵是可以补救的，即经过有权人追认，合同自始生效。追认的意思表示应以明示的方式作出，且应为相对人所了解。这类合同不直接确定为无效合同而规定为效力待定合同的意义在于有利于维护交易的安全，保护权利人和相对人的合法权益。

（二）效力待定合同的种类

1. 限制民事行为能力人订立的合同

限制民事行为能力人可以订立与其年龄、智力、精神健康状况相适应的合同或者纯获利益的合同，不需要得到其法定代理人的追认。但除了这些合同，限制民事行为能力人订立的其他合同，则须经法定代理人的追认，合同才能有效，在合同被追认之前，合同处于效力待定状态。

2. 无权代理人订立的合同

无权代理包括三种情形：行为人没有代理权、超越代理权、代理权终止后仍以被代理人的名义订立合同。行为人无代理权而以被代理人名义与第三人订立合同，对被代理人不发生效力，其法律后果由行为人自己承担。这类合同只有经过追认，被代理人才承担民事责任。

3. 无处分权人订立的合同

无处分权的人处分他人财产，经权利人追认或者无处分权的人订立合同后取得处分权的，该合同有效。

(三) 追认权、催告权与撤销权

为了平衡合同当事人的权利，保护善意相对人的利益。《合同法》赋予效力待定合同权利人以追认权，合同相对人以催告权和撤销权。

根据《合同法》第四十七条、第四十八条的规定，相对人可以催告法定代理人在1个月内对效力待定合同予以追认。法定代理人未作表示的，视为拒绝追认。合同被追认之前，善意相对人有撤销的权利。撤销应当以通知的方式作出。

(四) 表见代理

所谓表见代理，是指在无权代理的情形下，如果善意相对人客观上有正当理由相信代理人具有代理权而与之签订合同，由此产生的法律后果由被代理人承担。可见，表见代理无须权力人追认，即对其产生法律效力，因此，严格地说，表见代理不属于效力待定的行为。需要注意的是，表见代理强调相对人主观上是善意的、无过失的，并且有合理理由相信无权代理人取得了授权。

第四节 合同的履行

一、合同履行的概述

(一) 合同履行的概念

合同的履行是指合同成立并生效后，合同当事人按照合同约定或者法律规定全面、适当地履行自己所承担的义务。我国《合同法》第六十条规定："当事人应当按照约定全面履行自己的义务。"从合同消灭原因上来看，合同的履行又称为债的清偿，当合同债务人全面、适当地履行了义务，合同债权即达到目的而得到满足，合同关系即归于消灭。

(二) 合同履行的原则

合同履行的原则是指双方当事人在履行合同的过程中应遵循的基本准则。合同法作为民法的组成部分，民法的基本原则如诚实信用等当然也对合同的履行具有指导意义，因此这里仅介绍合同履行中特有的原则。

1. 全面履行原则

全面适当履行原则，又称适当履行原则或正确履行原则是指当事人按照合同约定的标的及其品质、数量，在适当的履行时间、履行地点，以适当的履行方式全面完成合同义务的履行原则。该原则是合同履行的一项最根本的要求。可以说，全面履行是判断合同是否履行或者是否违约的标准，也是衡量合同履行程度和违约责任的尺度。

2. 协作履行原则

协作履行原则，是指当事人应当按照诚实信用原则协助对方履行义务的履行原则。这要求当事人不仅要约定履行义务，还要根据合同的性质、目的和交易习惯，履行通知、协助、保密等义务，即附随义务。具体包括下列内容：一是债务人履行债务，债权人应当受领给付；二是债务人履行债务，债权人应当创造必要的条件，提供必要的方便；三是因故不能履行或不能完全履行时，应积极采取措施，避免或减少损失；四是合同一旦发生纠纷，各自应主动承担责任，不得推诿拖延；五是从订立合同开始，就应注意通知相关事项及为对方保密等。

二、合同履行的规则

(一) 合同约定不明时的履行规则

通常,当事人订立合同应当尽量具体、明确、详尽,但在实践中,由于种种原因,合同总有各种未尽事宜,这给合同的履行带来了麻烦和困扰。

对此,《合同法》第六十一条与第六十二条作了相应的规定。合同生效后,当事人就质量、价款或者报酬、履行地点等内容没有约定或者约定不明确的,当事人双方可以协议补充;不能达成补充协议的,按照合同的有关条款或者交易习惯确定,如果按上述办法仍不能确定的,则适用下列规定:

(1) 质量要求不明确的,按照国家标准、行业标准履行;没有国家标准、行业标准的,按照通常标准或者符合合同目的的特定标准履行。

(2) 价款或者报酬不明确的,按照订立合同时履行地的市场价格履行;依法应当执行政府定价或者政府指导价的,按照规定履行。

(3) 履行地点不明确,给付货币的,在接受货币一方所在地履行;交付不动产的,在不动产所在地履行;其他标的,在履行义务一方所在地履行。

(4) 履行期限不明确的,债务人可以随时履行,债权人也可以随时要求履行,但应当给对方必要的准备时间。

(5) 履行方式不明确的,按照有利于实现合同目的的方式履行。

(6) 履行费用的负担不明确的,由履行义务一方负担。

(二) 代为履行与代为接受履行的规则

在一般情况下,合同是由当事人亲自履行或亲自接受履行,但在不涉及人身性质的合同中,当事人也可以约定由第三人代为履行或者代为接受履行。需要注意的是,此时的第三人只是履行主体,并非合同的当事人。因此,第三人代为履行或代为接受履行的,应遵循《合同法》第六十四条与第六十五条的规则。

(1) 当事人约定由债务人向第三人履行债务的,债务人未向第三人履行债务或者履行债务不符合约定,应当向债权人承担违约责任。

(2) 当事人约定由第三人向债权人履行债务的,第三人不履行债务或者履行债务不符合约定,债务人应当向债权人承担违约责任。

(三) 提前履行与部分履行的规则

提前履行是指债务人在合同履行期限到来之前就开始履行合同的行为。部分履行是指债务人没有按照合同约定全部履行合同义务而只是履行一部分合同义务的行为。这两种履行应遵循《合同法》第七十一条与第七十二条的规则。

(1) 债务人提前履行的,债权人可以拒绝接受,但提前履行不损害债权人利益的除外。因债务人提前履行债务给债权人增加的费用,由债务人负担。

(2) 债务人部分履行的,债权人可以拒绝接受,但部分履行不损害债权人利益的除外,因债务人部分履行债务给债权人增加的费用,由债务人负担。

三、双务合同履行中的抗辩权

(一) 抗辩权的概念

抗辩权,又称异议权,是指对抗对方请求权或否认对方的权利主张的权利。即合同一方当事人对抗对方当事人的履行请求权,暂时拒绝履行自己义务的权利。值得注意的是,这里抗辩权是一种延期抗辩权,不具有消灭对方请求权的效力,而仅产生使对方请求权延期的效力。当产生抗辩权的原因消灭后,债务人仍应当履行其债务。

(二) 合同履行抗辩权的种类

我国《合同法》在双务合同的履行中设立了以下三种抗辩权制度。

1. 同时履行抗辩权

同时履行抗辩权是指在互负债务,没有先后履行顺序的双务合同中,一方当事人在对方未履行债务或履行债务不符合约定时,有拒绝履行自己的债务的权利。同时履行抗辩权是诚实信用原则所要求的,具有担保实现自己的债权和迫使对方履行合同义务的双重功效,有利于实现当事人之间的利益平衡。

同时履行抗辩权应具备以下四个要件:一是当事人因同一双务合同而互负债务;二是当事人所互负之债务没有先后履行顺序并均已届清偿期;三是对方当事人没有履行其所负债务或履行不符合约定;四是对方当事人的对待履行是可能履行的。如果当事人所负的债务成为不能履行的债务,则不发生同时履行抗辩权的问题,当事人只能通过其他途径请求补救,因而只有在债务可以履行的情况下,同时履行抗辩权才有意义。

2. 先履行抗辩权

先履行抗辩权是指在约定了履行先后顺序的双务合同中,应当先履行义务的一方当事人未履行时,后履行的一方当事人有权拒绝其履行要求的权利。

先履行抗辩权应具备以下三个要件:一是双方当事人因同一双务合同而互负债务;二是双方所负债务有履行的先后顺序,这是其区别于同时履行抗辩权的关键;三是先履行一方到期未履行或履行不符合约定,这是先履行抗辩权的实质条件。

3. 不安抗辩权

不安抗辩权是指在双务合同中,应当先履行债务的当事人有确切证据证明对方有丧失或可能丧失履行能力的情形时,有中止履行自己债务的权利。不安抗辩权是大陆法的概念,一般为大陆法系国家民法所规定。法律设置该抗辩权意在保护当事人的合法权益,贯彻公平原则,防范合同欺诈。

不安抗辩权应具备四个要件。一是双方当事人因同一双务合同而互负债务。二是当事人一方有先履行的义务并已届履行期。三是后履行一方有丧失或可能丧失履约能力的情形。根据《合同法》第六十八条规定,应当先履行债务的当事人,有确切证据证明对方有下列情形之一的,可以中止履行:①经营状况严重恶化;②转移财产、抽逃资金,以逃避债务;③丧失商业信誉;④有丧失或可能丧失履行债务能力的其他情形。如果当事人没有确切证据中止履行的,应当承担违约责任。四是后履行义务一方没有对待给付或未提供担保。

不安抗辩权的效力主要在于中止合同,并且在中止合同时,先履行方负有及时通知对方的义务。对方提供适当担保时,应当恢复履行。中止履行后,对方在合理期限内未恢复履行能力并且未提供适当担保的,中止履行的一方可以解除合同。

案例6.2 签合约为卖菌种 不履行遭诉讼

案情:2010年8月14日,被告漯河市某食用菌开发有限公司与该公司法定代表人邢某找到原告孔某、窦某签订了香菇种植、收购合同一份。合同约定孔某、窦某负责提供场地、种植及种植设施,并从该食用菌公司定购菌袋42000袋,按公司要求搭建大棚70个。被告必须于2010年11月15日前向原告交付菌袋42000袋,并保证菌袋质量。协议签订后,二原告按照协议约定向被告支付了定金 92400 元,并且按照协议约定找工人建种植大棚,先后投入数万元。但在两原告履行协议的同时,被告无正当理由拒不履行合同义务,致使孔某、窦某遭受重大经济损失。

法院审判:河南省西平县人民法院审理后认为,合法有效的合同应该得到履行。被告漯河市某食用菌开发有限公司未及时向两原告交付其所定购的菌袋,致使合同无法履行,违约的事实清楚,证据确实、充分。因此判决被告漯河市某食用菌开发有限公司返还原告孔某、窦某款项 129360 元;若被告漯河市某食用菌开发有限公司不能清偿该债务,则由被告邢某对公司债务不能清偿的部分承担补充责任。

资料来源:http://lawyer.95089.com/jingjianli/1922.html

第五节　合同的担保与保全

一、合同担保与合同保全的关系

合同担保是指依据法律规定或当事人约定而设立的确保合同义务履行和债权实现的法律制度。合同保全是指债权人为了防止债务人的财产不当减少而危害其债权,从而对债务人或第三人实施的行为行使代位权或撤销权,以保护其债权的制度。合同担保与合同保全均是合同债权的保障方式,但二者又有着明显的区别。

(一)第三人的地位不同

合同担保体现的是合同的对内效力。在合同担保中,第三人是合同的当事人,而不是合同关系以外的第三人,他所承担的担保责任是依据法律或合同约定所应当承担的义务。而合同保全体现的是合同的对外效力,涉及的第三人不是合同的当事人,而是合同关系以外的第三人。

(二)产生的依据不同

合同担保产生的依据可以是法律的规定,如留置,也可以是当事人的约定,而且这也是主要的依据,如保证、抵押、质押等方式。而合同保全产生的依据只能是法律的规定。

(三)保障的作用不同

相对而言,合同担保对债权的保障作用更为重要。在绝大多数情况下,被担保合同订立之时或订立之后履行之前,担保形式就已经确定,因此非常有利于督促债务人履行债务。而通常在运用合同保全的措施时,债权人的实际掌控能力相对较弱,而且也不能对第三人享有优先受偿的权利。

(四)适用的前提不同

合同担保通常是在债务人不履行债务的情况下适用,而合同保全不以此为前提,主要是为防止债务人的财产不当减少给债权人带来严重危害而设立的。

二、合同的担保

根据《中华人民共和国担保法》(以下简称《担保法》)的规定,合同的担保方式包括:保证、抵押、质押、留置和定金。其中保证和定金这两种方式是合同中比较特有的担保方式,因此这里就着重介绍这两种。

(一) 保证

1. 保证的概念

保证是指保证人和债权人约定,当债务人届期不履行合同债务时,保证人按照约定履行债务或者承担责任的担保方式。保证合同具有从属性,其当事人是保证人和债权人,而债务人不是保证合同的当事人。

2. 保证人的资格

保证人应当是主合同债权人、债务人以外的第三人,并且具有一定的资格。根据《担保法》的规定,保证人必须有代为清偿债务的能力,并且以下人员或组织不得作为担保人:一是国家机关;二是学校、幼儿园、医院等以公益为目的的事业单位;三是企业法人的分支机构、职能部门。如果分支机构有法人书面授权的,可以在授权范围内提供保证。

保证人可以为两人以上。同一债务有两个以上人的,保证人应当按照合同约定的保证份额承担保证责任。没有约定保证份额的,保证人承担连带责任,此时债权人可以要求任何一个保证人承担全部保证责任,保证人都负有担保全部债权实现的义务。已经承担保证责任的保证人,有权向债务人追偿,或者要求承担连带责任的其他保证人清偿其应承担的份额。

3. 保证方式

根据《担保法》的规定,保证方式分为一般保证与连带责任保证。

(1) 一般保证。所谓一般保证,是指当事人在保证合同中约定,债务人不能履行债务时,由保证人承担保证责任的保证。一般保证的保证人对债权人享有先诉抗辩权,即在主合同纠纷未经审判或者仲裁,并就债务人财产依法强制执行仍不能履行债务前,保证人对债权人可以拒绝承担保证责任。先诉抗辩权使保证人成为第二顺序的债务人,其只承担债务人所不能清偿的部分债务,是对保证人责任的限制。

根据我国《担保法》及《最高人民法院关于适用〈担保法〉若干问题的解释》的相关规定,有下列情形之一的,先诉抗辩权的行使将受到限制:一是债务人住所变更、下落不明、移居境外,且无财产可供执行,致使债权人要求其履行债务发生重大困难;二是人民法院受理债务人破产案件,中止执行程序;三是保证人以书面形式放弃先诉抗辩权。

(2) 连带责任保证。所谓连带责任保证,是指当事人在保证合同中约定,保证人与债务人对债务承担连带责任的保证。连带责任保证一般以当事人约定而成立,但当事人对保证方式没有约定或约定不明的,则按照连带责任保证承担保证责任。连带责任保证的保证人对债权人没有先诉抗辩权,即连带责任保证的债务人在主合同规定的债务履行期届满没有履行债务的,债权人可以要求债务人履行其债务,也可以要求保证人在其保证范围内承担保证责任。

4. 保证合同

(1) 保证合同的形式。保证合同应当以书面形式订立,以口头形式订立保证合同的,应视其未成立。但根据《合同法》第三十六条的规定,当事人虽未按约定或法律规定订立书面合同,"但一方已履行主要义务,对方接受的,该合同成立",因此,保证人不得在自愿履行保证合同后,又以没有采用书面形式为名而反悔。

(2) 保证合同的内容。根据《担保法》第十五条的规定,保证合同的内容一般包括:被保证的主债权种类、数额;债务人履行债务的期限;保证的方式;保证担保的范围;保证的期间;双方认为需要约定的其他事项。

5. 保证责任

（1）保证责任的范围。保证责任的范围可以由当事人约定，如果没有约定或者约定不明的，保证人应当对全部债务承担责任，责任的范围包括主债权及利息、违约金、损害赔偿金和实现债权的费用。

（2）保证期间。所谓保证期间，是指依合同约定或法律规定，保证人承担保证责任的期限。如果超过了这个期限，保证人就不再承担保证责任。根据我国《担保法》的规定，保证期间分约定保证期间与法定保证期间。前者由债权人与保证人在保证合同中约定，后者是在当事人没有约定的情况下由法律直接规定，我国法定的保证期间是主债务履行期届满之日起6个月。

《担保法》第二十五条规定：一般保证的保证人与债权人未约定保证期间的，保证期间为主债务履行期届满之日起6个月。在合同约定的保证期间和前款规定的保证期间，债权人未对债务人提起诉讼或者申请仲裁的，保证人免除保证责任。同时，第二十六条还规定：连带责任保证的保证人与债权人未约定保证期间的，债权人有权自主债务履行期届满之日起6个月内要求保证人承担保证责任。在合同约定的保证期间和前款规定的保证期间，债权人未要求保证人承担保证责任的，保证人免除保证责任。

需要注意的是，同一债权既有保证又有物的担保的，保证人对物的担保以外的债权承担保证责任。债权人放弃物的担保的，保证人在债权人放弃权利的范围内免除保证责任。对于主合同当事人双方串通、骗取保证人提供保证的，或者主合同债权人采取欺诈、胁迫等手段，使保证人在违背真实意思的情况下提供保证的，保证人不承担民事责任。

（二）定金

1. 定金的概念

定金是指当事人为确保合同的履行，依法律或当事双方的约定，由当事人一方在合同尚未订立或合同订立后、履行前，按合同标的额的一定比例先行给付对方货币或其他代替物。

定金有成约定金、证约定金、违约定金、解约定金、立约定金等种类，我国现行法律的定金兼具证约定金和违约定金的性质。同时，法律也允许当事人特别约定其他性质的定金。定金的证约性质和违约性质具体体现在：合同履行后，定金应当抵作价款或者收回。如果因当事人一方的过错不履行债务时，给付定金的一方不履行义务的，无权要求返还定金；收受定金的一方不履行或者不完全履行义务的，应当双倍返还不履行部分的定金。

值得一提的是，当事人既约定违约金，又约定定金的，一方违约时，对方可以选择适用违约金或定金条款。

2. 定金合同

定金的成立必须有书面合同。定金合同是实践性合同，从实际交付定金之日起生效。定金合同主合同的从合同的成立以主合同的存在为前提。定金的数额由当事人约定，但不得超过主合同标的额的20%，如果超过的，超过的部分无效。

案例6.3 委托购车签订协议 订金改成定金

案情：李某为了取得车辆能挂靠唐河县某运输公司的运营权，于2008年4月11日与运输公司签订购车协议，李某依协议约定向运输公司交纳订金2万元。2008年4月14日，运输公司又与郑州某汽贸公司签订了购车协议，并交纳定金2万元，不提货定金不予返还，其他约定的内容同李某签订协议所约定的内容一致。之后李某未再向运输公司交纳任何购车款项，运输公司也未再向汽贸公司交纳任何购车款项。2008年6月中旬，李某从南阳某公司另行购置了所需的车辆。李某向运输公司追要订金，运输公司以李某违约为由不予返还。于是李某将运输公司诉至法院。

法院审判：法院审理认为，两份协议内容基本相同，从协议内容可以看出李某与运输公司所签的买卖合同，实为委托合同，合同内容是双方的真实意思表示，应为有效合同。运输公司超越委托指示，在与汽贸公司签合同时把2万元订金约定为定金，运输公司具有一定的过错。李某另行购车的行为导致运输公司与汽贸公司所签合同无法履行，造成运输公司的损失也应承担赔偿责任。遂依《合同法》规定作出判决，唐河某运输公司赔偿李某订金损失的50%，即1万元。

资料来源：http：//www.chinalawedu.com/new/1900a22a2010/2010921chengf151127.shtml

三、合同的保全

（一）合同保全的概念

合同保全，即合同债权的保全，是指债权人为了防止债务人的财产不当减少而危害其债权，可以对债务人或第三人实施的行为行使代位权或撤销权，以保护其债权的制度。合同保全制度体现为合同的对外效力，是对债的相对性原理的突破，意义十分重大，它是在消除债务人损害债权人利益的行为，对于保障债权实现具有积极的预防作用。

根据我国《合同法》的规定，合同的保全方式有两种：一是为保持债务人的财产而设的债权人的代位权；二是为恢复债务人的财产而设的债权人的撤销权。

（二）债权人的代位权

1. 代位权的概念

债权人代位权是指债权人为了保全自己的债权，以自己的名义代替债务人直接向第三人行使权利的权利。《合同法》第七十三条规定："因债务人怠于行使其到期债权，对债权人造成损害的，债权人可以向人民法院请求以自己的名义代位行使债务人的债权。但该债权专属于债务人自身的除外。代位权的行使范围以债权人的债权为限。债权人行使代位权的必要费用，由债务人负担。"

2. 代位权的成立要件

代位权的成立要件如下：

（1）债权人与债务人之间存在合法的债权债务关系，这是代位权成立的前提条件。

（2）债务人怠于行使其到期债权，且对债权人造成损害。所谓怠于行使是指债务人应当行使且能行使而不行使。

（3）债务人的债权已到期。如果债权未到期，会损害第三人的合法权益。

（4）债务人的债权是非专属于债务人自身的债权。所谓专属于债务人自身的债权，是指基于收养关系、扶养关系、抚养关系、赡养关系、继承关系产生的给付请求权和劳动报酬、退休金、养老金、抚恤金、安置费、人寿保险、人身伤害赔偿请求权等权利。

3. 代位权的行使方式

代位权的行使必须通过诉讼的方式进行。诉讼当事人是以自己名义提起诉讼的债权人，次债务人为代位权诉讼中的被告，而债务人则为第三人。

(三) 债权人的撤销权

1. 撤销权的概念

债权人的撤销权又称废罢诉权，是指当债务人实施的减少其财产的行为危害债权人的债权实现时，债权人有权请求人民法院对该行为予以撤销。《合同法》第七十四条规定："因债务人放弃其到期债权或者无偿转让财产，对债权人造成损害的，债权人可以请求人民法院撤销债务人的行为。债务人以明显不合理的低价转让财产，对债权人造成损害，并且受让人知道该情形的，债权人也可以请求人民法院撤销债务人的行为。撤销权的行使范围以债权人的债权为限。债权人行使撤销权的必要费用，由债务人负担。"

2. 撤销权的成立要件

撤销权的成立要件包括客观要件与主观要件两方面。

（1）客观要件可以分为三个层次：一是债务人实施了处分财产的行为；二是债务人处分财产的行为已经发生法律效力；三是债务人处分财产的行为已经或者将要危及债权。

（2）主观要件主要是指债务人与第三人具有恶意。根据《合同法》第七十四条规定，债务人放弃到期债权或者无偿转让财产，或者以明显不合理的低价转让对债权人造成损害，即表明债务人具有恶意。需要说明的是，这里的"明显不合理的低价"，法院应当以交易当地一般经营者的判断，并参考交易当时交易地的物价部门指导价或者市场交易价，结合其他相关因素综合考虑予以确认。

3. 撤销权的行使方式

债权人行使撤销权应以债权人自己的名义在法定的期间内以诉讼方式进行。关于法定期间，《合同法》第七十五条规定："撤销权自债权人知道或应当知道撤销事由之日起一年内行使。自债务人的行为发生之日起五年内没有行使撤销权的，该撤销权消灭。"

第六节 合同的变更与转让

一、合同的变更

(一) 合同变更的概念与特征

1. 合同变更的概念

合同的变更有广义与狭义之分。广义的合同变更包括合同内容的变更与合同主体的变更。前者是指在不改变合同当事人的前提下，改变合同的内容。后者是指在不改变合同内容的前提下，变更合同的主体。狭义的合同变更则是仅对合同内容的变更，这也是我国合同法上对合同变更的界定。合同主体的变化，在我国合同法上称之为合同的转让。

合同的变更是指合同在成立后，尚未履行或尚未履行完毕以前，当事人经过协议在不改变合同的主体的情况下改变合同的内容。通常，合同的变更是基于当事人协商一致，但也可以基于裁判而变更合同。

2. 合同变更的特征

（1）合同变更的对象是合同内容，而合同当事人保持不变。这是区别合同变更与合同转让的主要标志。

（2）合同变更只能发生在合同成立后，尚未履行或尚未完全履行之前。合同未有效成立，当事人之间就不存在合同关系，也就谈不上合同的变更。如果合同履行完毕，当事人之间的合同关系已经消灭，也不存在变更的问题。

（3）合同的变更通常依据双方当事人的约定，也可以是基于法律的直接规定。合同的变更有两种：一是根据当事人之间的约定对合同进行变更，即约定的变更；二是当事人依据法律规定请求人民法院或仲裁机构进行变更，即法定的变更。我国《合同法》第五章所规定的合同变更实际上就是约定的变更。

（二）合同变更与合同更新的区别

传统的民法理论将合同变更与合同更新区别看待。合同的更新，又称债务更新或债的更新，是指当事人双方通过协商，变更了原合同的基本条款或主要内容，从而使变更后的合同与变更前的合同在内容上失去了同一性与连续性，导致原合同关系消灭，新合同关系发生。简单地说，合同更新就是以一个新的合同代替一个旧的合同。

合同变更与合同更新的区别具体表现在：

（1）合同变更仅限于合同内容的变化，合同更新则可能是合同内容或主体的变化。例如，债权人解除旧债务人的债务而由新债务人代替，此时合同主体发生变化，为合同的更新。

（2）合同变更是合同内容的非根本性变化，合同更新则是合同内容的根本性变化。"合同内容的非根本性变化"是指合同变更只是对原合同关系的非要素内容作某些修改或补充，而不是对合同内容的全部变更。比如对标的数量、履行地点、履行时间、价款及结算方式等的变更等就属于非要素内容。在非根本性变更的情况下，变更后的合同关系与原有的合同关系在性质上不变，属于同一法律关系，即所谓的"同一性"。合同更新是合同内容的根本性变化，在新旧合同的内容之间，可能并无直接的内在联系，这种变化直接导致原合同关系的消灭，新合同关系的产生。需要注意的是，合同是否发生根本性变化，应依当事人的意思和一般交易观念予以确定。

（3）合同变更主要通过当事人双方协商而实现，但在特殊情况下也可以直接依据法律规定而发生；合同更新只能是当事人双方协商一致的结果。

（三）合同变更的条件

根据《民法通则》与《合同法》的相关规定，合同变更应具备一定条件。

（1）应原已存在有效的合同关系。合同的变更是在原合同的基础上，通过当事人双方的协商或者法律的规定改变原合同关系的内容。因此，原合同的有效成立是合同变更的前提条件，无原合同关系就无变更的对象。

（2）合同变更原则上应当经过当事人协商一致。我国《合同法》第七十七条第一款规定："当事人协商一致，可以变更合同。"因此，任何一方不得采取欺诈、胁迫的方式来欺骗或强制他方当事人变更合同。如果变更合同的协议不能成立或不能生效，则当事人仍应按原合同的内容履行。但在某些特殊情形，合同变更也可依法律的规定并通过法院的判决或仲裁机构的裁决发生。例如，根据《合同法》第五十四条的规定，因重大误解订立的合同以及订立合同时显失公平的合同，当事人一方有权请求人民法院或者仲裁机构变更或者撤销；一方以欺诈胁迫的手段或者乘人之危，使对方在违背真实意思的情况下订立的合同，不损害国家、集体或者第三人利益的，受损害方有权请求人民法院或者仲裁机构变更或者撤销。

需要注意的是，为了维护合同关系的稳定性，《合同法》第七十八条规定："当事人对合同变更的内容约定不明确的，推定为未变更。"

（3）合同变更应遵守法定的程序与方式。《合同法》第七十七条第二款规定："法律、行政法规规定变更合同应当办理批准、登记等手续的，依照其规定。"依此规定，在上述情况下变更合同未遵循这些法定程序的，即便达成了变更合同的协议，也是无效的。此外，当事人变更合同的形式通常可以协商决定，一般要与原合同的形式相一致。如原合同为书面形式，变更合同也应采取书面形式；如原合同为口头形式，变更合同既可以采取口头形式，也可以采取书面形式。但在某些情况下，法律为了维护国家利益、社会利益和当事人的利益，预防和减少不必要的纠纷，对部分合同规定了其成立的方式，比如保证合同、抵押合同应当采用书面形式。

（4）合同变更应有合同内容的变化。合同内容发生变化是合同变更必不可少的条件。当然，合同变更必须是非实质性内容的变更，变更后的合同关系与原合同关系应当保持同一性。

（四）合同变更的效力

合同一经变更即产生法律效力。

（1）在合同发生变更后，当事人应当按照变更后的合同的内容履行，任何一方违反变更后的合同内容都构成违约。

（2）合同的变更仅对未履行部分发生法律效力，对已履行的债务没有溯及力。任何一方都不能因为合同的变更而单方面要求另一方返还已经履行的债务。

（3）合同的变更不影响当事人要求赔偿的权利。原则上，提出变更的一方当事人对对方当事人因合同变更所受损失应负赔偿责任。我国《民法通则》第一百一十五条规定："合同的变更或者解除，不影响当事人要求赔偿损失的权利。"

二、合同的转让

（一）合同转让的概念与特征

1. 合同转让的概念

合同的转让，即合同主体的变更，是指合同当事人一方依法将其合同的权利和义务全部或部分地转让给第三人。

2. 合同转让的特征

合同转让具有以下法律特征：

（1）合同转让是合同主体的转让。合同当事人一方将自己在合同中的权利或者义务全部或部分地转让给合同当事人以外的第三人。

（2）合同转让不改变原合同的权利义务内容。无论何种形式的转让，都只是合同主体发生变更，而合同的性质和内容均未改变，转让后的合同内容仍保持了同一性。

（3）合同转让应当经过对方同意或者通知对方才可产生法律效力。《合同法》第八十条第一款规定："债权人转让权利的，应当通知债务人，未经通知，该转让对债务人不发生效力。"第八十四条规定："债务人将合同的义务全部或者部分转移给第三人的，应当经债权人同意。"

（4）合同转让涉及审批手续的还应办理相关手续。《合同法》第八十七条规定："法律、行政法规规定转让权利或者转移义务应当办理批准、登记等手续的，依照其规定。"否则转让无效。

（二）合同转让的条件

根据《合同法》的相关规定，合同转让应当具备以下条件：

(1) 应原已存在有效的合同关系。这是合同转让的前提条件，如果合同不存在或被宣告无效，被依法撤销、解除、转让的行为属无效行为，转让人应对善意的受让人所遭受的损失承担损害赔偿责任。

(2) 应当由转让人与受让人达成有效协议。该协议应该是在平等自愿的基础上进行的协商，而且符合民事法律行为的有效要件，否则，该转让行为属无效行为或可撤销行为。

(3) 合同转让应当符合法律规定的程序。合同转让人应征得对方同意并尽到通知义务。对于按照法律规定由国家批准成立的合同，转让合同还应经原批准机关批准，否则转让行为无效。

（三）合同转让的种类

按照所转让的权利义务不同，合同转让可以分为债权让与、债务承担、债的概括承受三种。

1. 债权让与

(1) 债权让与的概念。债权让与，又称合同权利的转让，是指合同债权人与第三人协议将其债权转让给第三人的法律行为。债权人为转让人，第三人为受让人。需要注意的是，债权人转让的可以是全部权利，也可以是部分权利。在权利全部转让的情形，受让人取代原债权人成为合同关系的新的债权人；而在权利部分转让的情形，受让人则加入债的关系，与原债权人共享债权，形成多数人之债。

(2) 债权让与的自由与限制。合同权利原则上可以自由转让，这是市场经济条件下市场主体自主性的要求和体现，但是，有的合同或基于当事人之间的人身信赖关系，或基于特定社会政策考虑，合同债权转让自由原则要受限制。根据《合同法》第七十九条规定，在以下特殊情形，合同不得转让：一是根据合同性质不得转让，即合同如果是规定特定权利义务关系的合同或者是特定主体的合同，则合同不得转让；二是按照当事人约定不得转让，即如果双方当事人在订立合同时在合同中约定合同不得转让，则该约定对双方当事人都有约束力；三是依照法律规定不得转让，即如果该合同成立是由国家机关批准成立的，则该合同的转让也必须经原合同批准机关批准，如果批准机关不予批准，该合同不能转让。

(3) 债权让与的法律效力。一个生效的债权让与会产生一定的法律效力，这种效力包括对内效力和对外效力两方面。对内效力具体表现为：合同权利由让与人转让给受让人；在债权转让同时从属于主债权的从权利，如抵押权、利息债权、定金债权、违约金债权等也一并转移，但专属于债权人的从权利例外；转让人应保证其转让的权利有效存在，且不存在权利瑕疵；转让人不得就已转让的权利再次转让。对外效力具体表现为：债务人不得再向转让人即原债权人履行债务；债务人负有向受让人即新债权人作出履行的义务，同时免除其对原债权人所负的责任；债务人在债权让与时所享有的对抗原债权人的抗辩权并不消灭；债务人享有抵销权，即债务人接到债权让与的通知时，债务人对让与人享有债权，并且债务人的债权先于转让的债权到期或者同时到期的，可以向受让人主张抵销。

2. 债务承担

(1) 债务承担的概念。债务承担，又称合同义务的转移，是指在不改变合同内容的情况下，合同债务人经债权人同意将其合同义务全部或部分转让给第三人的法律行为。

(2) 债务承担的种类。《合同法》第八十四条规定："债务人将合同的义务全部或者部分转移给第三人的，应当经债权人同意"。因此债务承担包括两种情形：一是债务全部转移，即免责的债务承担。此时由第三人取代原债务人的地位，成为新的债务人。二是债务部分转移，即并存的债务承担。此时债务的受让人即第三人加入债的关系，与原债务人共担债务，原债务人并不退出合同关系。

（3）债务承担的法律效力。免责的债务承担后，原合同之债务人脱离合同债务关系，债权人向承担人主张权利。并存的债务承担时，原合同债务人与第三人承担的是连带责任还是按份责任须在承担合同中明确；新债务人可以主张原债务人对债权人的抗辩，此外还应当承担与主债务有关的从债务，但专属于原债务人自身的从债务除外。

3. 债的概括承受

（1）债的概括承受的概念。债的概括承受，又称合同权利债务的概括移转，是指合同当事人一方经对方同意将其合同的权利与义务一并转让给第三人，由第三人概括承受的法律行为。债的概括承受既可依法律行为而产生，也可依法律规定而产生。

（2）债的概括承受的种类。债的概括承受包括合同承受、法定的概括承受两种。一是合同承受。合同承受又称合同移转，是指当一方当事人经对方同意，通过与第三人订立合同，将其权利与义务概括移转给第三人，由第三人取代自己在合同关系中的地位。二是法定的概括承受。指企业的分立、合并引起的债权债务的概括移转。

《民法通则》第四十四条第二款规定："企业法人分立、合并，它的权利义务由变更后的法人享有和承担。"《合同法》第九十条的规定："当事人订立合同后合并的，由合并后的法人或者其他组织行使合同权利，履行合同义务。当事人订立合同后分立的，除债权人和债务人另有约定的以外，由分立的法人或者其他组织对合同的权利和义务享有连带债权，承担连带债务。"这类债权债务的移转无须取得对方当事人同意，依合并或分立的企业的通知或公告发生法律效力。

第七节　合同权利义务的终止

一、合同权利义务终止的概述

（一）合同权利义务终止的概念

合同权利义务终止，简称合同终止，也称合同的消灭，是指合同当事人双方在合同关系建立以后，因一定的法律事实的出现，使合同确立的权利义务关系消灭。即合同当事人不再具有法律约束力。

合同终止不同于合同效力的停止或减弱，也不同于合同的解除。合同效力的停止是指因债务人行使抗辩权而拒绝债权人的履行请求，从而使债权的效力受到阻止。合同效力的减弱是指债权人不能行使给付请求权而仅能受领债务人的给付。合同的解除与合同的终止一直是一个有争议的问题，各国立法也持有不同的态度。从我国《合同法》的规定来看，合同解除只是合同终止的一种原因。总的来说，合同的终止意味着原合同权利义务关系不复存在。

（二）合同终止的效力

合同终止的效力具体表现为：①当事人之间的合同关系消灭。债权人不再享有债权，债务人也不再承担债务。②债权的担保及其他从属的权利、义务消灭。如利息债权、担保物权、利息保证物权、违约金债权等于合同消灭时消灭。③负债字据的返还；④后合同义务。即合同终止后，当事人还是应当遵循诚实信用原则，根据交易习惯履行通知、协助、保密的义务。⑤合同终止不影响合同中结算和清理条款的效力。

二、合同终止的原因

合同终止须基于一定的法律事实,这就是合同终止的原因。根据《合同法》第九十一条规定,引起合同终止的原因有:①债务已经按照约定履行;②合同解除;③债务相互抵销;④债务人依法将标的物提存;⑤免除债务;⑥债权债务同归于一人;⑦法律规定或者当事人约定终止的其他情形。其中,合同因得到全面履行而终止是最为正常的终止情形,合同依法律规定或者当事人约定而终止是法律的兜底条款,因此这里着重介绍解除、抵销、提存、免除、混同这几种终止情形。

(一) 合同解除

1. 合同解除的概念与特点

合同的解除有广义与狭义之分。狭义的合同解除是指在合同成立后履行完毕之前,一方当事人基于法律规定或者当事人约定行使解除权,从而使合同关系归于消灭的一种法律行为;广义的合同解除不仅包括狭义的合同解除,还包括协议解除。通常,大陆法系民法采取狭义的合同解除。根据我国《合同法》的规定可知,我国对合解除则采取了广义的概念,包括协议解除、约定解除、法定解除。因此可以这样理解,合同的解除,是指在合同依法成立后而尚未全部履行前,当事人基于法律规定、协商或当事人约定而使合同关系归于消灭的一种法律行为。

合同解除具有以下规定:

(1) 合同的解除以当事人之间存在有效合同为前提。无效合同、可撤销合同以及效力待定合同不发生合同的解除。

(2) 合同的解除应具备一定的条件。合同依法成立后,任何一方不得擅自解除,除非具备了合同解除的条件。这个条件可以是当事人约定或协商的,也可以法律规定的。

(3) 合同解除使合同效力归于消灭。合同解除不仅要具备解除的条件,还需要有当事人的解除行为,即合同不能自动解除。这种解除行为是一种法律行为,可以是单方法律行为,也可以是双方法律行为。

2. 合同解除的种类

(1) 协议解除。协议解除是指在合同成立后履行完毕之前,当事人通过协商而解除合同,从而使合同效力归于消灭的行为。《合同法》第九十三条规定第一款规定:"当事人协商一致,可以解除合同。"协议解除的实质在于,它是当事人通过协商一致从而达成一个解除原合同的新合同,这个新的合同又被称为反对合同。这种解除方式在实践中经常用到。

(2) 约定解除。约定解除是指在合同成立后履行完毕之前,当事人基于双方事先约定的事由行使解除权,从而使合同效力归于消灭的行为。我国《合同法》第九十三条第二款规定:"当事人可以约定一方解除合同的条件。解除合同的条件成就时,解除权人可以解除合同"。约定解除是实质在于,一旦事先约定的条件成就时,当事人就可行使解除权。因此,约定解除为单方解除,此时不需要双方在进行意思表示。

约定解除与协议解除的区别主要体现在二者适用的条件不同:约定解除的条件必须是当事人事先确定的;而协议解除则不需事先约定,往往是在出现了当事人不欲使合同继续存在的情形时,基于当事人的合意而解除合同。

(3) 法定解除。法定解除是指在合同成立后履行完毕之前,一方当事人基于法律规定的事由行使解除权,从而使合同效力归于消灭的行为。法定解除也是一种单方行为,根据《合同法》第九十四条规定,法律规定的事由有:因不可抗力致使不能实现合同目的;在履行期限届满之前，当事人一方明确表示或者以自己的行为表明不履行主要债务；当事人一方迟延履行主要债务，经催告后在合理期限内仍未履行；当事人一方迟延履行债务或者有其他违约行为致使不能实现合同目的；法律规定的其他情形。

3. 合同解除的程序

根据《合同法》第九十五条与第九十六条规定，行使合同解除权应注意下列事项：

（1）解除权行使期限。法律规定或者当事人约定解除权行使期限，期限届满当事人不行使的，该权利消灭。法律没有规定或者当事人没有约定解除权行使期限，经对方催告后在合理期限内不行使的，该解除权消灭。

（2）行使解除权解除合同，应当通知对方。合同自通知到达对方时解除。法律、行政法规规定解除合同应当办理批准、登记等手续的，应依其规定。

（3）异议期间。当事人对合同解除有异议的，可以请求人民法院或者仲裁机构确认解除合同的效力。如果当事人是在约定的异议期限届满后才提出异议并向人民法院起诉的，人民法院不予支持；如果当事人没有约定异议期间，在解除合同通知到达之日起三个月以后才向人民法院起诉的，人民法院不予支持。

4. 合同解除的效力

合同解除使原合同关系归于消灭。其具体效力体现在：

（1）尚未履行的，合同当事人的债权债务关系消灭。合同解除后，尚未履行的，终止履行。

（2）已经履行的，根据履行情况和合同性质，当事人可以要求恢复原状、采取其他补救措施，并有权要求赔偿损失。这里涉及合同解除是否具有溯及力的问题。学术界对此有不同看法，但通常认为，确定合同有无溯及力，不能一概而论，应从合同的性质、种类、当事人协商的情况、解除是否因违约引起等因素来考虑。一般来说，合同的协议解除和约定解除，其有无溯及力是当事人之间的意思自治的问题，若当事人无约定时，应由法院或仲裁机构根据具体情况处理；在法定解除的情形，因不可抗力而不能实现合同目的的解除合同，原则上无溯及力，除非如此会造成不公正后果；因违约而解除合同，是否有溯及力应具体分析，非继续性合同的解除原则上有溯及力，继续性合同解除原则上无溯及力。所谓继续性合同，是指债的内容，非一次给付可完结，而是继续地实现。比如雇佣合同即是典型的继续性合同，在该类合同中，时间因素在合同的履行中居于重要的地位，总给付的内容取决于应为给付时间的长短。所谓非继续性合同，是指履行为一次性行为的合同，即一次给付便使合同内容实现的，如买卖、赠与、承揽等合同。

（二）抵销

1. 抵销的概念与种类

抵销是指合同双方当事人互负债务时，各自以其债权充当债务之清偿，从而使其债务与对方的债务在对等数额内相互消灭。

抵销基于其产生根据的不同，可以分为法定抵销与约定抵销。法定抵销是指合同当事人依据法律规定的条件依法行使抵销权。约定抵销又称合意抵销、意定抵销，是指合同双方当事人基于合意所为的抵销。

2. 法定抵销

（1）法定抵销的要件。根据我国《合同法》第九十九条的规定，法定抵销应当具备以下要件：一是当事人双方互负有效债务，互享有效债权；二是当事人双方互负债务的标的物种类与品质相同。抵销的债务一般为金钱之债务与种类之债，只有双方当事人的债务为同一种类才能抵销;第三,当事人双方所负债务均已届清偿期;第四,当事人双方所负债务均为可抵销的债务。一般来说,法律规定、当事人约定或性质上不能抵销的债务不得抵销。

(2) 法定抵销的行使方式。《合同法》第九十九条第二款规定:"当事人主张抵销的,应当通知对方。通知自到达对方时生效。抵销不得附条件或者附期限。"法律对通知的具体形式没有规定,因此,主张抵销的通知可以采取口头形式、书面形式或其他形式。

(3) 法定抵销的法律效力。双方当事人的债权债务在抵销数额内消灭;法定抵销的意思表示可以溯及到可为抵销时,其主要内容包括:自可为抵销之时起,利息支付的债务消灭,债务人所发生的损害赔偿责任、违约金责任免除,也不再发生当事人的迟延责任。

3. 约定抵销

约定抵销是通过合同形式进行的,此合同通常称为抵销合同,双方当事人可以在抵销合同中约定抵销的条件。约定抵销的法律效力体现在:约定抵销与法定抵销具有同等效力,即都具有消灭当事人之间同等数额的债权债务关系;约定抵销可以改变法定抵销的条件,即在抵销合同中当事人可以约定减轻或加重法定抵销的条件。抵销合同生效时,发生抵销的效力。

(三) 提存

1. 提存的概念

提存是指由于债权人的原因使债务人无法向其交付合同标的物时,债务人将该标的物提交给提存机关,以消灭合同债务的行为。

2. 提存的条件

根据《合同法》的相关规定,提存应具备一定条件。

(1) 提存主体合格。提存涉及三方当事人,即提存人、提存机关和提存受领人。提存人一般为债务人,但又不以债务人为限,凡债务的清偿人均为可提存人。至于提存机关,我国目前还没有专门的提存所,但可以根据提存标的物的性质,选择公安机关、公证处、法院、银行等为提存机关。提存受领人主要是提存之债的债权人,同时,能为受领清偿的第三人也可为提存受领人。

(2) 提存的合同之债有效且已届履行期。对于无效合同、可撤销合同、效力待定合同,都不能提存。

(3) 提存原因合法。根据《合同法》第一百零一条规定,由下列情形之一,难以履行债务的,债务人可以提存:债权人无正当理由拒绝受领;债权人下落不明;债权人死亡未确定继承人或者丧失民事行为能力未确定监护人;法律规定的其他情形。

(4) 提存标的物适当。根据《提存公证规则》第七条的规定,货币、有价证券、票据、提单、权利证书、贵重物品、担保物(金)或其他替代物等可以提存。如果标的物不适于提存或者提存费用过高的,债务人依法可以拍卖或者变卖标的物,提存所得的价款。

3. 提存的法律效力

提存在债务人、提存机关与债权人三方当事人之间发生效力。

(1) 债权人与债务人之间的效力。自提存之日起债权债务归于消灭。标的物提存后,除债权人下落不明的以外,债务人应当及时通知债权人或者债权人的继承人、监护人。标的物提存后,毁损、灭失的风险由债权人承担。提存期间,标的物的孳息归债权人所有。提存费用由债权人负担。

(2) 提存人与提存机关之间的效力。提存成立后,提存机关应当采取适当的方法妥善保管提存物；提存人可依据法院的生效判决、裁定或提存之债已经清偿的证明取回提存物。

(3) 提存关与债权人之间的效力。债权人有权随时领取提存物，但债权人对债务人负有到期债务的，在债权人未履行债务或者提供担保之前，提存部门根据债务人的要求应当拒绝其领取提存物。债权人领取提存物的权利，自提存之日起5年内不行使而消灭，提存物扣除提存费用后归国家所有。

(四) 债务免除

1. 债务免除的概念

债务免除是指债权人抛弃债权从而使债务全部或部分归于消灭的行为。债务免除是债权人的单方法律行为，即债权人根据其单方的意思表示就可以免除债务人的债务。并且债权人一旦作出了免除债务的意思表示，该意思表示就不得撤回。

2. 债务免除的条件

债务免除是一种法律行为，其成立除了具备法律行为成立的一般条件，还应具备以下条件：

(1) 债务免除的意思表示应向债务人作出。债务免除的意思表示到达债务人或其代理人时生效。债权人向第三人作出的债务免除的意思表示不产生免除的效力。

(2) 债权人应具有处分能力。债权人对法律禁止抛弃的债权而免除债务的，免除无效。

(3) 免除不得损害第三人的利益。债权人免除债务人的债务，虽然是债权人的权利，但该权利的行使不得损害第三人的利益。比如，已就债权设定质权的债权人，不得免除债务人的债务而对抗质权人。

3. 债务免除的效力

《合同法》第一百零五条规定："债权人免除债务人部分或者全部债务的，合同的权利义务部分或者全部终止。"主债务因免除而消灭的，从债务也随之消灭，但从债务因免除而消灭的，主债务并不消灭。需要注意的是，债权人免除了连带债务人中一人的债务，应视为免除全部连带责任人的债务，即免除对其他债务人同样发生效力。但是，如果债权人明确表示仅免除连带债务人中一人应负担的债务部分，则其他债务人的债务不应免除。

(五) 混同

1. 混同的概念

混同是指债权与债务同归于一人，从而使合同关系消灭的事实。混同有广义与狭义之分。广义的混同包括权利与权利的混同、义务与义务的混同、权利与义务的混同；狭义的混同仅指权利与义务的混同。这里的混同即为狭义的混同。

2. 混同的效力

《合同法》第一百零六条规定："债权和债务同归于一人的，合同的权利义务终止，但涉及第三人利益的除外。"因此，混同是一种事实，其本身并非行为，无须意思表示，只要有债权债务同归于一人的情形，即发生债权债务消灭的后果。但在法律另有规定或合同标的涉及第三人利益时，混同不发生债权债务消灭的效力。例如，在债权出质时，债权人不因混同而消灭；票据的债权人与债务人混同时，债也不当然消灭。

在连带债务中，当连带债务人之一与债权人混同，或者连带债权人与债务人混同时，债权在该连带债务人应负担的债务额限度内消灭，其他连带债务人对剩余部分的债务仍应负连带责任。在连带债权人中一人与债务人混同时，债也仅在该连带债权人所享有的债权额限度内消灭，其他连带债权人对剩余部分的债权仍应享有连带债权。

第八节 合同的责任

一、缔约过失责任

(一) 缔约过失责任的概念与特征

1. 缔约过失责任的概念

缔约过失责任是指在缔约过程中，当事人因自己的过失违反基于诚信原则负有的先合同义务，导致合同不成立，或者合同虽然成立，但不符合法定的生效条件而被确认为无效、可变更或可撤销，并给对方造成损失时所应承担的民事责任。

2. 缔约过失责任的法律特征

(1) 法定性。缔约过失责任是基于法律的规定而产生的一种民事责任。依据《合同法》第四十二条、第四十三条规定，只有在符合下列情况下，并给对方造成经济损失的，才应承担该责任：假借订立合同，恶意进行磋商；故意隐瞒与订立合同有关的重要事实或者提供虚假情况；泄露或者不正当地适用在订立合同过程中知悉的商业秘密；有其他违背诚信原则的行为。

(2) 相对性。缔约过失责任只能发生在缔约阶段，也只能在缔约当事人之间产生。这是该责任与违约责任的一个主要不同之处。

(3) 补偿性。缔约过失责任旨在弥补或者补偿因缔约过失行为所造成的财产损害，这是民法意义上的平等、等价原则的具体体现，也是市场交易关系在法律上的内在要求。

(二) 缔约过失责任的构成要件

缔约过失责任采取的是过错责任原则，其构成要件主要包括：

(1) 缔约一方违反先合同义务。所谓"先合同义务"，又称先契约义务或缔约过程中的附随义务，是指自缔约当事人因签订合同而相互磋商，至合同有效成立前，双方当事人基于诚信原则负有的协助、通知、告知、保护、照管、保密、忠实等义务。

(2) 违反先合同义务的行为给对方造成了信赖利益的损失。所谓"信赖利益损失"，是指相对方因合理地信赖合同会有效成立却由于合同最终不成立或无效而受到的利益损失。需要注意的是，如果从客观的事实中不能对合同的成立或生效产生信赖的，即使已经支付了大量费用，也不能视为信赖利益的损失，因为这是由于缔约人自己判断失误造成的。

(3) 违反先合同义务者主观上存在过错。这里的过错既包括故意也包括过失，但必须是在缔约过程中，违反先合同义务者主观上应具备的条件。

(4) 违反先合同义务与对方的损失之间存在因果关系。相对方的信赖利益损失是由行为人的缔约过失行为造成的，而不是其他行为造成的。

(三) 缔约过失责任的赔偿范围

我国现行法律对缔约过失责任的赔偿范围未作明确规定，但通常认为，其赔偿范围限于信赖利益的损失，主要体现直接损失与间接损失两部分。一是直接损失。这指因为信赖合同成立和生效而支出的各种费用，比如缔约费用、准备履约和实际履行所支付的费用及利息等。二是间接损失。这指如果缔约一方能够获得各种机会，而在因另一方的过错导致合同不成立时，这些机会丧失所带来的损失。比如因信赖合同有效成立而放弃获利机会的损失，即丧失与第三人另订合同机会所蒙受的损失；因身体受到伤害而减少的误工收入；

其他可得利益损失等。

二、违约责任

（一）违约责任的概念

1. 违约责任的概念

违约责任，又称违反合同的民事责任，是指合同当事人不履行合同义务或者履行合同义务不符合约定时所应承担的民事法律责任。

2. 违约责任与缔约过失责任的区别

违约责任与缔约过失责任不同，二者的区别主要体现在五个方面。

（1）成立的前提不同。违约责任以合同有效成立为前提；缔约过失责任只发生在缔约过程中，其成立不以合同成立或有效为前提。

（2）责任方式不同。违约责任的方式多样，比如赔偿损失、支付违约金、实际履行等；缔约过失责任则只有赔偿损失这一种责任。

（3）发生依据不同。违约责任主要基于当事人在合同中的约定，具有约定性；缔约过失责任则是基于法律的明确规定，具有法定性。

（4）归责原则不同。违约责任一般采用严格责任的归责原则，并且法律规定了免责的事由；缔约过失责任则采用过错责任的归责原则，法律没有规定免责事由。

（5）赔偿范围不同。违约责任通常要求赔偿期待利益的损失；缔约过失责任的赔偿往往限于信赖利益的损失。

（二）违约责任的构成要件

根据《合同法》第一百零七条、第一百一十一条的规定，违约责任的构成要件主要有：

1. 违约行为

违约行为是指合同当事人违反合同义务的行为，即合同当事人不履行合同或履行合同不符合约定，这是承担违约责任的前提条件。

2. 不存在免责事由

如果有法定或约定的免责事由，即使有违约行为也不承担违约责任。确立免责事由，主要是基于建立风险合理分配机制及有效防止风险的激励制度。免责事由可以分为法定的免责事与约定的免责事由。根据《合同法》的相关规定，法定的免责事由有两种类型：一是不可抗力，这里的不可抗力，是指不能预见、不能避免、并不能克服的客观情况，包括台风、洪水等自然灾害和战争等社会现象；二是债权人有过错。约定的免责事由是由双方当事人事预先在合同中约定的，只要其约定不违反法律、社会公序良俗和《合同法》对免责条款的两项限制，那就可以依据此约定免除违约方应承担的违约责任。《合同法》对免责条款的两项限制为：提供格式条款一方免除其责任，加重对方责任，排除对方权利的，该条款无效；免除造成对方人身伤害或免除因故意重大过失造成对方财产损失的责任的免责条款无效。

（三）违约行为的形态

违约行为形态是指违约行为的具体表现形式。根据不同的标准，可以分为不同的形态，主要的分类有两种。

1. 预期违约与实际违约

根据违约发生在合同履行期限届满前还是届满后，违约可以分为预期违约与实际违约。

(1) 预期违约。预期违约，又称先期违约，是指在履行期限到来之前，当事人一方无正当理由以明示或暗示的行为表示在履行期限到来后将不履行合同。《合同法》第一百零八条规定："当事人一方明确表示或者以自己的行为表明不履行合同义务的，对方可以在履行期限届满之前要求其承担违约责任。"可见，预期违约又分为明示预期违约与默示预期违约。需要注意的是，在默示预期违约的构成要件中包括非违约方应有确凿的证据证明对方确有违约行为。如果另一方只是预见或推测一方在履行期限届满时将不履行合同，不能构成确切证据。预期违约制度有利于保护当事人的权益，防止损失进一步扩大。

(2) 实际违约。实际违约是指在履行期限届满之后，当事人不履行或者不完全履行合同义务。实际违约行为的具体类型有：①拒绝履行，即不履行。这是指在合同期限到来以后，一方当事人无正当理由拒绝履行合同的全部义务。②迟延履行。这是指合同当事人的履行违反了履行期限的规定。广义的迟延履行包括债务人的给付迟延和债权人的受领迟延，狭义的迟延履行只是债务人的给付迟延。我国《合同法》采用的是广义的概念。③不适当履行，即质量有瑕疵的履行。这是指当事人交付的标的物不符合合同规定的质量要求。④部分履行。这是指合同虽然履行但履行不符合数量的规定，或者说履行在数量上存在着不足。⑤其他不完全履行的行为，比如在履行地点、方法等方面的不适当履行。

2. 根本违约与非根本违约

根据违约行为是否影响到合同目的的实现，违约可以分为根本违约与非根本违约。

(1) 根本违约。这是指合同当事人不履行合同义务，致使合同目的不能实现。此时非违约方可以解除合同。

(2) 非根本违约。这是指合同当事人不履行合同义务的行为没有达到合同目的无法实现的程度。此时非违约方不能解除合同。

(四) 违约责任的形式

根据《合同法》的相关规定，违约责任的主要形式有：继续履行、违约补救、损害赔偿、违约金。

1. 继续履行

(1) 继续履行的概念。继续履行，又称强制实际履行、依约履行，是指当事人一方不履行合同义务或者履行不符合约定条件时，另一方有权请求法院强制违约方按合同的约定继续履行义务。继续履行是承担违约责任的一种基本方式。

我国《合同法》第一百零九条规定了金钱债务的继续履行："当事人一方未支付价款或者报酬的，对方可以要求其支付价款或者报酬。"《合同法》第一百一十条则规定了非金钱债务的继续履行，但下列情形除外：法律上或者事实上不能履行；债务的标的不适于强制履行或者履行费用过高；债权人在合理期限内未要求履行。

(2) 继续履行的适用条件。继续履行作为一种违约责任形式，其适用条件包括：①应有违约行为的存在；②非违约方应在合理期限内提出继续履行的请求；③应依据法律和合同的性质能够履行的，比如提供个人服务的合同、一些基于人身依赖关系而产生的合同（委托合同、信托合同、合伙合同等）就不能适用继续履行的形式。④实际履行在事实上是可能的和在经济上是合理的。

(3) 继续履行与损害赔偿的关系。继续履行与损害赔偿这两种违约责任形式可以同时适用，即继续履行仍然不能弥补其他损失的，或者还有其他损失的，对于其他损失仍然需要赔偿。我国《合同法》第一百一十二条规定："当事人一方履行合同义务或者履行合同义务不符合约定的，在履行义务或者采取补救措施后，对方还有其他损失的，应当赔偿损失。"

2. 违约补救

（1）违约补救的概念。违约补救有广义与狭义之分，广义的违约补救包括继续履行、损害赔偿、违约金等。这里采用的是狭义的概念，是指履行合同不符合约定，当事人应采取措施予以补救使其尽可能符合约定。

（2）违约补救的具体种类。违约补救常适用于质量不符合约定的合同。《合同法》第一百一十一条规定："质量不符合约定的，应当按照当事人的约定承担违约责任。对违约责任没有约定或者约定不明确，依本法第六十一条的规定仍然不能确定的，受损害方根据标的性质以及损失的大小，可以合理选择要求对方承担修理、更换、重作、退货、减少价款或者报酬等违约责任。"也就是说，交付的产品质量不符合约定的，受损害方根据标的的性质以及损失的大小，可以合理选择要求对方承担修理、更换、重作、退货、减少价款或者报酬等违约责任。

（3）违约补救与损害赔偿的关系。根据《合同法》第一百一十二条的规定，违约补救与损害赔偿这两种违约责任形式可以同时适用，即违约补救仍然不能弥补其他损失的，或者还有其他损失的，对于其他损失仍然需要赔偿。

3. 损害赔偿

（1）损害赔偿的概念。损害赔偿，又称违约损害赔偿，是指一方当事人因违约行为而给对方造成损失，应依法和依约赔偿对方当事人所受的损失。

（2）损害赔偿的特点。损害赔偿具有以下特点：一是损害赔偿是因债务人不履行合同义务所产生的责任；二是损害赔偿原则上仅具有补偿性而不具有惩罚性；三是损害赔偿具有一定的任意性，基于合同自由原则，当事人在订立合同时，可以预先约定一方当事人在违约时应向另一方当事人支付的一定的金钱；四是损害赔偿以赔偿当事人实际遭受的全部损失为原则。

（3）损害赔偿的范围与限制。损害赔偿的范围包括实际损失与可得利益损失两部分。所谓实际损失，是指因违约已给对方给造成的现有财产的毁损、灭失、减少和债权人为减少或者消除损害所支出的必要的合理的费用。所谓可得利益，是指合同在履行以后可以实现和取得的利益。可得利益必须是一种通过合同的实际履行才能实现的未来的利益，是当事人订立合同时能够合理预见到的利益。《合同法》第一百一十三条第一款规定："当事人一方履行合同义务或者履行合同义务不符合约定，给对方造成损失的，损失赔偿额应当相当于因违约所造成的损失，包括合同履行后可以获得的利益，但不得超过违反合同一方订立合同时预见到或者可以预见到的因违反合同可能造成的损失。"

需要注意的是，损害赔偿受到两方面的限制：一是可预见规则的限制。如果损害不可预见，则违约方不应赔偿。采用此限制规则的根本原因在于，只有在交易发生时，订约当事人对其未来的风险和责任可以预见，才能计算其费用和利润，从而正常地进行交易活动。二是减轻损失规则的限制。所谓减轻损失规则，是指在一方违约并造成损失后，另一方应及时采取合理的措施防止损失扩大，否则，无权要求就扩大部分的损失要求违约方赔偿。这一点在《合同法》第一百一十九条中予以了规定。受害人为防止损失扩大需要支付一定费用的，该费用由违约方承担。

4. 违约金

（1）违约金的概念。违约金是指当事人通过协商预先确定的，在违约发生后作出的独立于履行行为以外的给付。《合同法》第一百一十四条第一款规定："当事人可以约定一方违约时应当根据违约情况向对方支付一定数额的违约金。"

(2) 违约金的种类。违约金根据其性质的不同可以分为惩罚性违约金与补偿性违约金两种。所谓惩罚性违约金，是指违约金具有惩罚性质，当一方的违约行为未给对方造成损失时，或者约定违约金的数额大于损失额时，此时的违约金即具有一定的惩罚性质。所谓补偿性违约金，又称赔偿性违约金，则具有赔偿损失的性质，当一方的违约行为给对方造成了损失，并且损失大于或者等于违约金时，此时的违约金即具有补偿性质。我国《合同法》更注重强调后者，虽然违约金的约定属于合同自由的范围，但这种自由要受到国家干预的限制。

《合同法》第一百一十四条第二款规定："约定的违约金低于造成的损失，当事人可以请求人民法院或者仲裁机构予以增加；如果约定的违约金过分高于造成的损失的，当事人可以请求人民法院或者仲裁机构予以适当减少。"值得注意的是，依据《最高人民法院关于适用〈中华人民共和国合同法〉若干问题的解释（二）》第二十八、二十九条的规定，当事人请求人民法院增加违约金的，增加后的违约金数额以不超过实际损失额为限。增加违约金以后，当事人又请求对方赔偿损失的，人民法院不予支持。当事人主张约定的违约金过高请求予以适当减少的，人民法院应当以实际损失为基础，兼顾合同的履行情况、当事人的过错程度以及预期利益等综合因素，根据公平原则和诚实信用原则予以衡量，并作出裁决。

(3) 违约金与其他责任形式的关系。一是违约金与继续履行的关系。在实践中，违约金的支付是独立于履行之外的，如果没有特别约定当事人不得在支付违约金后免除履行主债务的义务，则债务人不得以支付违约金完全代替继续履行。《合同法》第一百一十四条第三款规定："当事人就迟延履行约定的违约金的，违约方支付违约金后，还应当履行债务。"因此，违约金的支付与继续履行可以同时适用。二是违约金与损害赔偿的关系。违约金与损害赔偿具有不同的特点，二者不能同时适用。通常，违约金为约定，赔偿金为法定，根据民法意思自治原则，约定优先，因此当事人之间只要约定了违约金，就应当优先适用，但同时也要满足《合同法》第一百一十四条第二款的限制。三是违约金与定金的关系。根据《合同法》第一百一十六条规定，违约金与定金只能选择适用其一，即当事人既约定违约金，又约定定金的，一方违约时，对方可以选择适用违约金或定金条款。

(五) 违约责任与侵权责任竞合

1. 责任竞合的概念

责任竞合是指由于某种法律事实的出现而导致两种以上的责任产生，这些责任彼此之间是相互冲突的。在民法中，责任竞合主要表现在违约责任与侵权责任的竞合。比如一方当事人不履行合同义务构成了违约，同时该违约行为侵害了对方当事人债权之外的人身、财产权益，此时就构成了违约责任与侵权责任的竞合。

2. 违约责任与侵权责任竞合的处理原则

根据《合同法》第一百二十二条规定，在发生违约责任与侵权责任竞合的情况下，受损害方可以选择其中一种责任要求对方承担。比如某人在商场购买了电冰箱，在使用时发生漏电引起人身伤害，受害人既可以依据《合同法》的规定追究其违约责任，也可以依据《中华人民共和国产品质量法》或《中华人民共和国消费者权益保护法》追究其侵权责任。也就是说，受害人可以从最有效地保护自己合法权益的角度出发来选择对自己最有利的责任方式，但两种责任只能择一适用，不能同时并存。

案例 6.4　伍万元误写成伍元，担保责任如何承担

案情：2003 年 6 月 22 日，王武因种植灵芝需要，向郑州市市郊农村信用合作联社古荥信用社提出贷款申请。2003年8月20日，信用社与王武以及保证人王某、侯某、老王签订保证担保借款合同，约定信用社贷款给王武5万元，用途为种植，期限自2003年8月20日至2004年7月20日，借款月利率6.195‰。由王某、侯某、老王担保。

合同签订后，2003年8月20日信用社向王武发放贷款5万元。2003年10月27日、12月27日王武共偿还利息1290.63元。合同到期后，王武没钱还完全款，2006年6月17日王武、王某、侯某、老王与信用社签订还款计划，内容为"我王武在古荥信用社借款伍万元，至今未归还，自愿订立如下还款计划：我王武保证在2008年12月30日把本金伍元还完，并按照中国人民银行计息规定支付利息。以上还款计划已经担保人同意并愿负连带责任，保证按期归还，若到期不还愿受法律制裁"。

王武此笔贷款用于种植河南某生物工程实业有限公司灵芝，后由于该公司停止收购灵芝，其中欠王武16214.5元，后来有关部门成立处理该公司问题工作组，但以兑付灵芝保健酒的方式，解决灵芝种植户贷款问题。2009年9月2日，王武因不按期还款，被信用社起诉至惠济法院。2010年3月6日，王武向信用社的上级单位申请请求以灵芝酒冲抵5万元贷款。

信用社诉称，王武经王某、侯某、老王担保，于2003年8月20日在信用社借款5万元，用于种植。根据借款合同约定，该笔借款已于2004年7月20日到期，但王武至今未归还借款，仅清息到2003年12月27日，其余本息至今未付。因此，要求王武偿还借款本金5万元及计算到2009年7月31日的利息21167元，其余利息按合同约定计算至付款之日止。保证人王某、侯某、老王对借款人债务承担连带保证责任。

王某、侯某、老王辩称，他们认可还款计划中的签名均是自己书写，根据还款计划中"我王武保证在2008年12月30日把本金伍元还完……"。对此他们只对王武保证的伍元承担担保责任。

王武辩称，借款是事实，后因灵芝卖后未收回钱，导致无法偿还贷款。另外贷款期限到现在已7年，超过诉讼时效。

法院审判：王武、信用社签订的保证担保借款合同为有效合同，信用社依约提供了借款，借款到期后，王武未按照约定如约还款，王武、信用社于2006年6月17日签订还款计划，王武在信用社处借款5万元，保证在2008年12月30日把本金5元还完，并按照中国人民银行计息规定计算，王武又于2010年3月6日向信用社及其上级部门提出申请，申请以灵芝保健酒抵贷款，应视为对该借款的追认，故王武应偿该笔借款的本金及利息。王某、侯某、老王在还款计划中与信用社约定以上还款计划已经担保人同意，并愿负连带责任，故王某、侯某、老王应对本金5元负连带清偿责任。根据保证担保借款合同约定，借款期间月利率为6.195‰及逾期后按日利率万分之三计收利息，故王武应按约定支付利息，已付利息应予以扣除。

《中华人民共和国合同法》第一百零七条"当事人一方不履行合同义务或者履行合同义务不符合约定的，应当承担继续履行、采取补救措施或者赔偿损失等违约责任"、第二百零五条"借款人应当按照约定的期限支付利息……"、第二百零六条"借款人应当按照约定的期限返还借款……"，《中华人民共和国担保法》第十八条第二款"连带责任保证的债务人在主合同规定的债务履行期届满没有履行债务的，债权人可以要求债务人履行债务，也可以要求保证人在其保证范围内承担保证责任"、第三十一条："保证人承担保证责任后，有权向债务人追偿。"根据以上规定，判决①王武于判决生效之日起十日内返还郑州市市郊农村信用合作联社古荥信用社借款本金5万元及自2003年8月21日起按照合同约定的月利率6.195‰至2004年7月20日的利息（扣除已付利息1290.63元），并自2004年7月21日起按日万分之三支付逾期利息到付款之日止;②王某、侯某、老王对以上欠款本金的 5 元承担连带清偿责任。

资料来源:http://lawyer.95089.com/jingjianli/2107.html

思考题

1. 理解下列重要术语:
诺成合同　实践合同　不安抗辩权　定金　合同保全　预期违约
2. 简述合同法的基本原则。
3. 比较要约与要约邀请的区别。
4. 简述合同法对无效合同、可撤销的合同和效力待定合同的规定。
5. 简述合同的担保方式。
6. 简述缔约过失责任与违约责任区别。

第七章 国际货物买卖法

第一节 概述

一、国际货物买卖的概念与特点

国际货物买卖通常是由买卖双方以签订国际货物买卖合同的形式进行的。国际货物买卖合同是指不同国家的当事人之间以转让货物所有权为目的所达成的具有国际因素的货物买卖合同。

国际货物买卖的特点主要有：

（1）国际货物买卖中的"国际性"。根据1980年《联合国国际货物销售合同公约》（以下简称《公约》）的规定，这里的国际性采用了单一的"营业地"标准，即凡营业地处于不同国家的当事人之间所订立的货物买卖合同，即为国际货物买卖合同。

（2）国际货物买卖的标的物是"货物"。《公约》中并未明确规定何谓"货物"，但采用了排除法的规定，在第二条规定了不适用该公约的货物买卖包括：①仅供私人、家人或家庭适用的货物的销售；②经由拍卖方式进行的销售；③根据法律执行令状或其他令状的销售；④公债、股票、投资证券、流通票据或货币的销售；⑤船舶、船只、气垫船或飞机的销售；⑥电力的销售。《公约》不调整不被视为货物或有争议的货物，也不调整一般不视为动产的货物。但值得注意的是，《公约》所调整的货物既包括存在物，也包括尚在制造或生产的货物。

（3）国际货物交易的性质是"买卖"。交易性质不同，适用的法律也有所不同。国际货物买卖合同是指卖方将货物所有权转移给买方，买方需支付相应对价给卖方的合同。

二、关于国际货物买卖的立法与惯例

（一）各国国内立法

（1）大陆法系国家。大陆法系国家通常有两种做法：①民商分立的做法，商法与民法是特别法与一般法的关系，商法优先适用，当商法没有规定的情况下，适用民法的规定；②民商合一的做法，一般在民法的"债"篇中加以规定。

（2）普通法系国家。普通法系国家，没有民法与商法的区分，其买卖法由两个部分组成：①由法院判例形式确立的法律原则；②成文法，主要体现为单行法规。典型的如：英国1893年《货物买卖法》、英国现行的1995年修订的《货物买卖法》、美国1906年的《统一买卖法》、1994年《统一商法典》（以下简称UCC）。

（3）我国的立法。我国没有专门的货物买卖法，《民法通则》的原则性规定作为一般法适用于货物买卖关系，1999年生效的《合同法》是调整我国货物买卖关系的主要国内立法，该法同时适用于国内和涉外的买卖关系。1986年我国加入了《联合国国际货物销售合同公约》，因此，在符合公约适用条件的情形下，该公约可以适用于与我国有关的国际货物

买卖关系。

(二) 关于国际货物买卖的国际公约

关于国际货物买卖的国际公约主要包括哪些这一问题在第一章中已经做了介绍，因此这里着重介绍与我国国际贸易联系最为密切的《联合国国际货物销售合同公约》。

1. 产生背景

联合国国际贸易法委员会（The United Nations Commission on International Trade Law）从1969年开始，经过大约10年的酝酿准备，于1978年完成起草了一项新的公约，即《联合国国际货物销售合同公约》。该公约于1980年3月在维也纳召开的外交会议上获得通过，并于1988年1月1日起生效。我国政府派代表团出席了该会议，参与了公约草案的讨论，并于1986年12月11日向联合国秘书处交存了关于该公约的核准书，从而成为该公约的最早缔约国之一。截至1998年6月，该公约的缔约国已达到51个。

2. 两个保留

我国在加入该公约时提出了两个保留：

（1）关于适用公约情形的保留。《公约》第一条规定了当营业地在不同国家的当事人之间所订立的货物销售合同可以适用公约的两种情形，一是如果这些国家是缔约国；二是如果国际私法规则导致适用某一缔约国的法律。我国对后一种情形予以了保留。因为当时我国由于经济体制的原因，在经济贸易方面制定了两套法律，一套适用于国内商贸，另一套适用于国际商贸，如果对公约不进行保留，那么国内的涉外经贸立法就无法得到适用。但1999年实行了统一的《合同法》后，原《中华人民共和国经济合同法》、《中华人民共和国涉外经济合同法》、《中华人民共和国技术合同法》同时废止，这一保留已无意义。

（2）关于合同形式的保留。《公约》第十一条规定，销售合同无须以书面订立或书面证明，在形式方面也不受任何其他条件的限制。销售合同可以用包括人证在内的任何方法证明。我国对此提出了保留，强调营业地位于中国的缔约方缔结的国际销售合同必须采用书面形式。

(三) 关于国际货物买卖的商事交易习惯

关于国际货物买卖的商事交易习惯主要包括哪些这一问题在第一章中已经介绍，因此这里着重介绍影响较大并在实践中得到广泛应用的国际商会编纂的《国际贸易术语解释通则》（2000年），同时对2010年的最新版本进行一个比较。

小资料7.1　国际商会简介

国际商会（The International Chamber of Commerce, ICC）于1919年在美国发起，1920年正式成立。其总部设在法国巴黎，发展至今已拥有来自130多个国家的成员公司和协会，国际商会是为世界商业服务的非政府间组织，是联合国等政府间组织的咨询机构。

国际商会以贸易为促进和平、繁荣的强大力量，推行一种开放的国际贸易、投资体系和市场经济。由于国际商会的成员公司和协会本身从事于国际商业活动，因此它所制定用以规范国际商业合作的规章，如：《托收统一规则》、《跟单信用证统一惯例》、《国际商会2000国际贸易术语解释通则》等被广泛地应用于国际贸易中，并成为国际贸易不可缺少的一部分，国际商会属下的国际仲裁法庭是全球最高的仲裁机构，它为解决国际贸易争议起着重大的作用。

资料来源：http://baike.soso.com/v266614.htm?pid=baike.box

小资料 7.2　中国国际商会简介

中国国际商会（China Chamber of International Commerce 简称 CCOIC）是在中国从事国际商事活动的企业、团体和其他组织组成的国家级国际性会员制商会组织（民政部登记证号：社证字第 4768 号）。

1988 年，国务院批准成立中国国际商会。中国国际商会以为会员提供专属优质服务为宗旨，其职责是向国际组织和政府部门反映中国工商业界的利益诉求，参与国际经贸规则与惯例的制定和推广，促进国内外经贸交流与合作，提供法律服务、商务咨询、信息资讯和业务培训等服务，倡导社会责任与公益事业等。

中国国际商会于 1994 年代表中国加入了国际商业组织——国际商会，国际商会中国国家委员会（The Affiliate of International Chamber of Commerce in China 简称 ICC CHINA）秘书局设在中国国际商会。中国国际商会在开展与国际商会（ICC）相关业务时，使用 ICC CHINA 的名义。中国国际商会组织会员单位，全面深入地参与国际商会的各种活动，利用国际商会的全球商业网络，同各国商界、政府相关机构以及国际组织建立广泛联系，促进中外企业的合作与交流，推动中国经济融入世界的进程。

资料来源：http：//www.ccoic.cn 中国国际商会

1. 产生背景

《国际贸易术语解释通则》（International Rules for the Interpretation of Trade Terms）最早由国际商会（ICC）于 1936 年制定，后分别于 1953 年、1980 年和 1990 年进行了修改和补充，现行文本是 2000 年修订本。

2. 主要内容

《2000 年国际贸易术语解释通则》（《Incoterms 2000》）从 2000 年 1 月 1 日起生效，按照卖方的责任逐渐增大，买方的责任逐渐减小的规律规定了 13 种贸易术语，分为 E 组、F 组、C 组和 D 组。其中，FOB（船上交货）、CIF（成本、保险费加运费）、CFR（成本加运费）在海运中常用，FCA（货交承运人）、CPT（运费付至）、CIP（运营和保险费付至）随着多式联运的不断发展，其作用也在日益扩大。

（1）E 组术语（内陆交货合同）

E 组中只有一种术语，即 EXW（工厂交货）。该术语全称为 EX Works（named place），其中文意思为：工厂交货（指定地点）。

该术语指出口方在自己的工厂交货，并由进口方负责运输和保险。在 13 个贸易术语中，这个术语的特点是卖方的责任最小，而买方的责任最大。

（2）F 组术语（主要付费未付——装运合同）

①FCA，该术语全称为 Free Carrier（named place），其中文意思为：货交承运人（指定地点）。该术语指卖方只要将货物在指定地点交给由买方指定的承运人，并办理了出口清关手续，即履行了其交货义务，货物的风险亦从交货转移至买方。买方负责运输和保险。

②FAS，该术语全称为 Free Alongside Ship（named port of shipment），其中文意思为：船边交货（指定装运港）。该术语指卖方在指定的装运港将货物交至买方指定船只的船边，即履行其交货义务。在交货时风险转移，即风险的转移以指定的船边为界。在办理海关清关手续的义务上，该术语要求卖方办理出口清关手续，而买方办理进口清关手续。该术语仅适用于海运或内河运输。与 FOB（船上交货）不同的是，卖方不需要安排装货的事宜，与港口接洽安排装货是买方的事情。

③FOB，该术语全称为 Free On Board（named port of shipment），其中文意思为：船上交货（指定装运港），在我国又称"离岸价格"。该术语指卖方在合同规定的装运港负责将货物装到买方指定的船上，并负担货物越过船舷前的一切费用和风险。这意味着买方必须从货物在装运港越过船舷时起承担一切费用以及货物灭失或损坏的一切风险。该术语仅适用于海运或内河运输。在船舷无实际意义的情况下，如在滚装、滚卸或集装箱运输的场合，使用 FCA（货交承运人）术语更为合适。

FOB（船上交货）的主要特征：第一，卖方必须承担把货物交到船上的责任并支付有关费用；第二，卖方在装运港交货；第三，货物风险从越过船舷时起即转移至买方；第四，买方负责运输与保险。

FOB（船上交货）在使用中应注意：FOB（船上交货）条件下卖方的交货义务有两项：第一，将货物装上船；第二，装船之后，必须及时向买方发出已装船通知。而通知义务往往被忽视，如果卖方没有及时通知买方，即构成违约。

（3）C 组术语（主要运费已付——装运合同）

①CFR，该术语全称为 Cost and Freight（named port of destination），其中文意思为：成本加运费（指定目的港）。该术语指在装运港货物越过船舷，卖方即完成交货，卖方必须支付将货物运至指定目的港所需的运费。但货物风险是在装运港船舷转移的。

CFR（成本加运费）在使用中应注意：装船运输由卖方负责，而购买保险由买方负责，若衔接不好，容易出现漏保的现象，因此，卖方在装船后应给买方充分的通知，否则，卖方应承担货物在运输途中的风险。

CFR（成本加运费）与 CIF（成本、保险费加运费）相比，在价格构成中少了保险费，因此，在 CFR（成本加运费）价格条件下，除了保险是由买方办理外，其他方面的双方义务与 CIF（成本、保险费加运费）基本相同。

②CIF，该术语全称为 Cost, Insurance and Freight（named port of destination），其中文意思为：成本、保险费加运费（指定目的港）。在我国被称为"到岸价格"。该术语指卖方除必须负有与 CFR（成本加运费）术语相同的义务外，还必须办理货物在运输途中应由买方承担的货物灭失或损坏的风险的保险。卖方签订保险合同并支付保险费。买方应注意根据 CIF（成本、保险费加运费）术语，只能要求卖方投保最低的保险险别。货物装船后灭失或损坏的风险及货物装船后所发生的任何额外费用，则自货物于装运港越过船舷时起从卖方转由买方承担。

CIF（成本、保险费加运费）的主要特点为：卖方是以向买方提供适当的装运单据来履行其交货义务的，而不是以向买方交付货物是实物来完成其交货义务。

与 FOB（船上交货）的区别为：一是货物的价格构成不同；二是卖方承担的责任不同；三是贸易术语的表述不同，如"FOB 上海"中的上海指的是装运港，而"CIF 上海"中的上海指的是目的港。

③CPT，该术语全称为 Carriage Paid To（named place of destination），其中文意思为：运费付至（指定目的地）。卖方向其指定的承运人交货，但卖方还必须支付将货物运至目的地的运费。此术语适用于各种运输方式。在货物由多个承运人先后联合承运的情况下，如果由后继承运人将货物运至目的地，则风险自货物交付第一承运人时起由卖方转移至买方。

④CIP，该术语全称为 Carriage and Insurance Paid To（named place of destination），其中文意思为：运费和保险费付至（指定目的地）。该术语指卖方除必须负有与 CPT（运费付至）术语相同的义务外，还必须办理货物在运输途中应由买方承担的货物灭失或损坏风险的保险。由卖方签订保险合同并支付保险费。不过，买方应注意，根据 CIP（运费和保险

费付至）术语，只能要求卖方以最低的保险险别投保。

（4）D组术语（到货合同）

①DAF，该术语全称为 Delivered at Frontier（named place），其中文意思为：边境交货（指定地点）。

②DES，该术语全称为 Delivered EX Ship（named port of destination），其中文意思为：目的港船上交货（指定目的港）。

③DEQ，该术语全称为 Delivered EX Quay（named port Of destination），其中文意思为：目的港码头交货（指定目的港）。

④DDU，该术语全称为 Delivered Duty Unpaid（named place of destination），其中文意思为：未完税交货（指定目的地）。

⑤DDP，该术语全称为 Delivered Duty Unpaid（named place of destination），其中文意思为：完税后交货（指定目的地）卖方必须承担将货物运至目的地的一切风险和费用包括办理出口及进口手续。

小资料7.3　13个国际贸易术语的主要内容

贸易术语	交货地点	风险转移	运输	保险	运输方式
EXW 工厂交货	卖方工厂	交货时	买方	无义务	各种运输
FCA 货交承运人	交承运人	交货时	买方	无义务	各种运输
FAS 船边交货	装运港船边	交货时	买方	无义务	海运 内河
FOB 船上交货	装运港船上	装运港船舷	买方	无义务	海运 内河
CFR 成本加运费	装运港船上	装运港船舷	卖方	无义务	海运 内河
CIF 成本、保险费加运费	装运港船上	装运港船舷	卖方	卖方	海运 内河
CPT 运费付至	交承运人	交货时	卖方	无义务	各种运输
CIP 运费和保险费付至	交承运人	交货时	卖方	卖方	各种运输
DAF 边境交货	边境指定地点	交货时	卖方	无义务	陆上运输
DES 目的港船上交货	目的港船上	交货时	卖方	无义务	海运 内河
DEQ 目的港码头交货	目的港码头	交货时	卖方	无义务	海运 内河
DDU 未完税交货	指定目的地	交货时	卖方	无义务	各种运输
DDP 完税后交货	指定目的地	交货时	卖方	无义务	各种运输

注：在《Incoterms 2000》中，除了CIF（成本、保险费加运费）和CFR（成本加运费）之外，在保险合同的项目下，卖方和买方的义务中均注明"无义务"，所谓无义务，是指一方对另一方不承担义务的情况。但在D组中，均为到货合同，即卖方在目的地完成交货，那么在交货前的风险自然由卖方承担。因此，卖方为了货物的安全，应自费办理保险。

3.《2010年国际贸易术语解释通则》

2010年9月国际商会公布了新版本《2010年国际贸易术语解释通则》（以下简称《2010年通则》）。这是国际商会制定的适用于国内和国际贸易的术语通则，《2010年通则》成为该商会的第715E号出版物，并于2011年1月1日正式实施。

《2010年通则》考虑了无关税区的不断扩大，商业交易中电子信息使用的增加，货物运输中对安全问题的进一步关注以及运输方式的变化。《2010年通则》更新并整合与"交货"相关的规制，将术语总数由原来的4组13个减少至2组11个，并对所有规制作出更加简洁、明确的陈述。

小资料7.4 《2010年通则》解释的贸易术语

组别	贸易术语	中文名称
适用于任何运输方式或多种运输方式的术语	EXW（ex works）	工厂交货（指定交货地点）
	FCA（free carrier）	货交承运人（指定交货地点）
	CPT（carriage paid to）	运费付至（指定目的地）
	CIP（carriage and insurance paid to）	运费保险费付至（指定目的地）
	DAT（delivered at terminal）	运输终端交货（指定港口或目的地运输终端）
	DAP（delivered at place）	目的地交货（指定目的地）
	DDP（delivered duty paid）	完税后交货（指定目的地）
适用于海运和内河水运的术语	FAS（free alongside ship）	船边交货（指定装运港）
	FOB（free on board）	船上交货（指定装运港）
	CFR（cost and freight）	成本加运费（指定目的港）
	CIF（cost insurance and freight）	成本、保险费加运费（指定目的港）

《2000年通则》和《2010年通则》的主要区别如下：

（1）术语分类调整，由原来的E、F、C、D四组分为适用于两类，即适用于各种运输方式和水运。

（2）贸易术语的数量减少，由原来的13种减少为11种。

①删除《2000年通则》中四个D组贸易术语，即DDU（未完税交货）、DAF（边境交货）、DES（目的港船上交货）、DEQ（目的港码头交货），只保留《2000年通则》D组中的DDP（完税后交货）术语。

②新增两种D组贸易术语，即DAT与DAP，DAT（Delivered at Terminal），目的地或目的港集散站交货。该术语类似于DEQ（目的港码头交货）术语，指卖方在指定的目的地卸货后将货物交给买方处置即完成交货，术语所指目的地包括港口。卖方应承担将货物运至指定的目的地的一切风险和费用（除进口费用外）。DAT术语适用于任何运输方式或多式联运；DAP（Delivered at Place），目的地交货。该术语类似于DAF（边境交货）、DES（目的港船上交货）和DDU（未完税交货）术语，指卖方在指定的目的地交货，只需做好卸货准备无需卸货即完成交货。术语所指到的到达车辆包括船舶，目的地包括港口。卖方应承担将货物运至指定的目的地的一切风险和费用（除进口费用外）。DAP术语适用于任何运输方式、多式联运方式及海运。

③E组、F组、C组的贸易术语基本没有变化。

（3）新贸易术语通则取消了"船舷"的概念。卖方承担货物装上船为止的一切风险，买方承担货物自装运港装上船之后的一切风险。比如FOB（船上交货）术语中，一直以来风险转移以"在装运港越过船舷"为界限，但这一原则在实践中缺乏操作性，比如由于装货方式的改进，有些货物在装船时并不需要越过船舷，此时"以船舷为界"就失去了意义。新通则将风险转移的界限修改为"以约定的交货日期或交货期限届满之日"，这样修改既增强了可操作性，同时也更有利于平衡当事人的权益。

（4）在FAS（船边交货）、FOB（船上交货）等术语中加入了在货物运输期间被多次买卖（连环贸易）的责任义务的划分。

（5）赋予电子单据与书面单据同样的效力，增加对出口国安检的义务分配，要求双方明确交货位置，将承运人定义为缔约承运人。

（6）考虑到对于一些大的区域贸易集团内部贸易的特点，新通则不仅适用于国际销售合同，也适用于国内销售合同。

第二节　买卖双方的义务

买卖双方的义务是国际货物买卖合同的核心内容。本节的内容主要以《联合国国际货物销售合同公约》为依据进行介绍。

一、卖方的义务

根据《公约》的规定，卖方的主要义务包括三项：①交付货物和移交单据；②货物相符义务，即品质担保义务；③权利担保义务，也称第三方要求。

（一）交付货物和移交单据

对于货物销售合同的卖方而言，交付货物和移交货物单据是其最基本的合同义务。

1. 交货方式

所谓交货（Delivery），是指卖方自愿地转移货物的占有权，使货物的占有权从卖方手中转移到买方手中。交货的方式可以由买卖双方在合同中约定。在国际货物销售中，存在两种交货方式：

（1）实际交货（Physical Delivery）。实际交货指将货物本身连同单据一并转移给买方。比如，在EXW（工厂交货）、DES（目的港船上交货）、DEQ（目的港码头交货）、DDP（完税后交货）等贸易术语中，卖方必须在指定的地点将货物置于买方的支配之下，这就是一种实际交货的方式。

（2）象征性交货（Symbolic Delivery）。象征性交货指卖方将代表货物所有权的证书交给买方就视为完成交货的义务。比如在CIF（成本、保险费加运费）贸易术语中，当卖方将货物交给了指定的承运人，取得了提单或类似的装运单据，并将该提单或单据交给买方，就视为已经履行了交货义务。

2. 交货地点

《公约》第三十一条规定，如果根据合同，卖方没有义务在其他特定地点交货，那么，其交货义务如下：①如果销售合同涉及货物的运输，卖方就应当把货物交给第一承运人，以由后者运交给买方；②在不涉及货物运输的情况下，如果合同指定的是特定货物或从特定存货中提取的或尚待制造或生产的未经特定化的货物，而且双方当事人在订立合同时已经知道这些货物是在某一特定地点，或将在某一特定地点制造或生产，那么，卖方就应当在该地点把货物交由买方处置；③在其他情况下，卖方应当在他于订立合同时的营业地把货物交由买方处置。

3. 交货时间

《公约》第三十三条规定，卖方必须按以下规定的日期交货：①如果合同规定了交货日期，或者虽合同中未明确规定交货日期，但从合同中可以确定交货日期，卖方就应当在该日期交货；②如果合同规定有一段时间，或从合同中可以确定一段时间为交货期，那么，除非情况表明应由买方选定一个日期以外，卖方就应在该段时间内的任何时候交货；③在其他情况下，卖方应在订立合同后的一段合理时间内交货。

4. 移交单据

《公约》第三十四条规定，如果按照合同的规定，卖方有义务移交与货物有关的单据，那么，卖方就必须按照合同规定的时间、地点和方式移交这些单据。如果卖方在合同所规定的交单时间以前已经移交了这些单据，卖方可以在合同所规定的交单时间到达以前，纠正单据中任何不符合合同规定的情形，但是，卖方的这种权利的行使不应使买方遭受不合理的不便或承担不合理的开支。而且，在这种情况下，买方仍然保留根据公约的规定其所具有的要求损害赔偿的任何权利。

（二）货物相符的义务（品质担保义务）

1. 明示义务

《公约》第三十五条第一款规定，卖方交付的货物必须与合同所规定的数量、质量和规格相符，须按照合同所规定的方式装箱或包装。

2. 默示义务

《公约》第三十五条第二款规定，除双方当事人另有约定外，货物必须符合以下规定，否则即为与合同不符：①货物适用于同规格货物通常的目的；②货物适用于订立合同时曾明示或默示地通知卖方的任何特定目的，除非情况表明买方并不依赖卖方的技能和判断力，或者这种依赖对他是不合理的；③货物的质量与卖方向买方提供的货物样品或样式相同；④货物按照同类货物通用的方式装箱或包装，如果没有此种通用方式，则按照足以保全和保护货物的方式装箱或包装。

买方有权检验货物，以确定货物是否与合同相符。如果因货物与合同不符而向卖方索赔，买方必须在发现或理应发现不符情形后一段合理时间内通知卖方，说明不符合同情形的性质，否则，买方就丧失就货物与合同不符而向卖方索赔的权利。

但是，无论如何，如果买方未在其实际收到货物之日起2年内将货物不符合同的情形通知卖方，那么，买方就丧失因货物与合同不符而主张损害赔偿的权利，除非这一时限与合同所规定的保证期限不一致。

（三）权利担保义务（第三方要求）

卖方保证对其出售的货物享有合法权利，没有侵犯任何第三人权利，第三人也不能就货物向买方主张任何权利。

1. 具体内容

权利担保义务是法定义务，无须合同约定，其具体内容包括：①卖方有权出售；②货物不存在任何未曾披露的担保物权；③没有侵犯他人的知识产权。

2. 《公约》的相关规定

《公约》第四十一条规定了卖方的一般权利担保义务，即卖方所交付的货物，必须是第三方不能提出任何权利或要求的货物，除非买方同意在这种权利或要求的条件下收取货物。

《公约》第四十二条规定了卖方的知识产权权利担保义务，即卖方所交付的货物，必须是第三方不能根据工业产权或其他知识产权主张任何权利或要求的货物。但以卖方在订立合同时已经知道或不可能不知道的权利或要求为限,而且这种权利或要求根据以下国家的法律规定是以工业产权或其他知识产权为基础的:①如果双方当事人在订立合同时预期货物将在某一国境内转售或做其他使用,则根据货物将在其境内转售或做其他使用的国家的法律;②在任何其他情况下,根据买方营业地所在国家的法律。

上述对卖方规定的义务不适用于以下情况:①买方在订立合同时已经知道或不可能不知道此项权利或要求;②此项权利或要求的发生,是由于卖方要遵照买方所提供的技术图样、图案、程式或其他规格。

案例7.1 卖方的权利担保责任

案情:2006年,我国某机械进出口公司向一法国商人出售一批机床。法国又将该机床转售到美国及一些欧洲国家。机床进入美国后,美国的进出口商被起诉侵犯了美国某一有效的专利权,法院判令被告赔偿专利人损失,随后美国进口商向法国出口商追索,法国商人又向我方索赔。

问题:我方是否应该承担责任,为什么?

评析:根据《公约》规定,作为卖方的我国某机械进出口公司应该向买方——法国商人承担所出售的货物不会侵犯他人知识产权的义务,但这种担保应该以买方告知卖方所要销往的国家为限,否则,卖方只保证不会侵犯买方所在国家的知识产权人的权利。

资料来源:http://news.9ask.cn/gjmy/fg/201004/542213.html

二、买方的义务

根据《公约》的规定,买方的义务主要包括两个:一是支付货款,二是收取货物。

(一)支付货款

支付货款是买方在贸易合同中最基本的义务。

1. 确定货物的价格

根据《公约》第五十五条规定,如果合同已有效的订立,但没有明示或暗示地规定价格或规定如何确定价格,在没有任何相反表示的情况下,双方当事人应视为已默示地引用订立合同时此种货物在有关贸易的类似情况下销售的通常价格。

《公约》第五十六条规定,如果价格是按货物的重量规定的,如有疑问,应按净重确定。

2. 付款地点

根据《公约》第五十七条的规定,如按照合同的规定,如果买方没有义务在其他特定地点支付货物价款,那么,买方就必须在以下地点向卖方支付价款:①卖方的营业地;②在凭移交货物或单据支付价款的场合,移交货物或单据的地点。需要注意的是,如果在订立合同后,卖方的营业地发生了变动,那么,卖方就必须承担因其营业地变动而使买方增加的与支付价款有关的费用。

3. 付款时间

《公约》第五十八条对买方的付款时间规定了3条规则:①如果按照合同的规定,买方没有义务在任何其他特定的时间内付款,那么,买方就必须于卖方按照合同和公约的规定将货物或控制货物处置权的单据交给买方处置时付款。卖方可以将买方的付款作为其移交货物或单据的条件。②如果合同涉及货物的运输,卖方可以将在买方付款后,才把货物或控制货物处置权的单据移交给买方,作为发运货物的条件。③买方在未有机会检验货物前,无义务支付货款，除非这种机会与双方当事人所约定的交货或付款程序相抵触。比如双方采用 FOB（船上交货）、不可撤销信用证的方式。

（二）收取货物

买方的第二项基本合同义务是收取货物。按照《公约》第六十条的规定，买方收取货物的义务有以下两个方面：①采取一切应采取的行动，以期卖方能交付货物；②接收货物。值得一提的是，"接收"并非"接受"。"接受"是买方认为货物在品质、数量等各方面均符合合同的要求时的行为。如果货到目的地经检验后，货物不符合合同规定，买方也应"接收"货物，但可向卖方及时提出索赔。假如买方将货物置于码头或露天任其遭受风吹雨打，则买方违反了收取货物的义务，由此造成的损失应由买方负责。

三、买卖双方的共同义务

（一）合同履行中的通知义务

在履行合同的过程中，买卖双方需要根据合同的实际履行情况，相互发出通知。如果不发出通知，则违反了《公约》规定的通知义务。

《公约》对不同通知的效力分别进行了规定。

1. 发出即生效

通知发出方履行了义务，该通知发出即产生效力，对方收到与否都不影响发送方的权利。这类通知包括：检验缺陷的通知、要求索赔或补救的通知、交付宽限期的决定的通知、宣告合同无效的通知。

2. 到达才生效的通知

如果收到的通知是进一步行为或不行为、或产生某种后果的条件，则通知只有在收到后才产生效力。这类通知包括：为对方设立的履约宽限期和合理期限的通知、遇到履行障碍的一方发出的通知。

（二）保全货物

保全货物是公约对不同情况下的买方和卖方规定的一项非常富于实务性的义务。《公约》第八十五条至八十八条是关于保全货物的规定。

1. 涵义

保全货物是指在一方当事人违约时，另一方当事人仍持有货物或控制货物的处置权时，该当事人有义务对他所持有的或控制的货物进行保全。目的是为了减少违约一方当事人因违约而给自己带来的损失。

2. 保全货物的条件

买卖双方都有保全货物的义务，但条件不同。①卖方：买方没有支付货款或接受货物，而卖方仍拥有货物或控制货物的处置权；②买方：买方已接受了货物，但打算退货。

3. 保全货物的方式

保全货物的方式包括：①将货物寄放于第三方的仓库，由违约方承担费用，但费用必须合理；②将易坏货物出售，并应将出售货物的打算在可能的范围内通知对方。出售货物的一方可从出售货物的价款中扣除保全货物和销售货物发生的合理费用。

4. 提前发出意向通知

如果另一方当事人在收取货物、收回货物、支付价款或保全货物费用方面有不合理的迟延，那么，有义务保全货物的当事人可以采取任何适当办法出售货物，但必须提前向另一方当事人发出合理的意向通知。

第三节　买卖双方违约的救济方法

一、卖方违约的救济方法

卖方违约主要有不交货、延迟交货或所交货物与合同不符三种情形。《公约》第四十五条至第五十二条对卖方违约的救济方法作了详细规定，卖方违约的救济方法分五种。

1. 要求实际履行合同义务

公约将此作为第一补救办法，目的是为了保证合同履行的稳定性。根据《公约》第四十六条规定，有三种情形：①买方可以要求卖方履行义务，除非买方已采取与此一要求相抵触的某种补救办法；②如果货物不符合同，买方只有在此种不符合同情形构成根本违反合同时，才可以要求交付替代货物，而且关于替代货物的要求，应当在向对方发出不符合同通知的同时或者之后的一段合理时间内提出；③如果货物不符合同，买方可以要求卖方通过修理对不符合同之处做出补救，除非他考虑了所有情况之后，认为这样做是不合理的，修理的要求应当在向对方发出不符合同通知的同时或者之后一段合理时间内提出。

2. 给卖方合理宽限期

这是针对卖方延迟交货而规定的一种救济方法。根据《公约》第四十七条规定，买方可以规定一段合理时限的额外时间，让卖方履行其义务。除非买方收到卖方的通知，声称他将不在所规定的时间内履行义务，买方在这段时间内不得对违反合同采取任何补救办法。但是，买方并不因此丧失他对迟延履行义务可能享有的要求损害赔偿的任何权利。

3. 减低货价

如货物与合同不符，无论货款是否已付，买方都可要求减低价款。减价应按实际交付的货物在交货时的价值，与符合合同的货物在当时的价值两者之间的比例计算。但如果卖方已经对货物不符合同的规定作了补救，或者买方拒绝卖方对此补救，则买方无权采用这种救济方法。

案例7.2　如何计算减价后应支付的货款

案情：买卖双方之间达成一笔关于粮食买卖的合同，合同规定卖方应在10月10日交付一级粮食100吨，价格为200美元/吨，总价为20000美元。但卖方直到11月10日才交货，并且交的是三级粮食。11月份粮食的整体价格下降50%，即一级粮食的价格为100美元，三级粮食的价格为50美元。

问题：这时买方应支付的货款为多少？

资料来源：田东文. 国际商法［M］. 北京：机械工业出版社，2011：159.

4. 买方宣告合同无效

当卖方根本违约时，买方可以宣告合同无效。根本违约在这里具体包括三项内容：①卖方不交付货物，延迟交货或交货不符或所有权有瑕疵；②卖方声明他不在规定时间内履行合同；③在买方给予的宽限期届满后仍不履行合同。另外，需注意的是，买方宣告合同无效的声明，只有在向卖方发出通知时才产生效力。还有若货物部分符合合同，买方应接受符合的部分，只有当卖方完全不交货或不按规定交货构成根本违约时，才能宣告合同无效。

根据《公约》规定，宣告合同无效并不妨碍另一方采取损害赔偿措施，合同中有关解决争议的条款仍然有效。

5. 损害赔偿

损害赔偿是买卖双方都可以采用的一种重要的救济方式。

（1）损害赔偿的责任范围。《公约》第七十四条规定，一方当事人违反合同应负的损害赔偿额，应与另一方当事人因他违反合同而遭受的包括利润在内的损失额相等。这种损害赔偿不得超过违反合同一方在订立合同时，依照他当时已知道或理应知道的事实和情况，对违反合同预料到或理应预料到的可能损失。需要注意的是，违约责任的损害赔偿并不以过失为构成要件，只要给另一方当事人造成损失，就应承担责任。

（2）可以与其他一些救济方法并用。《公约》第七十五条规定，如果合同被宣告无效，而在宣告无效后一段合理时间内，买方已以合理方式购买替代货物，或者卖方已以合理方式把货物转卖，则要求损害赔偿的一方可以取得合同价格和替代货物交易价格之间的差额以及按照第七十四条规定可以取得的任何其他损害赔偿。

（3）减轻损失原则。《公约》第七十七条规定，声称另一方违反合同的一方，必须按情况采取合理措施，减轻由于该另一方违反合同而引起的损失，包括利润方面的损失。如果他不采取这种措施，违反合同一方可以要求从损害赔偿中扣除原可以减轻的损失数额。

案例7.3 额外损失是否赔偿

案情：2003年11月，美国S公司与北京A公司签订了购进100吨钼铁的买卖合同，交货条件是天津FOB（船上交货）每吨3000美金，于2004年2月前交货。合同签订后，A公司立即与各生产厂家联系，但由于当时钼铁市场需求量很大，各厂家供货成问题，A公司向S公司要求推迟交货期，遭到S公司拒绝。2004年开始，国际市场钼铁价格暴涨，A公司要求S公司抬高合同价格，也遭到拒绝。2004年2月前，A公司未能履行交货义务，2004年4月份，国际市场钼铁价格已涨到合同签订时的近2倍。2004年6月5日，S公司根据合同中仲裁条款向中国贸易仲裁委员会提请仲裁，要求A公司赔偿S公司于2004年6月初补进的100吨钼铁与合同价格的差额货款。

问题：S公司的要求是否合法？应由哪家公司对未能及时补进货物而产生的额外损失负责？

评析：S公司的请求不合法，应由S公司自行承担因未能及时补进货物而产生的额外损失。本案主要涉及国际货物买卖合同违约后的损害赔偿问题。根据《联合国国际货物销售合同公约》的规定，损害赔偿是一种主要的救济方法。当一方违反合同时，另一方有权利要求赔偿损失，而且要求损害赔偿的权利，并不因已采取其他救济方法而丧失。另外《公约》第七十四条至七十七条对损害赔偿的责任范围和计算方法作了具体的规定。其中第七十四条的规定对买卖双方都同样适用，而且适用于因各种不同的违约事项所提出的损害赔偿要求。这里，《公约》没有采用过失责任原则，而是采取了严格责任原则。根据《公约》的规定，当一方请求损害赔偿时，无须证明违约的一方有过失。只要一方违反合同，并给对方造成了损失，对方就可以要求其赔偿损失。另外，《公约》第七十七条规定适用于买方或卖方的各种违约索赔情况。本案中买方美国S公司明知卖方不能按时履行合同，买方有义务自行及早购买合同标的的替代物，却不及时采取措施减轻损失，故S公司请求不合法，应由S公司自行承担因未能及时补进货物而产生的额外损失。

资料来源：http：//news.9ask.cn/gjmy/fg/201004/542221.html

二、买方违约的救济方法

买方违约主要是指买方拒付货款和拒收货物。《公约》六十一条至六十五条规定了买方违约的救济方法，除了与卖方一样也具有请求损害赔偿的权利外，还有以下几种方法：

（1）实际履行。卖方可以要求买方支付货物价款、收取货物或履行其任何其他合同义务。

（2）给予宽限期。卖方可以规定一段合理时限的额外时间，让买方履行义务。除非卖方收到买方的通知，声称他将不在所规定的时间内履行义务，卖方不得在这段时间内对违反合同采取任何补救办法。但是，卖方并不因此丧失他对迟延履行义务可能享有的要求损害赔偿的任何权利。

（3）宣告合同无效。根据《公约》第六十四条规定，卖方在以下情况下可以宣告合同无效：①买方不履行其在合同或本公约中的任何义务，等于根本违反合同；②买方在规定的额外时间内不履行支付价款的义务或收取货物，或买方声明他将不在所规定的时间内这样做。但是，如果买方已支付价款，卖方必须在合理时间内行使上述权利，否则将丧失这一权利。

（4）卖方可自行订明货物规格。根据《公约》第六十五条规定，有两种情况可以自行订明货物规格：①如果买方应根据合同规定订明货物的形状、大小或其他特征，而他在议定的日期或在收到卖方的要求后一段合理时间内没有订明这些规格，则卖方在不损害其可能享有的任何其他权利的情况下，可以依照他所知的买方的要求，自己订明规格；②如果卖方自己订明规格，他必须把订明规格的细节通知买方，而且必须规定一段合理时间，让买方可以在该段时间内订出不同的规格。如果买方在收到这种通知后没有在该段时间内这样做，卖方所订的规格就具有约束力。

第四节　货物所有权与风险的转移

一、货物所有权的转移

（一）确定货物所有权的意义

确定货物所有权的重要意义主要表现在：

（1）如果因意外事故导致货物灭失损害，除非当事人另有约定，这种损失的风险将随所有权转移，由买方承担。

（2）针对货损向第三人（如保险人、承运人）起诉的权利也取决于起诉方是否拥有所有权。

（3）当买卖双方有一方破产时，认定交易中的货物所有权就非常重要了。①如果是卖方破产，即使其占有货物，但货物所有权已转移到买方，买方可以对抗卖方清算人。②如果是买方破产，即使其占有货物，卖方仍保留货物的所有权，买方可以以此对抗买方破产清算人。

（二）相关法律规定

由于各国国情和经济发展状况都存在极大差异，各国的法律难以统一。

1. 大陆法系国家的一般规定

大陆法系国家关于货物所有权的问题存在两种不同的规定方式。

（1）双方当事人在合同予以明确约定。如果没有约定，则货物所有权于合同成立之时起转移至买方。法国、比利时、意大利、葡萄牙等国均实行这一原则。

（2）区分动产与不动产。如果为动产，货物所有权于货物交付时转移至买方，如果为不动产，其所有权向主管机关登记时转移。德国、荷兰、西班牙等国则实行这一原则。

2. 英美法国家的一般规定

（1）英国《货物买卖法》。货物所有权转移也分为两种情况：①特定化货物。其所有权转移应依据双方当事人的合同约定。②非特定化货物，其所有权转移一般在货物特定化的时候才可转移给买方。所谓货物特定化，是指将货物无条件地划拨于合同项下的行为。

（2）美国《统一商法典》。货物在特定于合同项下之前的所有权不发生转移，除双方另有约定外，特定化后的货物所有权在交货时发生转移。

3. 《公约》的有关规定

《公约》对货物所有权转移的问题没有做出具体规定。只是在第三十条原则性规定卖方有义务将货物所有权转移给买方，并保证其所交货物必须是第三方不能提出任何权利要求或请求权的货物。至于所有权转移中的细节，如时间、地点和条件等均未作任何规定。

4. 我国的相关规定

我国没有专门的货物买卖法，根据《民法通则》的规定，依据合同或其他方法取得财产的，财产的所有权从交付时起转移，法律另有规定的除外。另外我国《合同法》中也重申了该原则，并新增加了对当事人约定的补充和细化的规定。比如，规定买卖合同可以设定货物留置权，当事人可以在买卖合同中约定买方未履行支付价款或其他主要义务的，货物所有权属于卖方。

二、风险转移

货物发生损失的原因很多，因双方责任导致的损失，由责任方承担，因风险造成的损失则应由承担风险的一方当事人来承担。这里的风险是指货物因自然原因或意外事故所致的损坏或灭失的危险，如盗窃、火灾、毁灭、不属于正常损耗的腐烂变质等。这些风险一般包括三类：不可抗力、意外事故、第三方不当行为造成的损失。《公约》第六十条至七十条对风险的各种情况有如下规定。

1. 风险转移的效果

根据《公约》第六十六条规定，货物在风险移转到买方承担后遗失或损坏，买方支付价款的义务并不因此解除，除非这种遗失或损坏是由于卖方的行为或不行为所造成。

2. 风险转移的时间

关于这一问题，一般有两类规定，一是将风险转移与货物所有权联系在一起；二是将两者分开，《公约》采用的就是后者。

（1）货物涉及运输时的风险转移。根据《公约》第六十七条规定，如果销售合同涉及货物的运输，但卖方没有义务在某一特定地点交付货物，自货物按照销售合同交付给第一承运人以转交给买方时起，风险就移转到买方承担。如果卖方有义务在某一特定地点把货物交付给承运人，在货物于该地点交付给承运人以前，风险不移转到买方承担。卖方受权保留控制货物处置权的单据，并不影响风险的移转。需要注意的是，在货物以货物上加标记、或以装运单据、或向买方发出通知或其他方式清楚地注明有关合同以前，风险不移转到买方承担。

（2）货物在运输途中的风险转移。《公约》第六十八条规定了货物在运输途中销售，即"路货"风险的转移时间：对于在运输途中销售的货物，从订立合同时起，风险就移转到买方承担。但是，如果情况表明有此需要，从货物交付给签发载有运输合同单据的承运人时起，风险就由买方承担。尽管如此，如果卖方在订立合同时已知道或理应知道货物已经遗失或损坏，而他又不将这一事实告之买方，则这种遗失或损坏应由卖方负责。

（3）其他情况下风险转移的时间。《公约》第六十九条对其他情况下风险的转移做了规定：①在卖方营业地交货，此时，风险从买方接收货物时转移给买方。如果买方不在适当时间内接收货物或在货物交买方处置时遭到无理拒收的，认为是买方违约，此时风险移转到买方承担。②如果买方有义务在卖方营业地以外的某一地点接收货物，当交货时间已到而买方知道货物已在该地点交给他处置时，风险开始转移给买方。③如果合同指的是当时未加识别的货物，则这些货物在未清楚注明有关合同以前，不得视为已交给买方处置。

3. 风险转移与卖方违约的关系

根据《公约》第七十条规定，如果货物的损坏或灭失是由于卖方违反合同所致，则买方仍然有权向卖方提出索赔，采取因此种违反合同而可以采取的各种补救办法。

思考题

1. 理解下列重要术语：
FOB CFR CIF 保全货物
2. 比较 FOB、CFR、CIF 三个贸易的异同。
3. 试论国际货物买卖中买卖双方的义务。
4. 简述卖方违约时买方可以采取的救济措施。
5. 简述《公约》关于货物风险转移的规定。

第八章 国际货物运输与保险法

第一节 概述

一、国际货物运输合同的概念及特点

国际货物运输合同是指承运人采用某种运输方式将货物托运人托运的货物从一国运至另一国，而由托运人支付运费的合同。

国际货物运输合同除了具有国际性、双务有偿性、诺成性等特征外，还具有不同于一般合同的特点。

（1）国际货物运输合同多为格式合同，受相应的国际立法或国内立法强制性规范的调整。为了防止承运人利用其优势地位侵害货主的合法权益，一些国际公约和国内立法对国际货物运输合同的当事人的权利、义务、责任和豁免做了强制性规定，当事人一旦选择适用或根据冲突规则适用某一立法，该立法就对其有约束，因此可以说，国际货物运输合同当事人"意思自治"的权利是受到相应限制的。

（2）国际货物运输合同往往是为第三人利益订立的合同。国际货物运输合同的当事人是托运人和承运人，而收货人则不是合同的当事人，属于合同的利害关系人。但是由于作为合同证明的运输单据转移至收货人手中，因此使其享有了向承运人要求提货的权利，从而可以直接取得合同规定的利益。因此，根据当事人的约定或法律的规定，收货人也应承担合同项下的某些义务，比如我国《海商法》第七十八条就明确规定承运人和收货人之间的权利义务关系，依据提单的规定而确定，并规定了收货人及时领取货物的义务。

二、国际货物运输的种类

国际货物运输的方式和种类很多，也比国内运输更为复杂，但总的来看，海上货物运输是目前采用最广泛的运输方式，因此本章也着重介绍海上货物运输以及海上货物保险。

1. 国际海上货物运输

这是历史最为悠久的运输方式，具有运输量大、运费低廉、对货物的适应性强等优越性。近年来，随着航海技术的提高及货物包装方式的改进，集装箱运输成为海上货物运输的主要方式，从而使海上运输固有的风险大、航速慢等缺点得到了很大的改进。

2. 国际铁路货物运输

与其他运输方式相比，国际铁路运输具有运输速度快、运输量大、安全可靠、运输成本低、运输准确性和连续性强以及受气候因素影响小等特点，因此其在以陆路连接的不同国家之间的货物运输中占有较高的比例。

3. 国际航空货物运输

航空运输业开始于20世纪初，是一种出现时间较晚、但是发展速度很快的运输方式。国际航空运输的优势和局限都比较明显，其具有运送速度快、手续简便、节省费用（如保

险、包装、储存等)、安全准确并且不受地面条件的影响,可以深入内陆地区等优点,同时其具有运费较高、舱容有限、受气候影响较大等局限性。但随着航空技术的发展,飞机的运载能力、运航性能等不断提高,国际航空运输在国际贸易中将越来越显现其优越性。

4. 国际货物多式联运

这种运输方式是在集装箱运输的基础上产生和发展起来的新型运输方式,也是近年来发展较快的一种综合连贯的运输方式。联运经营通过运用上述运输方式中的一种或多种,有效解决了不同国家的两地间无法以单一运输方式完成的运输。

三、国际货物运输单证

目前,国际货物运输中常用的运输单证有运单和提单两种。

1. 运单 (waybill or consignment note)

运单是由承运人签发的,证明货物运输合同和货物由承运人接管或装船,以及承运人保证将货物交给指定的收货人的一种不可流通的单证。

运单根据运输方式的不同可以分为海运单、铁路运单、航空运单。运单通常由托运人填写有关的货物信息和运输要求,承运人将之与货物核查无误后予以签字确认。因此,运单具有合同证明和货物收据的作用。但是需要注意的是,运单不具有物权凭证的作用,是一种不可转让的债权凭证。

2. 提单 (bill of lading, B/L)

提单是国际海上货物运输所特有的单证,同时也是象征性交货和银行结汇的重要贸易单证,其与国际贸易术语、信用证共同构成现代国际贸易体系的三大支柱。提单与运单最大的区别在于提单具有物权凭证的作用,可以流通、转让。

3. 国际货物多式联运单据 (international multimodal transport document)

根据《国际多式联运公约》的规定,多式联运单据是在多种运输方式运送货物的情况下,由多式联运经营人签发的证明货物已由其接管并将负责完成国际多式联运的合同。多式联运单据的作用具体有:多式联运单据是多式联运合同的证明,也是多式联运经营人在货物接收地接管货物和在目的地交付货物的凭证。

第二节 国际海上货物运输法

一、国际海上货物运输的种类

国际海上货物运输按照其运输特点和法律特征,一般可以分为班轮运输和租船运输两种。

(一) 班轮运输 (line transport)

班轮运输也称定期运输或提单运输,是船舶在固定的航线上和港口间按事先公布的船舶表航行,从事货物运输业务并按事先公布的费率收取运费的运输方式。班轮运输的特点表现为:①"四固定"。即航线固定、港口固定、船期固定和费率相对固定;②"一负责"。班轮运输的运费中包括装卸费、班轮公司和托运人不计滞期费和速遣费。因此,班轮运输适合于一般杂货和小额货物运输,手续简便,方便货方操作。在班轮运输中,

(二) 租船运输 (shipping by chartering)

租船运输也称不定期运输,是租船人与船东临时商谈租船合同加以确定,运价一般比

班轮运费低，它是通过租船市场并由船舶经纪人参与进行的。租船运输根据租用方式的不同，分为航次租船（voyage charter）、定期租船（time charter）和光船租船（bare boat charter）。

二、国际海上货物运输合同

（一）海上运输合同的涵义与特征

根据我国《海商法》第四十一条规定，海上货物运输合同是指承运人收取运费，负责将托运人的货物经由一港运至另一港的合同。

海上货物运输合同的特征主要体现在：

（1）合同主体。运输合同的主体是承运人和托运人。承运人常被称为船方，通常指的是船舶所有人，但也有可能是船舶经营人或船舶承租人。

（2）海上货物运输合同是承揽合同。承运人与托运人签订运输合同的目的，是要求承运人完成对货物从一个港口运至另一港口的位移服务，而不是要求其单纯提供劳务，因此不是雇佣合同，而是属于承揽合同的性质。

（3）海上货物运输合同是诺成性合同。当双方当事人就货物及法律上运输条款达成一致，只要不违反法律的强制规定，运输合同即告成立并生效。

（4）"货物"的范围。我国《海商法》第四十二条第五款对货物的规定除了通常意义上的货物外，还包括活动物、由托运人提供的用于集装货物的集装箱、货盘或者类似的装运器具。而对风险较大的活动物、舱面货是否属于海商法所调整的"货物"，各国立法不同。

（二）海上货物运输合同的种类

1. 班轮货物运输合同

此种合同通常并不缔结书面的运输合同，运输合同的存在及其内容通常由提单或海运单证明，如果没有相反证明，提单或海运单背面所记载的条款即为运输合同的内容。

2. 租船运输合同

不同的租船方式，其合同的性质也不同。

（1）航次租船合同。航次租船合同这是典型的运输合同。其在租船运输中应用较广，是指船舶出租人向承租人提供船舶或者船舶的部分舱位，装运约定的货物，从一港运至另一港，由承租人支付约定运费的合同。航次租船合同多以标准格式出现，常见的有波罗的海国际航运公会制订的《统一杂货租船合同》（简称"金康"合同）、《澳大利亚谷物租船合同》（简称"奥斯特拉尔"合同）等。

我国《海商法》对航次租船合同中出租人与承租人的责任做出了比较详细的规定，值得注意的是，这些规定仅在合同没有约定或没有不同约定时适用。

第一，出租人的主要义务与权利。①出租人应当提供约定的船舶。经承租人同意，可以更换船舶。但是提供的船舶或者更换的船舶不符合合同约定的，承租人有权拒绝或者解除合同。因出租过失未提供约定的船舶致使承租人遭受损失的，出租人应当负赔偿责任。②出租人应在约定的受载期限内提供船舶。否则承租人有权解除合同。但是，出租人将船舶延误情况和船舶预期抵达装货港的日期通知承租人的，承租人应当自收到通知时起48小时内，将是否解除合同的决定通知出租人。因出租人过失延误提供船舶致使承租人遭受损失的，出租人应当负赔偿责任。③出租人应当在合同约定的卸货港卸货。合同订有承租人选择卸货港条款的，在承租人未按照合同约定及时通知确定的卸货港时，船长可以从约定的选卸港中自行选定一港卸货。出租人未按照合同约定，擅自选定港口卸货致使承租人遭受损失的，应当负赔偿责任。

第二，承租人的主要义务与权利。①承租人可以将其租用的船舶转租。转租后，原合同约定的权利和义务不受影响。②承租人应当提供约定的货物。经出租人同意，可以更换货物。但是更换的货物对出租人不利的，出租人有权拒绝或者解除合同。因未提供约定的货物致使出租人遭受损失的，承租人应当负赔偿责任。③承租人未按照合同约定及时通知确定的卸货港，致使出租人遭受损失的，应当负赔偿责任。

(2) 定期租船合同。定期租船合同兼具运输合同和财产租赁合同的性质。定期租船合同，是指船舶出租人向承租人提供约定的由出租人配备船员的船舶，由承租人在约定的期间内按照约定的用途使用，并支付租金的合同。

根据我国《海商法》的规定，出租人与承租人的权利与义务如下：

第一，出租人的主要义务与权利。①出租人应当按照合同约定的时间交付约定的船舶。否则承租人有权解除合同。因出租人过失未提供船舶或者延误提供船舶致使承租人遭受损失的，出租人应当负赔偿责任。②出租人交付的船舶具有适航性。交付的船舶应当适于约定的用途，否则承租人有权解除合同，并有权要求赔偿因此遭受的损失。船舶在租期内不符合约定的适航状态或者其他状态，出租人应当采取可能采取的合理措施，使之尽快恢复。船舶不符合约定的适航状态或者其他状态而不能正常营运满24小时的，对因此而损失的营运时间，承租人不付租金，但是前述状态是由承租人造成的除外。

第二，承租人的主要义务与权利。①承租人应当向出租人支付租金或者履行合同约定的其他义务。否则出租人对船上属于承租人的货物和财产以及转租船舶的收入有留置权。②承租人应当保证船舶在约定航区内的安全港口或者地点之间从事约定的海上运输。否则出租人有权解除合同，并有权要求赔偿因此遭受的损失。③承租人应当保证船舶用于运输约定的合法的货物。承租人将船舶用于运输活动物或者危险货物的，应当事先征得出租人的同意。④承租人可以将租用的船舶转租，但是应当将转租的情况及时通知出租人。租用的船舶转租后，原租船合同约定的权利和义务不受影响。

小资料8.1　航次租船合同与定期租船合同的区别

	航次租船合同	定期租船合同
合同性质	运输合同	运输合同，兼具财产租赁性质
运营管理及费用	出租人负责	承租人负责
出租人责任	适用提单运输中承运人的责任	按约定提供适航船舶
租金的计算标准	按航程计算	按时间计算
承租人性质	货主或托运人	租船从事海运业务的运输公司

资料参考：田东文. 国际商法 [M]. 北京：机械工业出版社，2011：183.

(3) 光船租赁合同。光船租赁合同的性质为财产租赁合同，而非运输合同。光船租赁合同是指船舶出租人向承租人提供不配备船员的船舶，在约定的期间内由承租人占有、使用和营运，并向出租人支付租金的合同。

根据我国《海商法》的规定，出租人与承租人的权利与义务如下：

第一，出租人的主要义务与权利。①出租人应依约向承租人交付船舶以及船舶证书。

交船时，出租人应当做到谨慎处理，使船舶适航。交付的船舶应当适于合同约定的用途。否则承租人有权解除合同，并有权要求赔偿因此遭受的损失。②因船舶所有权争议或者出租人所负的债务致使船舶被扣押的，出租人应当保证承租人的利益不受影响；致使承租人遭受损失的，出租人应当负赔偿责任。③未经承租人事先书面同意，出租人不得在光船租赁期间对船舶设定抵押权。出租人违反此规定致使承租人遭受损失的，应当负赔偿责任。

第二，承租人的主要义务与权利。①在光船租赁期间，承租人负责船舶的保养、维修和保险。承租人应当按照合同约定的船舶价值，以出租人同意的保险方式为船舶进行保险，并负担保险费用。②在光船租赁期间，因承租人对船舶占有、使用和营运的原因使出租人的利益受到影响或者遭受损失的，承租人应当负责消除影响或者赔偿损失。③在光船租赁期间，未经出租人书面同意，承租人不得转让合同的权利和义务或者以光船租赁的方式将船舶进行转租。④承租人应当按照合同约定支付租金。承租人未按照合同约定的时间支付租金连续超过 7 日的，出租人有权解除合同，并有权要求赔偿因此遭受的损失。船舶发生灭失或者失踪的，租金应当自船舶灭失或者得知其最后消息之日起停止支付，预付租金应当按照比例退还。⑤订有租购条款的光船租赁合同，承租人按照合同约定向出租人付清租购费时，船舶所有权即归于承租人。

三、提单

提单在国际海上运输中是使用频率最高的运输单证，因此这里专门进行介绍。

(一) 提单的定义与作用

提单是指用以证明海上货物运输合同和货物已经由承运人接收或者装船，以及承运人保证据以交付货物的单证。

提单作用主要体现如下几个方面：

(1) 提单是运输合同的证明。在班轮运输中，如果托运人与承运人之间事先订有货运协议（如订舱单、托运单），提单就是双方运输合同的证明；如果事先无货运协议，提单则可以看作就是双方订立的运输合同，其背面所记载的条款即为运输合同的内容。

(2) 提单是收货凭证。当托运人将货物交给承运人后，承运人（船长或者代理人）签发给托运人提单以证明收到了提单上所列的货物，同时提单也是承运人向收货人据以交付货物的保证。

(3) 提单是物权凭证。这是提单最根本的作用，作为权利凭证，提单可以进行买卖和自由转让，谁持有提单，谁就有权提取货物。

(二) 调整提单的三个国际公约

1. 《海牙规则》(Hague Rules)

《海牙规则》全称为《1924 年统一提单的若干法律规则的国际公约》，1924 年 8 月 25 日于布鲁塞尔订立，1931 年 6 月 2 日生效。全文共 16 条，主要规定了承运人的最低限度责任与义务，权利与豁免；责任起讫，最低赔偿限额，托运人义务以及索赔与诉讼时效等内容，目前有 88 个缔约国。

2. 《维斯比规则》(Visby Rules)

《维斯比规则》全称为《修改统一提单的若干法律规则的国际公约的议定书》，1968 年 2 月 23 日于布鲁塞尔签订，1977 年 6 月 23 日生效，目前有 29 个缔约国，影响不大。

3. 《汉堡规则》(Hamburg Rules)

《汉堡规则》全称《1978 年联合国海上货物运输公约》，1978 年 3 月于汉堡会议上通过,1992年11月1日生效。截至1996年6月14日已有25个缔约国。该规则按照船方和货方合理分担风险的原则,适当加重了承运人的责任,使双方权利义务趋于合理、平等。

小资料8.2 调整提单三个国际公约的比较

	《海牙规则》	《维斯比规则》	《汉堡规则》
归责原则	不完全过失责任		推定过失责任
责任期间	钩至钩		港至港
迟延交货	无规定		承运人承担赔偿责任
管辖权	无规定		被告营业地、合同签订地、装卸港等地法院
责任限制	100英镑/件	1万金法郎/件或30法郎/千克,改为666.67结算单位/件或2结算单位/千克,取高值	835结算单位/件或2.5结算单位/kg,取高值
运输对象	甲板货和活动物除外	①同《海牙规则》;②集装箱	包括甲板货和活动物
诉讼时效	1年	1年,但可协议延长	2年
适用范围	所有缔约国签发的提单	①同《海牙规则》;②在缔约国签发、从一个缔约国港口开始运输的提单;③当事人选择适用。	①在某一缔约国签发的提单;②装、卸港位于缔约国的提单;③当事人选择适用。

资料参考:田东文.国际商法[M].北京:机械工业出版社,2011:174.

(三) 我国《海商法》关于提单的规定

我国虽然不是前述三个国际公约的缔约国,但我国在制定《海商法》中有关提单的法律规定时是以《海牙规则》为基础的,同时吸收了《汉堡规则》中关于清洁提单、延迟交货的概念。

我国《海商法》中对提单做了如下规定:

(1) 收货待运提单视为已装船提单的情形。根据《海商法》第七十四条规定,货物装船前,承运人已经应托运人的要求签发收货待运提单或者其他单证的,货物装船完毕,托运人可以将收货待运提单或者其他单证退还承运人,以换取已装船提单;承运人也可以在收货待运提单上加注承运船舶的船名和装船日期,加注后的收货待运提单视为已装船提单。

(2) 承运人的责任。①承运人或者代其签发提单的人,知道或者有合理的根据怀疑提单记载的货物的品名、标志、包数或者件数、重量或者体积与实际接收的货物不符,在签发已装船提单的情况下怀疑与已装船的货物不符,或者没有适当的方法核对提单记载的,可以在提单上批注,说明不符之处、怀疑的根据或者说明无法核实。②承运人或者代其签发未在提单上批注货物表面状况的,视为货物的表面状况良好。③承运人或者代其签发提单的人签发的提单,是承运人已经按照提单所载状况收到货物或者货物已经装船的初步证据;承运人向善意受让提单的包括收货人在内的第三人提出的与提单所载状况不同的证据,不予承认。④承运人签发提单以外的单证用以证明收到待运货物的,此项单证即为订立海上货物运输合同和承运人接收该单证中所列货物的初步证据。承运人签发的此类单证不得转让。

(3) 收货人、提单持有人的权利。收货人、提单持有人不承担在装货港发生的滞期费、亏舱费和其他与装货有关的费用，但是提单中明确载明上述费用由收货人、提单持有人承担的除外。

(4) 提单的转让。根据《海商法》第七十九条规定，提单的转让，依照下列规定执行：①记名提单：不得转让；②指示提单：经过记名背书或者空白背书转让；③不记名提单：无需背书，即可转让。

案例8.1 提单与损失赔偿案

案情：2000年4月1日，中国隆源公司与加拿大乙公司签订了一份国际货物买卖合同。合同约定：交货条件为CIF宁波；货物应于2000年5月1日之前装船；买方应于2000年4月10日之前开出以卖方为受益人的不可撤销的即期信用证。4月5日，买方开出了信用证。4月24日，卖方向承运人瑞典丙公司提交货物，并向英国丁保险公司投保。4月27日，承运人向卖方签发了提单。提单载明：承运人为瑞典丙公司；提单签发日期为2000年4月27日；本提单生效后为已装船提单。卖方即向买方发出货物已装船及已办理保险的通知。随后，卖方凭借提单及有关单据向议付行结汇。实际上，货物于5月5日才开始装船，至5月15日始装运完毕，船舶于5月25日抵达目的港。另外，在运输途中，由于遭遇台风和海啸，部分货物遭受损坏。接到卖方的通知以后，买方即与韩国戊公司签订了一份货物转售合同，交货日期为5月15日。但由于货物于5月25日才抵达目的港，买方无法如期向韩国戊公司交货；韩国戊公司解除了合同。由此，买方不但丧失了其预期利润，而且还承担了向韩国戊公司的损害赔偿，此外，由于市场行情发生了很大的变化，买方只得以低价就地转售，又遭受了一笔损失。买方在查实情况后，即向法院起诉。但承运人丙公司提出：其所签发的提单只是一份备运提单，只有在货物实际装船以后，才能被认为是已装船提单，这是国际惯例。因此，买方的损失与其无关。

问题：(1) 承运人丙公司的理由是否成立？为什么？
(2) 承运人丙公司签发上述提单构成什么性质的行为？为什么？
(3) 货物在运输途中遭受的损失由谁承担？为什么？
(4) 如何确定被告方的赔偿范围？

评析：(1) 不成立。已装船提单是在货物已经实际装船以后签发的提单。但在本案中，承运人签发的提单实质上符合已装船提单的特征，构成一份已装船提单。

(2) 属于签发了预借提单。预借提单是在货物未开始装船或未全部装船的情况下签发的提单。

(3) 应由卖方承担，因为在CIF术语下，货物在运输途中的一切风险归于卖方，买方及保险人不对此承担责任。

(4) 根据《联合同国际货物销售合同公约》第七十四条，赔偿范围应为买方的全部实际损失，外加预料到的可能损失。

资料来源：http：//news.9ask.cn/gjmy/fg/201004/542214.html

四、国际海上货物运输承运人的强制性义务

为了防止承运人减轻自己的义务和责任，保护货方的合法权益，各国际组织在制定的公约中基本都规定承运人除了承担一般运输合同承运人的基本义务外，还应承担强制性的义务和责任，承运人利用提单背面条款和其他约定减轻这些义务的行为是无效的。

(一) 船舶的适航性

适航性（sea worthiness）最早是英国普通法中的概念。根据《海牙规则》第三条第一款的规定，船舶的适航性包括三个方面：

（1）适船。即船舶必须在设计、结构、条件和设备等方面经受得起航程中通常出现的或可能合理预见的一般风险。

（2）适员。即配备合格、数量适当的船长和船员，船舶航行所用的各种设备必须齐全，资料、淡水、食品等供应品必须充足，以便船舶能安全地把货物运送到目的地。

（3）适货。即适宜于接收、保管和运输货物。货舱、载货处所设备完善，能满足所运货物的要求，包括货舱清洁、干燥、无味、无污水和通风畅通，舱盖严密，装卸货机械和索具齐全并处于有效工作状态。

值得注意的是，这里的适航性并不是绝对的，而是相对适航，即只要承运人"谨慎处理"使船舶适航。何谓"谨慎处理"，一般是指承运人在考虑一致的或事前能合理预见到所有情况后所采取的合理措施。如果承运人能够证明船舶不适航是由于虽然经过谨慎处理仍不能发现的潜在的缺陷所致，承运人可以免责。在海运业务中，承运人往往以船舶领有适航证书作为其已经履行提供适航船舶义务的依据。

(二) 妥善和谨慎地管理货物

承运人要妥善、谨慎地承担货物在转载、搬运、积载、运送、保管、照料和装卸等七个环节的责任。"妥善"要求承运人及其代理人应发挥通常要求的或为所运货物特殊要求的知识和技能，并建立有效的工作系统。"谨慎"则要求承运人及其代理人在管理货物时表现出一名能胜任海上货物运输工作的人所应表现出的合理谨慎程度，采用合理有效的方法处理货物。

与适航义务不同的是，这个义务是承运人的绝对性义务，是一种严格责任。虽然在某些场合承运人可以援引免责条款，但如果他没有采取减少损失的措施，致使损失扩大，也可能被认为是不谨慎的，对扩大的损失应承担赔偿责任。

(三) 不得进行不合理绕航

承运人应以合理的速度，按照合理的航线或地理上、习惯上的航线将货物运送到目的港交货，不得无故绕航。但如果为了海上拯救生命或救助财产，或有其他合理理由（如为了避免船舶发生危险）所作的绕航，均不能认为是违反运输合同的行为，承运人对由此造成的损失概不负责。

第三节 其他国际货物运输法

一、国际铁路货物运输法

(一) 铁路货物运输的涵义及立法

铁路货物运输是指使用统一的国际铁路联运单据，由铁路部门经过两个或两个以上国家的铁路进行的运输。铁路货物运输在国际运输中的地位仅次于海上运输，我国与周边国家的进出口货物多数采用铁路运输方式。

目前，国际上关于铁路货物运输的国际公约有两个。

1. 《国际铁路货物运输公约》

简称《国际货约》(CIM)，该公约于 1961 年在伯尔尼签字，1975 年 1 月 1 日生效。其成员国包括了主要的欧洲国家，如法国、德国、比利时、意大利、瑞典、瑞士、西班牙，此外还有西亚的伊朗、伊拉克、叙利亚、非洲的摩洛哥、突尼斯等共 28 个国家。

2. 《国际铁路货物联运协定》

简称《国际货协》(CMIC)，该公约于 1951 年在华沙订立，我国于 1953 年加入该公约。该公约的修订本于 1974 年 7 月 1 日生效，包括 12 个成员国，如苏联、蒙古、朝鲜、越南等。我国的国际铁路货物运输都是按照《国际货协》的规定进行的。

(二) 运输合同的订立及当事人的责任

1. 运输合同的订立

根据《国际货协》的规定，国际铁路货物联运中使用的运单和运单副本是铁路与货主之间缔结的运输合同。合同的当事人一方为铁路方，包括发站和到站的铁路局，另一方为发货人，也包括收货人。

发货人应对每批货物按照规定的格式填写运单，由发货人签字后向始发站提出，从始发站承运货物时，运输合同即成立。在发货人提交全部货物和付清费用后，始发站在运单上加盖发站日期戳记，加盖了戳记的运单就成了运输合同的证明。运单是铁路承运货物的凭证，也是铁路在终点向收货人核收有关费用和交付货物的依据。需要注意的是，运单不具有物权凭证的作用，不能流通。运单副本在始发站加盖印戳后应当退还给发货人，以用作贸易当事人结清价款的基本单据。

2. 运输合同当事人的基本责任

(1) 承运人的基本义务。①将运单中所列的货物运到目的站，交付给收货人。根据《国际货协》的规定，所有承运货物的铁路方对货物负有连带的运输责任。②执行托运人按规章提出的变更合同的要求。由于铁路方的过失造成有关要求未被执行，铁路方应对此后果负责。③妥善保管发货人在运单内所记载并添附的文件。由于铁路方的过失造成遗失，铁路方应对此负责。④承运人在承运期间，即自签发运单时起至交付货物时止的一段时间内，对货物因逾期运到，以及因货物全部或部分灭失或损毁所造成的损失赔偿责任。

(2) 托运人的基本义务。①支付运费。发送国的运费由发货人支付，过境的运费可由发货人支付，也可以由收货人支付，到达国的运费由收货人支付。②发货人应对其在运单内所填报的声明事项的正确性负责。如果记载和声明事项由错误或遗漏，由此产生的后果由发货人负责。③发货人必须递交货物在运送途中未履行海关或其他规定所需要的添附文件。铁路方没有义务检查发货人在运单上所附的文件是否正确和齐全。

3. 索赔与诉讼

根据《国际货协》第二十八条的规定，发货人和收货人有权根据运输合同提出索赔请求，赔偿请求或者以书面形式由发货人向发送站提出，或由收货人向收货站提出，并需根据不同的情况附上有关法律文件或其他的依据并注明索赔金额。铁路方自提出索赔请求之日起 180 天内，必须审查此项请求并给予答复；发货人或收货人在请求得不到答复或对答复不满意时，可以向受理赔偿请求的铁路所属国家的法院提起诉讼请求。

《国际货协》第三十条规定，在托运人与承运人之间，与运单有关的各项索赔的诉讼时效为 9 个月，有关货物逾期运到的赔偿请求和诉讼时效为 2 个月。

二、国际航空货物运输法

（一）国际航空货物运输的立法

国际航空货物运输这种方式是在第二次世界大战后出现的，其具有速度快、安全性高、破损率低、不受地面条件影响等优点，适合运送鲜活货物、易碎易损货物及贵重物品。

目前，调整国际航空货物运输的国际公约主要有：

1. 《华沙公约》

《统一国际航空运输某些规则的公约》简称《华沙公约》，该公约于 1929 年签订，1933 年 2 月 13 日生效。我国于 1958 年加入该公约。

2. 《海牙议定书》

《修改 1929 年统一国际航空运输某些规则的公约的议定书》简称《海牙议定书》，该议定书于 1955 年 9 月签订，1963 年 8 月 1 日生效。我国于 1975 年加入该协定书。

3. 《瓜达拉哈拉公约》

《统一非缔约承运人所办国际航空》又称《瓜达拉哈拉公约》，该公约于 1961 年订立，1964 年 5 月 1 日生效。该公约主要是为补充《华沙公约》而订立的。我国未加入该公约。

4. 《蒙特利尔附加议定书》

1975 年国际民航组织在蒙特利尔召开会议，签订了 4 个《蒙特利尔附加议定书》，对《华沙公约》进行了一定的修改。

以上四个公约中，前两个公约是目前规范国际航空货物运输最重要的国际公约。《海牙议定书》作为对《华沙公约》的修改，已经有 100 多个缔约国。我国也是这两个公约的成员国，我国在制定《中华人民共和国民用航空法》时吸收了这两个公约的规定。

（二）空运单

航空货物运输单，即空运单是当事人订立合同、接受货物、运输条件及关于货物的基本情况的初步证明。空运单与提单不同，其不是物权凭证，一般不能转让。货到目的地后，收货人凭承运人的到货通知及有关证明提货，而不是凭空运单提货。

（三）承运人与托运人的基本义务

1. 承运人的基本义务与免责

（1）承运人的基本义务

根据《华沙公约》的规定，承运人对货物在空运期间所发生的毁灭、遗失或损坏承担责任。承运人对货物在空运过程中因延迟而造成的损失承担责任。

（2）承运人的免责

根据《华沙公约》的规定，在下列情况下免除或减轻承运人的责任：①承运人证明自己和其代理人已经为避免损失采取了一切必要措施或不可能采取这种措施；②损失的发生是由于驾驶上、航空器的操作上或领航上的过失（《海牙议定书》删除了这一免责规定）；③货物的灭失或损失是由于货物的属性或本身质量缺陷造成的；④损失是由受损人自己的过失造成的。

2. 托运人的基本义务

根据《华沙公约》的规定，托运人的基本义务如下：①托运人应正确填写空运单上关于货物的各项说明和声明，如果因填写不合规或不完备使承运人或其他任何人遭受损失，托运人应负赔偿责任；②托运人应提供货物或与货物有关的必要的资料，如果因这种资料或证件的不足或不合理规定所造成的一切损失，都应由托运人对承运人负责；③支付规定的各项费用；④承担承运人因执行其指示所造成的损失。

（四）索赔与诉讼

根据《华沙公约》的规定，除非有相反的证据，否则如果收货人在收货时没有提出异议，就被认为货物已完好地交付，并和运输凭证相符。提取货物后发生的损坏，应在收到货物后 7 天内提出；如果是迟延交货，最迟在 14 天内提出。异议必须以书面形式提出。《海牙议定书》对异议的期限作了延长：如果是货物损坏，异议期限可以延长到 14 天；如果是迟延交付，异议期限可以延长到 21 天。如果货物毁灭或遗失，一般应自空运单填开之日起 120 天内提出异议。

关于空运合同的诉讼时效为 2 年，从货物到达目的地之日起或从运输终止之日起计算。发货人可以根据自己的意愿选择以下缔约国之一的法院提出诉讼请求：承运人住所地、承运人的总管理处所地、签订合同的机构所在地、目的地。诉讼程序遵循法院地的法律规定。

三、国际货物多式联运法

（一）国际货物多式联运的国际公约及惯例

1. 《联合国国际货物多式联运公约》

1980 年 5 月，在联合国贸易与发展委员会的主持下，《联合国国际货物多式联运公约》得以制定并通过，我国在该公约上签了字。由于具体实施该公约非常困难，因而该公约目前尚未生效。该公约已经具有了一定的影响力，部分当事人开始参照该公约来订立合同。

2. 《多式联运单据规则》

联合国贸易与发展委员会吸取了前述公约的教训，于 1992 年与国际商会共同制定了具有指导性的规则，即《多式联运单据规则》。该规则没有普遍约束力，当事人可以自由选择。

（二）多式联运经营人与发货人的主要义务

1. 多式联运经营人的主要义务

根据《联合国国际货物多式联运公约》的规定，多式联运经营人的主要义务如下：多式联运经营人对全程运输承担责任，即责任期间为从其接管货物时起至交付货物时止的整个运输期间，这是多式联运经营人责任的典型特点。经营人的责任形式为网状责任制，即经营人对全程运输负责，各实际承运人仅对自己完成的运输区段负责，且各区段适用的责任原则按适用于该区段的法律予以确定。因此，不论货物损害发生在哪一区段，托运人或收货人都可以向经营人或向损害发生区段的实际承运人索赔；如果无法确定损害发生的区段，即属于货物隐藏损失，只能依照法律向经营人提出。

2. 发货人的主要义务

发货人的主要义务包括：①保证责任。在多式联运经营人接管货物时，发货人应视为已向经营人保证他在联运单据中提供的货物品类、标志、件数、重量、数量及危险特性的陈述的准确无误，并应对违反这项保证造成的损失负责赔偿责任。②过失责任。凡因发货人或其受雇人或代理人在受雇范围内行事是的过失或疏忽给联运经营人造成损失的，发货人应负赔偿责任。③运送危险品的特殊规则。发货人应告知联运经营人危险品的危险特性，必要时还应告知其应采取的预防措施，否则发货人要对由于运载危险品而遭受的损失负赔偿责任。

(三) 索赔与诉讼

1. 索赔

无论是哪一方提出索赔，都应在规定时间内就遭受的损失向对方发出书面的通知。①收货人的通知。收货人应在收货后的下一个工作日内发出通知；对于货物灭失或损坏不明显的，则应在收货后6天内发出通知；对于延迟交货的，应在交货后60天内提出索赔。②联运经营人的通知。经营人应在损失发生后90天内，或在提交货物后90天内，以较迟者为准，将损失的通知递交发货人。

2. 时效

国际多式联运的诉讼时效是2年，自联运经营人交付货物或应交付货物之日的下一日起算。但货物交付之日或应交付之日起6个月内未提出书面索赔通知的，在此期限届满后诉讼时效即告结束。

根据《联合国国际货物多式联运公约》规定，国际多式联运的诉讼可以在下列有管辖权的法院提出：被告主营业地、多式联运合同订立地、接收或交付货物地、多式联运合同或单据载明地。当纠纷发生后，当事人还可以约定其他地点的法院。

(四) 中国《海商法》关于多式联运合同的规定

中国《海商法》第一百零二至一百零六条对多式联运合同做了如下规定：

(1) 多式联运合同是指多式联运经营人以两种以上的不同运输方式，其中一种是海上运输方式，负责将货物从接收地运至目的地交付收货人，并收取全程运费的合同。多式联运经营人是指本人或者委托他人以本人名义与托运人订立多式联运合同的人。

(2) 多式联运经营人对多式联运货物的责任期间，自接收货物时起至交付货物时止。

(3) 多式联运经营人负责履行或者组织履行多式联运合同，并对全程运输负责。多式联运经营人与参加多式联运的各区段承运人，可以就多式联运合同的各区段运输，另以合同约定相互之间的责任。但是，此项合同不得影响多式联运经营人对全程运输所承担的责任。

(4) 货物的灭失或者损坏发生于多式联运的某一运输区段的，多式联运经营人的赔偿责任和责任限额适用调整该区段运输方式的有关法律规定。如果货物的灭失或者损坏发生的运输区段不能确定的，多式联运经营人应当依照本章关于承运人赔偿责任和责任限额的规定负赔偿责任。

第四节　海上货物保险

一、保险法概述

(一) 保险的涵义

依据《中华人民共和国保险法》（以下简称《保险法》）的规定：保险是指投保人根据合同约定，向保险人支付保险费，保险人对于合同约定的可能发生的事故因其发生所造成的财产损失承担赔偿保险金责任，或者当被保险人死亡、伤残、疾病或者达到合同约定的年龄、期限等条件时承担给付保险金责任的商业保险行为。

（二）保险法的基本原则

1. 保险利益原则

保险利益又称可保利益，是指投保人对保险标的具有的法律上承认的经济利益。财产保险合同的保险标的通常为财产、物资、责任和信用，人身保险的保险标的则为被保险人的身体或生命。

保险利益原则是指在订立和履行保险合同的过程中，投保人或被保险人对保险标的必须具有保险利益，否则保险合同无效；或者保险合同生效后，投保人或被保险人失去了对保险标的的可保利益，保险合同也随之失效。

2. 最大诚信原则

诚实信用原则是当事人在任何民事活动中都应当遵循的基本原则，在保险活动中，由于法律关系的特殊性，法律所要求的诚信程度远远高于一般的民事活动，因此称之为最大诚信原则。具体来说，该原则在保险合同中主要体现在告知、保证、弃权与禁止反言等几个方面，要求保险合同当事人订立保险合同和履行合同的同时，必须以最大的诚意，履行自己应尽的义务，互不欺骗和隐瞒，恪守合同的认定与承诺，否则保险合同无效。

3. 损失补偿原则

损失补偿原则是指保险标的发生保险责任范围内的损失时，按照保险合同约定的条件，依据保险标的的实际损失，在保险金额以内进行补偿的原则。补偿原则的限制条件包括：①以实际损失为限，这是补偿原则最基本的限制条件；②以保险金额为限；③以被保险人对保险标的具有的保险利益为限。

4. 近因原则

各国在判定较为复杂的因果关系时通常采用近因原则。所谓近因，是指引起保险标的损失的直接、有效、起决定的因素，而非时间上距离损失发生最近的原因。我国虽然没有采用"近因"这一概念，而是用"导致损失发生的重要原因"、"主要原因"作为判定的依据，但在实践中也适当参考了近因原则的精神。

（三）保险合同

保险合同是投保人与保险人约定保险权利义务关系的协议。保险合同是要式合同、诺成合同、双务合同、有偿合同。

1. 保险合同的主体

保险合同的主体包括保险合同的当事人和保险合同的关系人。保险合同的当事人是指保险合同的缔约双方，即保险人和投保人。保险人是指与投保人订立保险合同，并按照合同约定承担赔偿或者给付保险金责任的保险公司。投保人是指与保险人订立保险合同，并按照合同约定负有支付保险费义务的人。因投保人既可以为自己的利益投保也可以为他人的利益投保，既可以使自己享受保险利益也可以让他人享受保险利益，所以保险合同可能产生第三方主体，即被保险人和受益人。被保险人是指其财产或者人身受保险合同保障，享有保险金请求权的人。投保人可以为被保险人。受益人是指人身保险合同中由被保险人或者投保人指定的享有保险金请求权的人。投保人、被保险人可以为受益人。

2. 保险合同的成立和生效

保险合同应为书面形式，具体包括投保单、保险单、暂保单和保险凭证等。

保险合同的成立同一般合同的成立一样，都要经过要约和承诺两个阶段。投保人是要约人，保险人是承诺人。投保即为保险要约，是指投保人向保险人发出明确的、确定的订立保险合同的意思表示。承保即为保险承诺，是指保险人完全同意投保人提出的保险要约的行为。

一般情况下，保险合同一经成立就生效。但许多保险合同约定，在保险合同成立后经过一段时间才生效。保险合同的生效须具备一定的条件，包括一般条件和特殊条件。一般条件就是《合同法》规定的合同生效的条件。特殊条件在《保险法》中规定，如：订立合同时，投保人对被保险人不具有保险利益的，合同无效；以死亡为给付保险金条件的合同，未经被保险人同意并认可保险金额的，合同无效，但父母为其未成年子女投保的人身保险，不受此限。

二、海上保险合同

（一）海上保险合同的概念与内容

海上保险合同是指保险人按照约定，对被保险人遭受保险事故造成保险标的的损失和产生的责任负责赔偿，而由被保险人支付保险费的合同。所谓保险事故，是指保险人与被保险人约定的任何海上事故，包括与海上航行有关的发生于内河或者陆上的事故。

海上保险合同的内容，主要包括下列各项：保险人名称；被保险人名称；保险标的；保险价值；保险金额；保险责任和除外责任；保险期间；保险费。

（二）保险标的与保险价值

1. 保险标的

根据我国《海商法》第二百一十八条的规定，下列各项可以作为保险标的：①船舶；②货物；③船舶营运收入，包括运费、租金、旅客票款；④货物预期利润；⑤船员工资和其他报酬；⑥对第三人的责任；⑦由于发生保险事故可能受到损失的其他财产和产生的责任、费用。保险人可以将对前述保险标的的保险进行再保险。除合同另有约定外，原被保险人不得享有再保险的利益。

2. 保险价值

《海商法》第二百一十九条至二百二十九条对保险价值做了如下规定：

（1）保险标的的保险价值由保险人与被保险人约定。保险人与被保险人未约定保险价值的，保险价值依照下列规定计算：①船舶的保险价值，即保险责任开始时船舶的价值，包括船壳、机器、设备的价值，以及船上燃料、物料、索具、给养、淡水的价值和保险费的总和；②货物的保险价值，即保险责任开始时货物在起运地的发票价格或者非贸易商品在起运地的实际价值以及运费和保险费的总和；③运费的保险价值，即保险责任开始时承运人应收运费总额和保险费的总和；④其他保险标的的保险价值，即保险责任开始时保险标的的实际价值和保险费的总和。

（2）保险金额由保险人与被保险人约定。保险金额不得超过保险价值；超过保险价值的，超过部分无效。

（三）合同的订立、解除和转让

1. 保险合同的订立

（1）合同订立程序。被保险人提出保险要求，经保险人同意承保，并就海上保险合同的条款达成协议后，合同成立。保险人应当及时向被保险人签发保险单或者其他保险单证，并在保险单或者其他保险单证中载明当事人双方约定的合同内容。

（2）被保险人的告知义务。合同订立前，被保险人应当将其知道的或者在通常业务中应当知道的有关影响保险人据以确定保险费率或者确定是否同意承保的重要情况，如实告知保险人。保险人知道或者在通常业务中应当知道的情况，保险人没有询问的，被保险人无需告知。

如果由于被保险人的故意，未将前述规定的重要情况如实告知保险人的，保险人有权解除合同，并不退还保险费。合同解除前发生保险事故造成损失的，保险人不负赔偿责任；如果不是由于被保险人的故意，未将前述规定的重要情况如实告知保险人的，保险人有权解除合同或者要求相应增加保险费。保险人解除合同的，对于合同解除前发生保险事故造成的损失，保险人应当负赔偿责任。但未告知或者错误告知的重要情况对保险事故的发生有影响的除外。

2. 保险合同的解除

保险责任开始前，被保险人可以要求解除合同，但是应当向保险人支付手续费，保险人应当退还保险费。除合同另有约定外，保险责任开始后，被保险人和保险人均不得解除合同。根据合同约定在保险责任开始后可以解除合同的，被保险人要求解除合同，保险人有权收取自保险责任开始之日起至合同解除之日止的保险费，剩余部分予以退还；保险人要求解除合同，应当将自合同解除之日起至保险期间届满之日止的保险费退还被保险人。根据《海商法》第二百二十八条的规定，货物运输和船舶的航次保险，保险责任开始后，被保险人不得要求解除合同。

3. 保险合同的转让

海上货物运输保险合同可以由被保险人背书或者以其他方式转让，合同的权利、义务随之转移。合同转让时尚未支付保险费的，被保险人和合同受让人负连带支付责任。

因船舶转让而转让船舶保险合同的，应当取得保险人同意。未经保险人同意，船舶保险合同从船舶转让时起解除；船舶转让发生在航次之中的，船舶保险合同至航次终了时解除。合同解除后，保险人应当将自合同解除之日起至保险期间届满之日止的保险费退还被保险人。

（四）被保险人的义务

（1）支付保险费。除合同另有约定外，被保险人应当在合同订立后立即支付保险费；被保险人支付保险费前，保险人可以拒绝签发保险单证。

（2）通知义务。①被保险人违反合同约定的保证条款时，应当立即书面通知保险人。保险人收到通知后，可以解除合同，也可以要求修改承保条件、增加保险费。②一旦保险事故发生，被保险人应当立即通知保险人，并采取必要的合理措施，防止或者减少损失。被保险人收到保险人发出的有关采取防止或者减少损失的合理措施的特别通知的，应当按照保险人通知的要求处理。对于被保险人违反前述规定所造成的扩大的损失，保险人不负赔偿责任。

（五）保险人的责任

1. 支付赔偿及其限额

发生保险事故造成损失后，保险人应当及时向被保险人支付保险赔偿。

（1）保险人赔偿保险事故造成的损失，以保险金额为限。

（2）保险金额低于保险价值的，在保险标的发生部分损失时，保险人按照保险金额与保险价值的比例负赔偿责任。

（3）保险标的在保险期间发生几次保险事故所造成的损失，即使损失金额的总和超过保险金额，保险人也应当赔偿。但是对发生部分损失后未经修复又发生全部损失的，保险人按照全部损失赔偿。

（4）被保险人为防止或者减少根据合同可以得到赔偿的损失而支出的必要的合理费用，为确定保险事故的性质、程度而支出的检验、估价的合理费用，以及为执行保险人的特别通知而支出的费用，应当由保险人在保险标的损失赔偿之外另行支付。保险人对上述规定的费用的支付，以相当于保险金额的数额为限。保险金额低于保险价值的，除合同另有约定外，保险人应当按照保险金额与保险价值的比例，支付本条规定的费用。

（5）保险金额低于共同海损分摊价值的，保险人按照保险金额同分摊价值的比例赔偿共同海损分摊。

2. 保险人的免责

根据《海商法》的规定，一定情形下保险人可以免责。

（1）对于被保险人故意造成的损失，保险人不负赔偿责任。

（2）除合同另有约定外，因下列原因之一造成货物损失的，保险人不负赔偿责任：①航行迟延、交货迟延或者行市变化；②货物的自然损耗、本身的缺陷和自然特性；③包装不当。

（3）除合同另有约定外，因下列原因之一造成保险船舶损失的，保险人不负赔偿责任：①船舶开航时不适航，但是在船舶定期保险中被保险人不知道的除外；②船舶自然磨损或者锈蚀。

（六）保险标的的损失

1. 部分损失与全部损失

保险标的的损失可以分为部分损失和全部损失。全部损失又分为实际全损和推定全损。

（1）实际全损。实际全损是指保险标的的物已全部毁灭，或受到损害而失去投保时原有的性质，或被保险人已经无法弥补地丧失了保险标的物。

保险标的发生保险事故后灭失，或者受到严重损坏完全失去原有形体、效用，或者不能再归被保险人所拥有的，为实际全损。船舶在合理时间内未从被获知最后消息的地点抵达目的地，除合同另有约定外，满两个月后仍没有获知其消息的，为船舶失踪，船舶失踪视为实际全损。

（2）推定全损。推定全损是指保险标的物因实际全损不可避免而合理地予以委付，或因如不支付超过其价值的费用就不能防止实际全损。

船舶发生保险事故后，认为实际全损已经不可避免，或者为避免发生实际全损所需支付的费用超过保险价值的，为推定全损。货物发生保险事故后，认为实际全损已经不可避免，或者为避免发生实际全损所需支付的费用与继续将货物运抵目的地的费用之和超过保险价值的，为推定全损。

2. 单独海损与共同海损

（1）单独海损。单独海损是指因所保险引起不属于共同海损性质的保险标的物的部分损失。它仅限于标的物本身的损失，而不包括由此引起的费用。

（2）共同海损。共同海损是指在同一海上航程中，船舶、货物和其他财产遭遇共同危险，为了共同安全，有意地合理地采取措施所直接造成的特殊牺牲、支付的特殊费用。无论在航程中或者在航程结束后发生的船舶或者货物因迟延所造成的损失，包括船期损失和行市损失以及其他间接损失，均不得列入共同海损。根据《海商法》第一百九十九条的规定，共同海损应当由受益方按照各自的分摊价值的比例分摊。

(七)委付与代位求偿权

1. 委付

委付是指在保险标的物发生推定全损时,被保险人把保险标的物所有权转让给保险人,而请求支付保险标的物全部保险金额。根据《海商法》第二百四十九条规定,保险标的发生推定全损,被保险人要求保险人按照全部损失赔偿的,应当向保险人委付保险标的。保险人可以接受委付,也可以不接受委付,但是应当在合理的时间内将接受委付或者不接受委付的决定通知被保险人。委付不得附带任何条件。委付一经保险人接受,不得撤回。《海商法》第二百五十条还规定,保险人接受委付的,被保险人对委付财产的全部权利和义务转移给保险人。

2. 代位求偿权

代位求偿权是指因第三者对保险标的的损害而造成保险事故的,保险人自向被保险人赔偿保险金之日起,在赔偿金额范围内代位行使被保险人对第三者请求赔偿的权利。保险事故发生后,被保险人已经从第三者取得损害赔偿的,保险人赔偿保险金时,可以相应扣减被保险人从第三者已取得的赔偿金额。保险人行使代位请求赔偿的权利,不影响被保险人就未取得赔偿的部分向第三者请求赔偿的权利。保险事故发生后,保险人未赔偿保险金之前,被保险人放弃对第三者请求赔偿的权利的,保险人不承担赔偿保险金的责任。保险人向被保险人赔偿保险金后,被保险人未经保险人同意放弃对第三者请求赔偿的权利的,该行为无效。被保险人故意或者因重大过失致使保险人不能行使代位请求赔偿的权利的,保险人可以扣减或者要求返还相应的保险金。

小资料 8.3　委付与代位求偿权的区别

	委付	代位求偿权
适用情形	推定全损	全部损失、部分损失
转让的权利	保险标的的所有权	向第三者的求偿权
转让程序	权利转让后,保险公司赔付	保险公司赔付,权利转让

三、我国海上货物运输保险险别

我国现行的《海洋运输货物保险条款》是由中国人民保险公司制定的,可分为基本险和附加险。

1. 基本险

基本险,又称主险,可以单独投保。

(1) 平安险。原意为"单独海损不赔",是三种基本险别中保险人承责范围最小的一种。

承保范围为:①被保货物在运输途中由于自然灾害造成的全损;②运输工具搁浅触礁、沉没、互撞及失火、爆炸等意外事故造成的全部或部分损失;③运输工具在发生搁浅触礁、沉没、互撞及失火、爆炸等意外时,货物在此前后又在海上遭受自然灾害造成的部分损失;④装卸时,一件或数件货物落海造成的全部或部分损失;⑤被保险人为抢救货物支出的合理费用;⑥共同海损的牺牲、分摊和救助费用等。

(2) 水渍险。原意为"单独海损负责",承保范围为:平安险的承保范围加上由于恶

劣气候、雷电、海啸、地震、洪水等自然灾害造成的部分损失

（3）一切险。承保范围为：平安险和水渍险的承保范围加上由于外来原因招致的全部或部分损失。这里的外来原因指一般附加险承担的损失，而不包括特别附加险和特殊附加险。

2. 附加险

附加险是基本险的扩展，不能单独投保。

（1）一般附加险。一般附加险有11种，包括：偷窃、提货不着险；淡水雨淋险；短量险；混杂、玷污险；渗漏险；碰损、破碎险；串味险；受潮受热险；钩损险；包装破裂险；锈损险。一般附加险不能单独投保，它们包括在一切险之中，或在投保了平安险或水渍险后，根据需要加保其中一种或几种险别。

（2）特别附加险。特别附加险的致损因素，往往是同政治、国家行政管理、战争以及一些特殊的风险相关联的。主要包括：交货不到险、舱面货物险、进口关税险、拒收险、黄曲霉素险、出口货物到香港（包括九龙）或澳门存仓火险责任扩展保险。

（3）特殊附加险。主要包括：战争险和罢工险。

3. 保险责任的期限

保险期限是保险人承担对海洋运输货物赔偿责任的期间。我国人民保险公司主要以"仓至仓条款"作为标准。"仓至仓条款"内容包括：①从被保险货物运离保险单所载明的启运地仓库或储存处开始运输时起，至该货物到达保险单所载明的目的地收货人的最后仓库或储存处为止；②如果为抵达上述仓库或储存处，则以货物在最后卸货港全部卸离海轮后满60天为止；③如果在上述60天内货物被转运到保险单所载目的地以外的地点，则保险责任从货物开始转运时中止。以上哪一条先满足就以哪个为准。

海洋运输货物保险的索赔时效为2年，从被保险货物在最后卸货港全部卸离运输工具后起算，最多不超过2年。

思考题

1. 理解下列重要术语：
班轮运输 提单 适航性 国际货物多式联运 共同海损
2. 简述提单的涵义与作用。
3. 比较国际海运、铁路运输及多式联运中关于索赔和诉讼时效的异同。
4. 简述海上货物保险中委付与代位求偿权的区别。

第九章 产品责任法

第一节 概述

一、产品责任法的概念和特征

(一) 概念

产品责任法是调整有关产品的生产者、销售者和消费者之间基于侵权行为所引起的人身或财产损害赔偿的法律规范的总称。

(二) 特征

（1）产品责任法具有特定的调整范围。调整范围限于缺陷产品造成的人身伤害或财产损失，不包括单纯的产品本身的损害。

（2）产品责任法调整特定的法律关系。主要调整消费者和其他受害人与生产者、销售者因缺陷产品所产生的侵权关系。

（3）产品责任法中基本的责任原则一般为强制性规定，当事人以合同或单方声明等方式予以排除的行为无效。

（4）产品责任法具有公法与私法的双重性。

二、产品责任法与相关法律的关系

(一) 产品责任法与买卖法

产品责任法与买卖法有一定的联系，因为买卖法中有关卖方对货物的品质担保责任的规定同产品责任法的某些要求有着共通之处。但就法律性质而言，产品责任法与买卖法是不同的。买卖法属于私法范畴，它的规定大多数是任意性的；而产品责任法则属于社会经济立法范畴，它的有关规定或原则大都是强制性的。

(二) 产品责任与消费者权益保护法

产品责任法主要是确定产品的制造者和销售者对其生产或销售的产品所应承担的责任。产品责任法的主旨是加强生产者的责任，保护消费者的利益。因此，产品责任法是一种保护消费者的法律。

（1）各国法律对产品责任的规定非常严格，强化了生产者的义务，有利于最大限度地保护消费者的合法权益。

（2）各国的法律包括产品责任法是保护消费者权益的重要法律工具。各国产品责任的归责原则大都采用严格责任，表明在处理生产者与消费者关系上，已从保护生产者利益为重转到了以保护消费者利益为重。

（3）各国产品责任法中始终贯穿充分保护消费者权益原则。

三、产品责任法的几个重要术语

(一) 产品 (products)

(1) 在美国,产品指任何经过工业处理的物品。包括可移动与不可移动的各种有形物以及天然产品。

(2) 1976年,欧洲理事会制定的《斯特拉堡公约》将产品定义为:一切可移动的物品,不论是否加工过、天然的或工业的,甚至组合到另一可移动或者不可移动的物体中的物品。

(3) 1980年,欧共体《产品责任指令》将产品定义为:工业生产的可移动的物品。

(4) 《中华人民共和国产品质量法》(以下简称《产品质量法》将产品定义为:经过加工、制作,用于销售的产品,不包括建设工程。

(5) 1978年,《关于产品责任的法律适用公约》规定:产品包括天然产品和工业产品,无论是加工的,还是未加工的,也无论是动产还是不动产。

(二) 产品缺陷

(1) 美国法院判决认为,具有不合理危险性或过分不安全的产品,就是缺陷的产品。

(2) 《欧洲经济共同体产品责任指令》规定:"考虑如下情况,如果产品不能提供人们有权期待的安全性,即属于缺陷产品。"这里的所谓"不能提供人们有权期待的安全"是指产品缺乏合理的安全性。

(4) 我国《产品质量法》第四十六条规定:"本法所称缺陷,是指产品存在危及人身、他人财产安全的不合理的危险;产品有保障人体健康和人身、财产安全的国家标准、行业标准的,是指不符合该标准。"

第二节 美国的产品责任法

一、产品责任的理论

(一) 疏忽责任理论

疏忽责任理论 (theory of negligence) 是指由于生产者和销售者的疏忽致使产品有缺陷,而且由于这种缺陷使消费者或其他第三人的人身或财产遭到损害,对此,该产品的生产者和销售者应承担责任的归责原则。

该原则源于1916年的"麦克弗森诉别克汽车公司案",该案为消费者对制造厂商提起产品责任诉讼不需有合同关系开辟了道路。法院认为,如果一件产品粗枝大叶地制造出来会对人身造成威胁时,就是一种危险品,若该产品由直接购买者以外的人不经检查就使用,那么不需要考虑合同关系是否存在,制造者负有谨慎制造的义务;如果违反了这个义务,制造者得负责赔偿由此给消费者造成的损失。自此,美国司法实践在处理产品责任时,确立了"基于侵权行为而承担责任"的原则,即当原告以疏忽为由对被告起诉时,可以从各个不同的方面证明被告有疏忽,如原告可以证明产品的设计有缺点;也可以证明被告对产品的危险性没有作充分的说明或提醒消费者注意;原告还可以证明被告在生产、经销该产品时违反了联邦或州的有关这种产品的质量、检验、广告或推销方面的规章、法令,而违反这种规章、法令的本身就是一种疏忽行为。但是在现代化大生产条件下,要证明被告有疏忽往往是比较困难的。因此在实际诉讼中，法官逐渐倾向于对原告采取减轻举证责任的态度。

案例9.1　1916年美国的"麦克弗森诉别克汽车公司案"

案情：被告别克汽车公司向汽车零售商出售一辆别克汽车，零售商又把此车售给原告麦克弗森。由于一车轮在制造上有缺陷，致使汽车在行进中突然翻倒致原告麦克弗森受到伤害。有关证据表明，如果事前被告对车轮进行合理的检查就能发现其缺陷，但被告没有这样做。而由于原告并非直接从被告那里直接购得该汽车，所以被告应否承担过失责任，尚属疑问。这成为该案处理的关键问题所在。

卡多佐法官引证了许多先例，试图从诸多先例中归纳出适用本案的法律规则，如1852年的"托马斯诉温切斯特案"中，9名被告由于过失把颠茄剂这一毒药贴以蒲公英制剂的标签，出售给药剂师。药剂师又将此药卖给原告，致原告中毒。法院判原告胜诉，认为把毒药错贴标签会给任何得到它的人带来急迫的危险，不论药物的合法使用者是否与被告有合同关系，都应负过失责任。而1882年的"德夫林诉史密斯案"中，被告制造有一缺陷的脚手架卖给油漆师，结果油漆师的雇员从脚手架上跌下致死。法院判决原告胜诉，理由是像脚手架这样的东西，如果在制造上有问题是极其危险的。被告知道脚手架是给工人用的，因此，不仅对与其有合同关系的油漆师，而且对与其无合同关系的工人，被告都有确保质量的义务。在1909年的"斯塔特勒诉雷制造公司案"中，原告从批发商那里买得一个被告制造的大咖啡壶，由于做工有缺陷致使咖啡壶在加热过程中爆炸，致使原告严重受伤，法院判决原告胜诉。因为像咖啡壶这类东西，如果制造上有问题，在使用中会给许多人带来严重的危险。

法院审判：通过考察这些先例及其他先例，卡多佐法官得出了适用本案的法律规则。他在判决中指出：具有急迫危险性的产品概念并不局限于毒药、爆炸物或其他同类物品，而应扩大到对人身有危险性的一切物品。如果一切物品制造上有过失，依其本质，可合理确定将使生命和躯体处于危险之中，那么它就是一件危险物品。除此项危险因素之外，制造商者知悉该物品将由购买者之外的第三人不经检验而使用，则无论有无契约关系，该危险品的制造者都负有仔细加以制造的义务和责任。卡多佐法官在该案中宣布：制造商给予注意的责任不受合同关系的限制，受害人无须与制造商有相互关系即可获得赔偿。纽约州法院依此判定别克汽车公司应向麦克弗森承担过失责任。

资料来源：http：//www.law‑lib.com/lw/lw_ view.asp? no＝538

(二) 担保责任理论

担保责任理论（theory of breach of warranty）是指生产者或者销售者违反了对货物的明示或默示担保义务，致使产品质量或性能存在某种缺陷或瑕疵，并对消费者的人身或财产造成损失时，生产者或销售者应当承担责任。

在美国早期的审判实践中，以产品担保责任为由提起产品责任诉讼的原告仅限于与被告有直接合同关系的人。这种限制对保护消费者的合法权益极其不利。1932年美国华盛顿州最高法院在"巴克斯特诉福特汽车公司"一案中，取消了这种限制。

在以担保责任为由提起诉讼时，原告无须证明被告有疏忽，只须证明产品确有缺陷或损害事实，就可以要求被告赔偿损失。与疏忽理论相比，原告方更容易举证，但该理论也存在一些局限性：①买方必须在发现瑕疵后立即通知卖方，如果发现瑕疵后不停止使用，或发现后拖很长时间才通知，卖方就不负责任；②买方必须是依赖卖方的建议而做出购买决定的，如果买方是根据自己的判断而决定购买的，卖方就不负责任；③根据《美国统一商法典》（简称 UCC），卖方可以不承认某些法律规定的担保条件，比如买方可以在买卖合同中明文宣布"本合同不存在质量担保"或者通过其他形式来否认担保的存在；④根据《美国统一商法典》第 2-316 条，第 2-719 条规定，默示担保可以被排除或修改，对违反默示担保的补偿可以减轻或限制。

（三）严格责任理论

严格责任理论是一种新发展起来的、对消费者最有利的责任理论。严格责任又称无过错责任，即只要产品存在缺陷，对使用者具有不合理的危险，并使其人身或财产遭受损害，该生产者和销售者应对此承担赔偿责任。

该责任制度是在 1963 年的"格林曼诉尤巴电力公司案"中确立下来的。到了 20 世纪 70 年代，美国已有 2/3 的州接受了严格责任制度。严格责任是一种侵权责任。原告不需要与被告存在合同关系，而且任何产品的受害人，无论是买主，还是第三人，都可以追究产品生产者、销售者的责任。在该责任制度下，原告所负的举证责任最小，但要想得到赔偿，仍须证明三点：①产品存在缺陷，美国《统一产品责任示范法》将缺陷分为：制造缺陷、设计缺陷、警示缺陷和说明缺陷；②产品投入流通时缺陷就已存在；③产品缺陷直接造成了损害。

二、产品责任的承担

承担产品责任的原则也叫产品责任归责原则，是指产品责任归属所依据的法律准则或标准，它分为主观归责和客观归责。

1. 过失责任原则

所谓过失责任是指由于生产者和销售者的疏忽，造成产品缺陷，致使消费者的人身或财产受损害所应负之责任。有过失才能有责任，无过失则无责任。

在过失责任基础上，在美国原告如以过失责任请求损害赔偿时，应至少提出外表上认为有过失的证据；如原告未举证，法院即以诉讼不存在等为由，判决原告败诉。因此，凡是原告举出：①其损害非生产者之过失不应发生；②该损害系由曾在被告管理或支配下之产品所引起；③该损害并非因原告之行为所致等事实后，即可推定被告之过失。另外，如果被告不能证明自己没有过错，那么就推定被告存在过失（过错推定原则），应赔偿原告的损失。

2. 严格责任原则

严格责任又称侵权行为法上的无过失责任，是新近发展起来的一种产品责任理论。按照严格责任原则，只要产品有缺陷，对消费者和使用者具有不合理的危险，并因而使他们的人身或财产受损，该产品的生产者和销售者都应对此负责。

受害人有下列条件，即可提出赔偿要求。①产品中存在有缺陷；②缺陷是造成伤害或损失的实质性因素：一是产品是按照正常预定的方式使用的，二是使用人虽已尽了合理的注意，但未能发现缺陷并未能意识到产品的危险，三是受害人虽已尽了合理的注意但无法避免伤害和损失。这是早期的严格产品责任。因其产生于纽约的"卡德林诉派格利亚"案中，故也被称为纽约原则。

3. 市场份额原则

严格责任有时也会无法解决受害人的赔偿请求，因此，美国的"市场份额说"不失为对严格责任补充的好办法。在美国许多法院基于公平正义的考虑，允许消费者请求产品对其有危害的所有制造商按产品出售时占有的市场份额来分摊责任,即依照市场份额责任原则处理案件。

三、美国产品责任法的主要内容

(一) 产品

根据美国《统一产品责任示范法》第102条（C）项规定:"产品是具有真正价值的、为进入市场而生产的,能够作为组装整件或者作为部件、零售交付的物品,但人体组织、器官、血液组成部分除外。"虽然示范法给"产品"作了一个界定,但在美国审判实践中,法官倾向于采用更广泛、更灵活的产品定义。例如1978年的"哈雷斯诉西北天然气公司"案,法官将天然气纳入了产品范围;在"兰赛姆诉威廉康星电力公司"案中,电被确认为产品;科罗拉多州法院曾将血液视为产品。

(二) 产品责任中的责任主体

产品责任主体就是产品责任的承担人。综观各国立法,一般有两种立法方式:①单一主体说,即将生产者作为责任的承担者,有的国家对生产者做扩大解释,涵盖了销售者、进口商等,比如《欧洲经济共同体产品责任指令》的规定;②复合主体说,以美国为代表,美国将产品的制造者和销售者作为产品责任的主体。"制造者"包括在产品出售给使用者或消费者之前,设计、生产、制作、组装、建造或者加工产品的人,还包括"实际不是但自称是制造者"的产品销售实体;"销售者"包括产品制造者、批发商、出租人、经纪人。责任承担人的范围比欧洲各国更为广泛。

(三) 产品责任中的权利主体

根据美国《统一产品责任示范法》第102条规定,产品责任诉讼的"索赔人"是指因遭受损害而提出产品责任索赔的自然人或实体。这里的"损害"包括:①财产损害;②人身肉体伤害、疾病和死亡;③由人身肉体伤害、疾病和死亡引起的精神痛苦或情感伤害;④由于索赔人被置于直接人身危险的境地而引起的并表现为实际存在的他觉症状的精神痛苦或情感伤害。

(四) 损害赔偿

1. 损害赔偿的范围

通常情况下,原告可以从以下四个方面提出损害赔偿请求。

(1) 对人身伤害的损害赔偿。包括痛苦与疼痛、精神上的痛苦和苦恼、收入的减少和挣钱能力的减弱、合理的医疗费用、身体残废等。

(2) 财产损失的赔偿。比如替换或者修复受损坏的财产而支出的合理费用。需要注意的是,财产损害的范围并不包括直接或间接的经济损失,这些损失属于合同的范畴。

(3) 商业上的损害赔偿。通常是指由缺陷的产品的价值与完好、合格产品的价值之间的差价。

(4) 惩罚性的损害赔偿。这是美国赔偿制度上的一个特点。它专门用于惩罚那些生产、销售行为中全置公共政策于不顾的恶意、轻率行为。《统一产品责任示范法》规定:"原告通过明显的和令人信服的证据证明,由于产品销售者对产品使用者、消费者或可能受到产品损害的其他人员的安全采取轻率漠视态度,致使原告遭受损害的,原告可得到惩罚性损害赔偿。"

2. 损害赔偿的限额

在美国赔偿制度中，还有一个特点是精神损害的赔偿数额较大，在赔偿总额中所占的比重也较大，但《统一产品责任示范法》中对其也有相应限制：金额不得超过 2500 美元，或不得超过金钱性损害赔偿金额的 2 倍（精神损害赔偿属于非金钱性损害赔偿），以二者中少者为准。但是以下情形例外，即原告通过优势证据证明产品使原告遭受严重的和永久的或长期的①毁容；②身体机能的损坏；③痛苦和不适；④精神疾病。

（五）诉讼时效

关于诉讼时效的规定，美国各州的规定差异较大。《统一产品责任示范法》建议，一般诉讼时效为 2 年，从原告发现或者在谨慎行事情况下应当发现产品的损害及其原因时起算。该法还规定了最长的诉讼时效为投入流通 10 年，除非明示的安全期限长于 10 年。

第三节 欧洲各国的产品责任法

一、欧洲各国的产品责任统一法

欧洲各国的产品责任立法比美国发展较晚，主要是在 20 世纪 80 年代以后才开始相继制定各自的产品责任法。而各国国内法的不统一妨碍了竞争，妨害了共同市场内部的自由商品流通，并形成了对消费者合法权益保护不公平的情形。因此欧洲各国陆续通过了以下两个比较重要的公约。

（一）《斯特拉斯堡公约》

该公约的全称为《欧洲共同体关于造成人身伤害和死亡的产品责任的欧洲公约》，共 17 条。1976 年欧洲理事会讨论并通过了该公约，根据公约第 13 条第 2 款的规定，该公约已经在比利时、奥地利、法国三个国家批准生效。

《斯特拉斯堡公约》的主要内容如下：

1. 适用范围

该公约适用于因生产者提供的产品存在缺陷而造成消费者人身伤害或死亡的赔偿问题。

2. 应负产品责任的生产者范围

公约将四类人列入生产者的范围。①制造商，即产品或零配件的制造商以及天然气产品的生产者，这是基本主体；②产品进口商，即任何以将产品投入流通为目的的按商业通常管理的进口产品者；③任何使自己的名字、商标或者其他识别特征出现在商品上门将其作为自己的产品出示者；④产品没有标明任何生产者的身份时，则每个供应商应视为公约所指的生产者，并承担同样的责任，除非根据索赔人的要求，供应者在合理的时间内披露生产者或向其提供产品者的身份。

3. 归责原则

根据《斯特拉斯堡公约》规定，对生产者所承担的产品责任采取严格责任原则，只要是产品的缺陷造成的人身伤害或死亡，生产者就应承担产品责任。

4. 生产者的抗辩事由

在四种情况下，生产者可以减轻其产品责任：①产品未投入流通；②产品投入流通时，所造成损害的缺点或缺陷并不存在，或产品缺陷是投入流通以后产生的；③该产品制造的目的不是为销售、出租或其他经济目的，而且不是按照通常商业做法制造或分销的；④损害是由受害人或索赔人自身的过失造成的。

5. 赔偿限额

《斯特拉斯堡公约》规定,对产品责任的损害赔偿范围仅限于人身伤亡,不包括对财产所造成的损失。该公约附则中规定,缔约国可以声明保留由国内法规定的赔偿限额的权利,但对每一死者或遭到人身伤害的赔偿额不得少于相当于 7 万特别提款权的国内货币,有相同缺陷的同一产品造成的全部损害赔偿不得少于 1000 万特别提款权的国内货币。

6. 诉讼时效

索赔人的诉讼时效为自其知道或应当知道损害、缺陷及生产者身份之日起算 3 年;生产者的负责时效为其造成损害的产品投入流通之日起 10 年。

(二)《欧洲经济共同体产品责任指令》

欧共体部长理事会于 1985 年 7 月 25 日通过了《欧洲经济共同体产品责任指令》(以下简称《指令》),在欧共体范围内统一确立了缺陷产品导致损害的严格责任原则,并要求成员国在 1988 年 8 月 1 日以前采取相应的国内立法予以实施。当然,成员国在部分问题上有取舍的权利,如损害赔偿额的上限规定等。截至 2003 年 2 月,欧盟 15 国均完成了相应的国内立法程序,各国在产品责任的基本问题上基本达成了统一。从 2004 年 5 月 1 日起,欧盟成员国数量已达到了 25 个,而欧盟东扩的进程仍在继续,这些新加入的国家也必然要对国内法作相应调整,以与《指令》趋同。

《指令》的主要内容:

(1) 产品责任主体。《指令》只规定了一类责任主体,即生产者,但通过列举方式扩大了生产者的内涵,将销售者、进口商等责任人也纳入其中。

(2) 产品责任的抗辩事由包括:①未将产品投入流通;②缺陷在产品投入流通时并不存在;③产品非生产者为销售或经济目的而制造或分销;④为使产品符合强制性法规而导致缺陷;⑤产品投入流通时的科技水平不能发现缺陷存在;⑥零部件制造者能证明缺陷是由于装有该零部件的产品设计或制造者的指示造成。

(3) 严格责任原则。在产品责任诉讼中,消费者只需证明损害事实和产品缺陷的事实,以及二者之间存在因果关系,即可以使产品的责任人承担赔偿责任,而无须证明责任人有过失。

(4) 时效。提起产品责任诉讼的时效期间为 3 年,自受害方应该知道损害、缺陷的存在以及生产者时起算。但产品进入流通后满 10 年后,生产者对产品缺陷造成的损害不承担责任。

第四节 中国的产品责任法

一、产品责任法的适用范围

自改革开放以来,我国制定了一系列有关产品责任的法律法规,其中,最主要的是 1993 年 2 月 22 日第七届全国人民代表大会常务委员会第三十次会议通过的《中华人民共和国产品质量法》(以下简称《产品质量法》),2000 年 7 月,全国人大常委会对其进行了修订,自 2000 年 9 月 1 日起施行。本节的内容就是在这部法律的基础上来介绍的。

根据《产品质量法》第二条规定,在我国境内从事产品生产、销售活动,必须遵守产品质量法。而这里所称"产品"是指经过加工、制作,用于销售的产品。另外需要注意两点：一是建设工程不适用该法规定，但是建设工程使用的建筑材料、建筑构配件和设备，属于上述规定的产品范围的，适用《产品质量法》规定。二是因核设施、核产品造成损害的赔偿责任，法律、行政法规另有规定的，依照其规定。

二、产品质量监督管理

（一）产品质量监督管理体制

产品质量监督管理体制是产品质量监督管理机构及其职权的统称。根据《产品质量法》的规定，我国产品质量监督管理体制的基本内容如下：国务院产品质量监督部门主管全国产品质量监督工作，国务院有关部门在各自的职责范围内负责产品质量监督工作；县级以上地方产品质量监督部门主管本行政区域内的产品质量监督工作，县级以上地方人民政府有关部门在各自的职责范围内负责产品质量监督工作。法律对产品质量的监督部门另有规定的，依照有关法律的规定执行。

（二）产品质量监督管理具体制度

1. 产品标准

产品标准包括国家标准、行业标准、地方标准、企业标准等。如果生产可能危及人体健康和人身、财产安全的工业产品，必须符合保障人体健康和人身、财产安全的国家标准、行业标准；未制定国家标准、行业标准的，必须符合保障人体健康和人身、财产安全的要求。禁止生产、销售不符合保障人体健康和人身、财产安全的标准和要求的工业产品。具体管理办法由国务院规定。

2. 质量认证制度

（1）企业质量体系认证制度。企业质量体系认证是对企业的质量体系和质量保证能力进行的审核。根据《产品质量法》第十四条规定，国家根据国际通用的质量管理标准，推行企业质量体系认证制度。企业根据自愿原则可以向国务院产品质量监督部门认可的或者国务院产品质量监督部门授权的部门认可的认证机构申请企业质量体系认证。经认证合格的，由认证机构颁发企业质量体系认证证书。

（2）产品质量认证制度。产品质量认证制度是指依据具有国际水平的产品标准和技术要求，经过认证机构确认，并通过颁发认证证书和产品质量认证标志的形式，证明产品符合相应标准和技术要求的制度。

产品质量认证分为两类：一是安全认证。一般为强制认证，它是对商品在生产、储运、使用过程中是否具备保证人身安全与避免环境遭受危害等基本性能的认证。二是合格认证。一般为自愿性认证，它是依据商品标准的要求，对商品的全部性能进行的综合性质量认证。实行合格认证的产品，必须符合《中华人民共和国标准化法》规定的国家标准或者行业标准的要求。

3. 监督检查制度

国家对产品质量实行以抽查为主要方式的监督检查制度，对可能危及人体健康和人身、财产安全的产品，影响国计民生的重要工业产品以及消费者、有关组织反映有质量问题的产品进行抽查。抽查的样品应当在市场上或者企业成品仓库内的待销产品中随机抽取。监督抽查工作由国务院产品质量监督部门规划和组织。县级以上地方产品质量监督部门在本行政区域内也可以组织监督抽查。法律对产品质量的监督检查另有规定的，依照有关法律的规定执行。抽查时需要注意以下问题：①国家监督抽查的产品，地方不得另行重复抽查；上级监督抽查的产品，下级不得另行重复抽查。②根据监督抽查的需要，可以对产品进行检验。检验抽取样品的数量不得超过检验的合理需要，并不得向被检查人收取检验费用。监督抽查所需检验费用按照国务院规定列支。③生产者、销售者对抽查检验的结果有异议的，可以自收到检验结果之日起15日内向实施监督抽查的产品质量监督部门或者其上级产品质量监督部门申请复检，由受理复检的产品质量监督部门作出复检结论。

三、产品质量责任与义务

(一) 生产者的产品质量责任与义务

1. 保证产品内在质量

保证产品内在质量是生产者的首要义务。根据《产品质量法》的规定，产品质量应当符合下列要求：

(1) 不存在危及人身、财产安全的不合理的危险。有保障人体健康和人身、财产安全的国家标准、行业标准的，应当符合该标准。这是法律对产品质量最基本的要求。

生产者要保证其产品不存在危及人身、财产安全的不合理的危险，首先应当在产品设计上保证安全、可靠。产品设计是保证产品不存在危及人身、财产安全的不合理危险的基本环节。其次，在产品制造方面保证符合规定的要求。制造是实现设计的过程，在实际经济生活中，制造上的缺陷往往是导致产品存在危及人身、财产安全的不合理的危险的主要原因。

(2) 具备产品应当具备的使用性能。但是，对产品存在使用性能的瑕疵作出说明的除外。所谓产品具有应当具有的使用性能，是指某一特定产品应当具有其基本的使用功能，比如电冰箱应当具备制冷性能，保温瓶应当具有保温性能等，并在正常使用条件下应有合理的使用寿命。

具体来说，产品应当具有使用性能主要体现在两方面：一是在产品标准、合同、规范、图样和技术要求以及其他文件中明确规定的使用性能；二是隐含需要的使用性能。这里的"隐含需要"是指消费者对产品使用性能的合理期望，通常是被人们公认的、不言而喻的、不必作出规定的使用性能方面的要求。

(3) 产品质量应当符合明示的质量状况。即产品质量应当符合在产品或者其包装上注明采用的产品标准，符合以产品说明、实物样品等方式表明的质量状况。这是法律对生产者保证产品质量所规定的明示担保义务。

2. 产品包装标识义务

根据《产品质量法》规定，产品或者其包装上的标识必须真实，并符合下列要求：

(1) 有产品质量检验合格证明。合格证明包括合格证、合格印章等各种形式。合格证的项目内容，由企业自行决定。出厂产品的检验，一般由生产自身设置的检验部门进行检验。对不具备检测能力和条件的企业，可以委托社会产品质量检验机构进行检验。

(2) 有中文标明的产品名称、生产厂厂名和厂址。这里所称的用中文标明，是指用汉字标明，根据需要，也可以附以中国民族文字。

(3) 根据产品的特点和使用要求标注产品标识。具体来说，就是根据产品的特点和使用要求，需要标明产品规格、等级、所含主要成分的名称和含量的，用中文相应予以标明；需要事先让消费者知晓的，应当在外包装上标明，或者预先向消费者提供有关资料。

(4) 限时使用产品的标识要求。对于限期使用的产品，应当在显著位置清晰地标明生产日期和安全使用期或者失效日期。所谓限期使用的产品，是指具备一定使用期限，并且能够在此期限内能够保证产品质量的产品。例如食品、药品、农药、化肥、水泥、化妆品、饮料等产品,都应当具有一定的使用期限。所谓安全使用期,一般是泛指保证产品质量的期限。安全使用期包括保质期、保存期、有效期、保鲜期等。

(5)涉及使用安全的标识要求。即使用不当,容易造成产品本身损坏或者可能危及人身、财产安全的产品,要有警示标志或者中文警示说明,裸装的食品和其他根据产品的特点难以附加标识的裸装产品,可以不附加产品标识。所谓警示标志,是指用以表示特定的含义,告诫、提示人们应当对于某些不安全因素引起高度注意和警惕的图形。例如,表示剧毒、危险、易燃、易爆等意思,均有专用的对应的图形标志。所谓中文警示说明,是指用来告诫、提示人们应当对不安全因素引起高度重视和警惕的中文文字说明。中文警示说明也可以理解为用中文标注的注意事项。一般标注在产品或者产品说明书、产品外包装上。例如在燃气热水器上注明"注意室内通风"字样。总之,对上述产品标注中文警示说明和警示标志是为了保护被使用的产品免遭损坏,保护使用者的安全、健康。

《产品质量法》第二十八条规定:易碎、易燃、易爆、有毒、有腐蚀性、有放射性等危险物品以及储运中不能倒置和其他有特殊要求的产品,其包装质量必须符合相应要求,依照国家有关规定作出警示标志或者中文警示说明,标明储运注意事项。

案例9.2 橄榄油保质期标注不当,超市是否退货?

案情:原告刘某因所购买的商品保质期标注不当,将被告某仓储超市起诉至北京市西城区人民法院,要求退货并10倍赔偿。

原告起诉称,2010年1月12日,其在被告处购买了6瓶进口橄榄油,共计花费669.80元。该产品瓶身显著位置贴有中文标签,其中生产日期标注为"310/31-10-08",保质期标注为"10-2010"。刘先生认为该橄榄油保质期标注不符合国家规定,故诉请法院判令被告返还购物款并10倍赔偿,并由被告赔偿误工费和承担诉讼费。

被告某超市辩称,其销售的食品的日期标注方式并未违反国家标准,只是不适应原告的消费习惯。该产品经过质量部门检验,并通过海关合法途径进入国内销售,不存在违反食品安全法的情形。故不同意原告的全部诉讼请求。

法院审判:消费者的合法权益受法律保护。消费者享有知悉其购买、使用的商品或者接受的服务的真实情况的权利。在我国销售的进口产品,应该遵守我国的法律规定,应在产品的显著位置标明生产日期和保质期,并且日期的标注格式应该符合我国相关法律规定及大众的消费习惯,即应按年、月、日的顺序标示日期。被告作为销售者,其未按国家有关规定适当地标注产品的生产日期和保质期,上述做法欠妥,故原告要求被告退货并返还货款的诉讼请求,法院予以支持。原告未举证证明被告销售的产品存在食品安全问题,故原告要求被告赔偿10倍货款的诉讼请求,法院不予支持。原告要求被告赔偿误工费的诉讼请求没有事实和法律依据,法院不予支持。最终,法院判决该超市为原告退货并退还货款,并驳回了原告的其他诉讼请求。

资料来源:2010年6月9日中国质量报

3. 生产者的禁止性义务

根据《产品质量法》的规定,产品生产者的禁止性义务主要包括:①生产者不得生产国家明令淘汰的产品;②生产者不得伪造产地,不得伪造或者冒用他人的厂名、厂址;③生产者不得伪造或者冒用认证标志等质量标志;④生产者生产产品,不得掺杂、掺假,不得以假充真、以次充好,不得以不合格产品冒充合格产品。

(二) 销售者的产品质量责任与义务

《产品质量法》对销售者的产品质量义务做了具体规定，上述生产者的产品包装标识义务与禁止性义务也适用于销售者，除此之外，销售者的义务还包括：

1. 进货检验义务

销售者应当建立并执行进货检查验收制度，验明产品合格证明和其他标识。执行进货检查验收制度，不仅是保证产品质量的一个措施，也是保护销售者自身合法权益的一个措施。销售者对所进货物经过检查验收，发现存在产品质量问题时，可以提出异议，经进一步证实所进产品不符合质量要求的，可以拒绝验收进货。如果销售者不认真执行进货检查验收制度，对不符合质量要求的产品，予以验收进货，则产品质量责任随即转移到销售者这一方。因此，销售者必须认真执行进货检查验收制度。

2. 保持产品质量义务

销售者应当采取措施，保持销售产品的质量。销售者不得销售国家明令淘汰并停止销售的产品和失效、变质的产品。《产品质量法》赋予销售者这一义务是为了促使其增强对产品质量负责的责任感，加强企业内部质量管理，增加对保证产品质量的技术投入，从而保证消费者购买产品的质量。

四、损害赔偿

(一) 归责原则

产品质量的归责原则是指生产者、销售者就产品缺陷所致的损害应承担何种形式的责任。根据《产品质量法》第四十一条和第四十二条的规定，我国采取的是严格责任与过错责任相结合的归责原则。

1. 生产者的严格责任

生产者的严格责任是指因产品存在缺陷造成他人人身、财产损害的，无论生产者处于什么样的主观心理状态，生产者都应当承担赔偿责任。但严格责任不同于绝对责任，它仍然是一种有条件的责任，产品质量法同时规定了三种法定免责条件。确立严格责任的最重要的法律意义在于"举证责任倒置"，这就使得法律对受害者的保护大大推进了一步。

2. 销售者的过错责任

销售者的过错责任是指由于销售者的过错致使产品存在缺陷，造成他人人身、财产损害的，其应当承担赔偿责任。但销售者如果能够证明自己没有过错，则不必承担赔偿责任。这种过错是一种推定过错，销售者负有举证责任，否则不能免除赔偿责任。

(二) 损害赔偿责任

1. 销售者的赔偿责任

根据《产品质量法》第四十条规定，售出的产品有下列情形之一的，销售者应当负责修理、更换、退货；给购买产品的消费者造成损失的，销售者应当赔偿损失：①不具备产品应当具备的使用性能而事先未作说明的；②不符合在产品或者其包装上注明采用的产品标准的；③不符合以产品说明、实物样品等方式表明的质量状况的。

销售者依照上述规定负责修理、更换、退货、赔偿损失后，属于生产者的责任或者属于向销售者提供产品的其他销售者（以下简称供货者）的责任的，销售者有权向生产者、供货者追偿。销售者未按照上述规定给予修理、更换、退货或者赔偿损失的，由产品质量监督部门或者工商行政管理部门责令改正。

生产者之间，销售者之间，生产者与销售者之间订立的买卖合同、承揽合同有不同约定的，合同当事人按照合同约定执行。

还需要注意的是，由于销售者的过错使产品存在缺陷，造成人身、他人财产损害的，销售者应当承担赔偿责任。如果销售者不能指明缺陷产品的生产者也不能指明缺陷产品的供货者的，销售者也应当承担赔偿责任。

2. 生产者的赔偿责任

根据《产品质量法》第四十一条规定，因产品存在缺陷造成人身、缺陷产品以外的其他财产（以下简称他人财产）损害的，生产者应当承担赔偿责任。

需要注意的是，如果生产者能够证明有下列情形之一的，不承担赔偿责任：①未将产品投入流通的；②产品投入流通时，引起损害的缺陷尚不存在的③将产品投入流通时的科学技术水平尚不能发现缺陷的存在的。

（三）求偿对象

因产品存在缺陷造成人身、他人财产损害的，受害人可以向产品的生产者要求赔偿，也可以向产品的销售者要求赔偿。属于产品的生产者的责任，产品的销售者赔偿的，产品的销售者有权向产品的生产者追偿。属于产品的销售者的责任，产品的生产者赔偿的，产品的生产者有权向产品的销售者追偿。

（四）损害赔偿范围

因产品存在缺陷造成受害人人身伤害的，侵害人应当赔偿医疗费、治疗期间的护理费、因误工减少的收入等费用；造成残疾的，还应当支付残疾者生活自助具费、生活补助费、残疾赔偿金以及由其扶养的人所必需的生活费等费用；造成受害人死亡的，并应当支付丧葬费、死亡赔偿金以及由死者生前扶养的人所必需的生活费等费用。

因产品存在缺陷造成受害人财产损失的，侵害人应当恢复原状或者折价赔偿。受害人因此遭受其他重大损失的，侵害人应当赔偿损失。

（五）产品责任诉讼

因产品质量发生民事纠纷时，当事人可以通过协商、调解、仲裁与诉讼等形式解决。产品质量责任诉讼由侵权行为地或者被告居住地人民法院管辖。这里的侵权行为地既包括行为发生地也包括行为结果地。侵权行为发生地一般是指缺陷产品已被投放市场的地点，侵权行为结果地是指缺陷产品给消费者造成实际损害的地点。原告可以在以上的三个地点中任选一个法院管辖。

《产品质量法》第四十五条规定：因产品存在缺陷造成损害要求赔偿的诉讼时效期间为2年，自当事人知道或者应当知道其权益受到损害时起计算。因产品存在缺陷造成损害要求赔偿的请求权，在造成损害的缺陷产品交付最初消费者满10年丧失；但是，尚未超过明示的安全使用期的除外。

案例9.3 除草机伤人，生产厂家是否承担责任

案情：五十多岁的王某是江苏无锡洛社的一位普通农民。2007年10月的一天，王某受同村村民虞某所托，为其承包种植的葡萄园进行耕地作业，使用的机器是由北京某机械公司生产的除草机。耕作时，在倒车过程中王某不慎摔倒，还没来得及爬起来，就被继续运转的除草机刀片切中左腿，顿时鲜血直喷。随后，失血休克的王某被送至医院抢救。后经法医鉴定，王某构成六级伤残。

王某认为，在这除草机的说明书第六页上明确写明机器必须有自动停转的装置，可在自己倒地触碰除草机后，机器并没有停止，而是继续运转，从其大腿上碾了过去。因此除草机存在着质量缺陷，并是造成自己六级伤残的最主要原因，让厂家赔钱理所应当。

机械公司认为，在没有对当日事故现场进行固定和勘验的情况下，没有任何证据表明原告损伤过程中使用的是自己公司的产品，且原告也没有合理使用涉案产品的证据，故该公司不会支付任何赔偿费。

显然，除草机是否存在质量缺陷成为本案的争议焦点。为了证明自己的主张，厂家还向法院提供了由农业部出具的产品质检报告以及涉案机械的产品合格证，并向法院提出了证据保全及质量鉴定要求。但当法院向厂家发出司法鉴定缴费通知书后，厂家却以"涉案农机在事故发生时未进行现场固定，无法确认其在事故时的真实情况；且对涉案农机质量存在缺陷的异议，应由原告举证或申请鉴定"为由，拒绝支付鉴定费用。两个月后，法院再次发出书面函告要求厂家缴纳鉴定费用，却又一次因厂家的相同理由被拒绝。

法院审判：法院审理后认为，该除草机未合理设置自动停止运转装置，在原告摔倒、双手脱离把手及离合器后未停止运转，不符合国家标准的强制性规定，导致原告被继续运转的刀片切中腿部，造成损害事实发生，故该农用机存在质量缺陷。生产者应当对其生产的产品质量负责，因产品存在缺陷造成人身损害的，生产者应当承担赔偿责任。由于产品责任适用无过错责任原则，生产商应就其免责事由承担举证责任，厂家未对该除草机的缺陷问题作出合理解释及相应依据，虽然对涉案除草机是否符合质量标准申请鉴定，但明确表示不缴纳鉴定费用致使鉴定程序无法进行，应当承担举证不能的法律责任。故依法判决由生产商赔偿王某各项损失28万余元。厂家不服一审判决上诉至无锡市中级人民法院，二审法院认为原审判决认定事实清楚，适用法律正确，驳回上诉，维持了原判。

资料来源：http：//www.flssw.com/anlifenxi/info/33297587/

思考题

1. 理解下列重要术语：
疏忽责任　担保责任　严格责任　过失责任
2. 试述产品责任有哪些归责原则，并比较这些原则的异同。
3. 产品责任法中规定了哪些抗辩事由？
4. 简述我国《产品质量法》对生产者、销售者采用的归责原则。

第十章 国际商事代理法

第一节 概述

一、代理（Agency）的涵义

（一）英美法系代理的涵义

等同论是英美法系代理制度中代理人与本人关系的理论基础，即代理人的行为视同为本人自己的行为，没有内部关系与外部关系之分。代理的涵义可以界定为代理人根据本人授权而与第三人订立合同时，该代理人与本人之间发生的法律关系。① 这种理论有很大的包容性和较强的灵活性，覆盖了实践中的多种形式的代理。

（二）大陆法系代理的涵义

区别论是大陆法系代理制度中的基础理论，即严格区别委任与代理权的不同，内部关系与外部关系的区别。这里的"委任"，是指委托人（本人）与代理人之间的关系，为内部关系；"代理权"是指代理人代委托人（本人）与第三人签订合同的权利，为外部关系。这种观点强调代理是独立于内部关系的，因此本人不能通过对委托合同中代理人代理权的限制来减轻自己的责任，从这个角度来说，该理论更注重对第三人利益的保护。

大陆法系代理的涵义可以界定为代理人在代理权限内，以本人的名义与第三人订立合同或作其他的法律行为，由此产生的权利与义务对本人发生效力。

二、代理权的产生

（一）英美法系的规定

英美法认为代理权的产生主要有以下四种方式：

1. 明示代理

明示代理，也称明示授权，是指被代理人以明示的方式指定某人为代理人的代理。明示代理中的代理权是被代理人以口头或书面形式明确授予代理人的，有的代理权限作了明确的表述，也有的对代理权限大小没有作具体规定，只是泛泛指出一个合理的范围。

案例10.1 帕劳诺玛发展公司诉法妮新织造有限公司案（1971）

被告公司的一位秘书以公司名义租了辆车子，但用于私事，被告认为秘书雇车私用，非公司业务，拒绝付款，法院认为公司的秘书有暗示的合理权限为公司目的订车，原告只认为秘书为被告的代理人，故公司应付款，至于私用问题只能由公司内部处理。

---

① 曹建明，陈治东. 国际经济法专论 [M]. 2卷. 北京：法律出版社，2000：199.

案例 10.2　任特诉佛兰威克案（1893）

A 是被告酒吧的经理，被告已禁止 A 用信用卡去买香烟，但 A 仍然在原告处用信用卡买了香烟，被告想以已禁止 A 用信用卡买香烟为由拒绝付款。法院认为：A 作为被告酒吧的经理，按常规有权用被告的信用卡买烟，原告只知道 A 为被告的代理人，至于是否禁止，原告并不知晓，故被告应付款。

2. 暗示代理

暗示代理，也称暗示授权，是指本人以其言行使某人有权以本人的名义签订合同，而且第三人也相信本人已委托某人为代理人，并基于该种信赖而与某人订立了合同。此时认为善意第三人的利益与本人利益相比更加应该得到保护，因此尽管本人并没有正式授权，但仍要受合同的约束。

案例 10.3　里奥德诉葛内斯斯密斯公司案（1912）

被告指派一公司职员从事了几项业务外事项，即帮助客户转让财产，后来这个职员使客户大受损失，这一客户起诉了被告，法院认为，这个职员受被告指派从事非业务事项，这就是从被告的指派行为中获得了暗示代理权，故被告应对客户负责。

3. 客观必需的代理

客观必需的代理通常是在一个人受委托照管另一个人的财产，基于情况的紧急，为了保护该财产而必须采取某种行为时产生的代理权。在这种情况下，虽然受委托管理财产的人并没有得到采取这一行动的明示授权，但由于客观情况的需要必须视为其具有某种授权。例如承运人在遇到紧急情况时有权采取保护财产的必须行动，如出售易于腐烂的或有灭失可能的货物。但在实践中取得这种代理权是比较困难的，根据英美法判例，行使这种代理权必须具备以下三个条件：①行使这种代理权是实际上或商业上必须的；②代理人在行使这种权利前无法与委托人取得联系得到委托人的明示；③代理人所采取的措施必须是善意的并且必须考虑到所有有关当事人的利益。

案例 10.4　斯佩内葛诉威斯特铁路公司案（1921）

铁路公司替原告运一批西红柿到 A 地。由于铁路工人罢工，西红柿被堵在半路上，眼看西红柿将腐烂，铁路公司就地将该西红柿卖掉了。法院认为，虽然铁路公司是善意的，保护原告的利益，但当时是可以通知原告的，在可以联系而未联系的情况下私自处理他人的财物，不能算是具有客观必须的代理权，被告败诉。

4. 追认的代理

如果代理人未经授权或超出了授权范围而以被代理人的名义同第三人订立了合同，这个合同对被代理人是没有约束力的，但是被代理人可以在事后批准或承认这个合同，这种行为就叫做追认。追认必须具备以下几个条件：①代理人在与第三人订立合同时，必须声明他是以被代理人的名义订立合同；②合同只能由订立该合同时已经指出姓名的被代理人或可以确定姓名的被代理人来追认；③追认合同的被代理人必须是在代理人订立合同时已经取得法律人格的人，这项条件主要针对法人而言，即该法人必须在订立合同时已合法成立了；④被代理人在追认该合同时必须了解其主要内容。

追认的效果是溯及既往的，视为自该合同成立时起即对本人产生约束力，未经本人追认的行为视为代理人自己的行为。

(二) 大陆法系的规定

大陆法把代理权产生的原因分为两种。

1. 意定代理

意定代理,即由本人意思表示产生的代理权。这种意思表示可以向代理人表示,也可以向与代理人打交道的第三人表示。

2. 法定代理

法定代理,即非本人意思表示而产生的代理权。代理权的产生主要有以下三种原因:①法律的明文规定,如法律规定父母是未成年子女的法定代理人;②法院的指定,比如审理破产案件时法院指定的清算人;③私人的选任,比如亲属所选任的遗产管理人。

三、代理的分类

(一) 英美法系的规定

根据代理关系的公开程度及本人身份的不同,代理可以分为以下三类:

1. 显名代理

显明代理,也称被代理人身份公开的代理,即代理人明确表示其代理的身份,并公开本人的姓名或名称,代表本人订立合同。合同签订后,代理人即退出代理关系,既不享有权利,也不承担义务。

2. 隐名代理

隐名代理,也称被代理人身份部分公开的代理,即代理人在代订合同时表明了代理关系,但是并不向第三人披露本人的姓名或名称。隐名代理产生的法律效果是该合同是隐名本人与第三人之间的合同,代理人免除合同责任。

3. 被代理人身份不公开的代理

代理人在与第三人签订合同时,既不向其表明自己的代理身份,更不公开本人的姓名或名称。在这种情况下,代理人应对合同负责。

(二) 大陆法系的规定

根据代理的外部关系的不同,代理可以分为以下两类:

1. 直接代理

直接代理,即代理人以本人的名义签订合同,合同直接约束本人与第三人。这里代理人只是代为签订合同,并不承担合同的责任。相当于英美法系中的显名代理。

2. 间接代理

间接代理,即代理人为本人的利益以自己的名义签订合同。这里本人与第三人没有直接的法律关系,合同并不约束本人。但代理人是为本人利益实施的民事行为,本人是可以加入到合同中来的,但需要代理人将合同转让给本人之后,本人才可以向第三人主张权利或承担义务。

间接代理与被代理人身份不公开的代理的区别在于:间接代理需要两个合同关系才可建立本人与第三人之间的法律关系;被代理人身份不公开只需由代理人同第三人之间的一个合同就可以建立本人与第三人的法律关系,本人享有介入权,同时第三人享有选择权,可以选择是由代理人还是本人来承担合同责任。

第二节 国际货物销售代理公约

一、公约的制定

代理是国际贸易中经常发现的行为,而各国代理制度的差异成为国际贸易发展的一个障碍。国际统一私法学会一直致力于统一国际代理实体法的工作,最终于1981年起草完成了《国际货物销售代理公约》(以下简称《代理公约》),并于1983年在日内瓦外交会议上通过该公约。

《代理公约》共5章35条,内容涉及公约的适用范围、代理权的设定和范围、代理人实施的行为的法律效力、代理权的终止等问题。该公约试图调和两大法系对本人、代理和第三人之间的关系上的不同规定,从而为国际货物销售代理提供可行的规则。

二、《代理公约》的适用范围及除外情形

1. 适用范围

根据《代理公约》的规定,下列情形可以适用该公约:

(1) 当某人——代理人,有权或表示有权代理另一人——本人,与第三人订立货物销售合同时,适用此公约。即无论代理人是否是以自己的名义实施代理行为,无论是有权代理还是无权代理均可适用,这就考虑到了英美法系国家代理制度的规定。

(2) 该公约不仅适用代理人订立此种合同,也适用代理人以订立该合同为目的或有关履行该合同所从事的任何行为。即公约不仅调整代理人订立合同的法律行为,也调整代理人旨在订约或有关履行合同的任何具有法律意义的行为,这突破了传统大陆法的观点。

(3) 该公约只涉及以本人或代理人为一方与以第三人为另一方之间的关系。无论代理人以其自己名义或以本人名义行为均适用公约。即公约仅就代理的外部关系制定统一规则。

2. 公约适用的地域范围

(1) 公约仅适用于本人与第三人在不同国家设有营业所,而且代理人在某一缔约国内设有营业所,或者国际私法的规则规定要适用某一缔约国的法律。

(2) 第三人于订立合同时不知道、也不能知道代理人是以代理人身份订约时,只有在代理人和第三人在不同国家设有营业所并符合上述要求时,才适用公约。

(3) 决定适用公约时,不应考虑当事人的国籍,也不考虑当事人或销售合同的民事或商事性质。

3. 除外情形

《代理公约》不适用于以下情形:

(1) 证券交易所、商品交易所或其他交易所之交易商的代理。
(2) 拍卖商的代理。
(3) 家庭法、夫妻财产法或继承法中的法定代理。
(4) 根据法律上的或司法上的授权发生的、代理无行为能力人的代理。
(5) 按照司法或准司法机关的裁决或在上述某一机关直接控制下发生的代理。

三、代理权的设定和终止

（一）代理权的设定

本人对代理人的授权可以是明示的或是默示的。代理人为实现授权之目的，有权从事一切必要行为。授权无需用书面形式，也无需用书面证明，亦不受其他任何形式要求的限制，即授权可以任何方式证明，包括人证。

（二）代理权的终止

1. 代理权终止的情形

根据《代理公约》的规定，代理权在下列情况下终止：①依本人与代理人间的协议终止；②为之授权的一笔或数笔交易已经完成；③无论是否符合本人与代理人的协议条款，本人撤回代理权或代理人辞任。另外，代理权亦可依其所适用的法律的规定而终止。

2. 代理权终止的法律效力

代理权的终止不影响第三人，除非第三人知道或能知道代理权的终止或造成终止的事实。代理权虽已终止，为不使本人或其他继承人的利益受到损失，代理人仍有权代理本人或其继承人实施必要的行为。

四、代理行为的法律效力

（一）代理行为只约束本人与第三人的情形

根据《代理公约》第十二条规定，代理人于其权限范围内代理本人实施行为，而且第三人知道或理应知道代理人是以代理身份实施行为时，代理人的行为直接约束本人与第三人，但代理人实施该行为只对自己发生拘束力时（例如所涉及的是行纪合同），不在此限。

（二）代理行为只约束代理人与第三人的情形

根据《代理公约》第十三条规定，如果代理人代表本人在授权范围内行事，但第三人不知道、亦无从知道代理人是以代理人身份实施行为；或者代理人实施该行为只对自己发生拘束力（例如所涉及的是行纪合同）的，代理行为不约束本人。

但在一定情形下，本人可以享有代理人从第三人那里取得的权利：

（1）当代理人无论是因第三人不履行义务或是因其他理由而未履行或无法履行其对本人的义务时，本人可以对第三人行使代理人代理本人所取得的权利，但应受到第三人可能对代理人提出的任何抗辩的限制。

（2）当代理人未履行或无法履行其对第三人的义务时，第三人可对本人行使该第三人对代理人所有的权利，但应受到代理人可能对第三人提出的任何抗辩以及本人可能对代理人提出的任何抗辩的限制。

本人或第三人对上述权利的行使，必须事先向代理人、第三人或本人递交拟行使这种权利的通知。如果代理人是在第三人不知道本人的情况下以代理人自己的名义与第三人订立合同的，当因本人不履行义务致使代理人未履行或无法履行其对第三人的义务时，代理人负有将本人姓名披露给第三人的义务。同样，当因第三人未履行其对代理人的合同义务致使代理人未履行或无法履行其对本人的义务时，代理人负有将第三人的姓名披露给本人的义务。

如果按照当时情况，第三人若知道本人的身份就不会订立合同时，本人不得对第三人行使代理人代理本人所取得的权利。

（三）代理人无权或越权代理的法律效力

1. 对本人和第三人无拘束力

当代理人未经授权或超越授权范围而为某种行为时，其行为对本人和第三人无拘束力。但是，若本人的行为使第三人合理地并善意地相信代理人有权代理本人为某种行为并且相信代理人是在该项授权范围内为某种行为时，本人不得以代理人无代理权而对抗第三人。

2. 本人的追认权

（1）代理人未经授权或超越授权范围而为的行为，可由本人追认。追认后，该行为即发生如同自始即经授权的同一效力。

（2）第三人若在代理人行为时，不知道、也不能知道该代理人未经授权，并且在追认发出通知，拒绝受追认的拘束时，即对本人不负责任。本人虽已追认，而未在合理期间内追认时，第三人如立即通知本人，即可拒绝受追认的拘束。

（3）如果第三人知道或能知道代理人未经授权，则在约定的追认届满前，若无此约定，在第三人确定的合理期间届满前，第三人不得拒绝受追认的拘束。

（4）第三人可拒绝接受部分追认。

（5）追认于追认通知到达第三人或追认经其他方法为第三人获悉时生效。追认发生效力后不能撤回。

（6）即使追认时行为本身尚未能有效地完成，追认仍然有效。

（7）行为是代理一个尚未成立的公司或其他法人而实施的，只在准许公司设立的国家的法律允许时，追认才有效。

（8）追认的形式不受任何要求的限制。既可明示追认也可依本人之行为推断之。

3. 本人未追认的法律效果

未经授权或超越授权范围而行为的代理人，若其行为未得到追认，应承担对第三人的赔偿责任，以使第三人处于如同代理人有权并且在其权限范围内行为时的状况一样。但是，若第三人知道或能知道代理人未经授权或超越授权范围而行为时，代理人不承担责任。

第三节 中国的代理法律制度

一、代理法概述

（一）代理的涵义及特征

代理是指代理人以被代理人（即本人）的名义，在代理权限内与第三人（相对人）为法律行为，其法律后果直接由被代理人承受的民事法律制度。

代理具有以下特征：①代理人在代理权限之内实施代理行为；②以被代理人的名义实施代理行为；③代理行为直接对被代理人发生效力；④代理的是具有法律意义的行为。

（二）不适用代理的情形

1. 应由本人实施的行为

依照法律规定或者按双方当事人约定，应当由本人实施的民事法律行为，不得代理。①具有人身性质的行为：结婚登记、立遗嘱、收养子女等，不得由代理人代理。②具有人身性质的债务：约定必须由特定人完成的义务，如文艺表演、绘图等，因与债务人的思想水平、创作能力分不开，必须由债务人亲自履行，不能由他人代理。

2. 违法行为

违法行为不得代理。例如非法侵害他人人身、财产的行为，私自买卖黄金等行为，这些都是国家法律所禁止的行为，当然不能进行，因而也不能代理。

3. 特殊的民事法律行为

发售债券等民事法律行为不得代理。这类行为只能由特定民事主体代理，其他民事主体不得代理。

（三）代理的分类

1. 以代理权的产生原因为划分标准

（1）法定代理。法定代理是指根据法律直接规定而享有代理权。比如根据我国《民法通则》第十四条和第十六条的规定，无民事行为能力人、限制民事行为能力人的监护人是他的法定代理人。未成年人的父母是未成年人的监护人。

（2）指定代理。代理人根据人民法院或其他有关单位的指定所进行的代理活动。由于指定代理人的机关及代理权限都是由法律直接规定的，因此，指定代理不过是法定代理的一种特殊类型。

（3）委托代理。即代理人的代理权根据被代理人的委托授权行为而产生。因委托代理中，被代理人是以意思表示的方法将代理权授予代理人的，故又称"意定代理"或"任意代理"。

2. 以代理权的范围为划分标准

（1）一般代理。代理权范围及于一般事项的全部，无特别限制。因此又称"全权代理"或"概括代理"。

（2）特别代理。又称"部分代理"、"限定代理"、"特别代理"。这种代理中的代理权受到一定限制。

3. 以代理人是否亲自实施为划分标准

（1）本代理。又称初代理，指代理权直接来源于被代理人的委托，法律直接规定或者法院及有关机关的指定的代理，即代理人亲自实施代理行为。本代理是复代理产生的基础代理关系。

（2）复代理。复代理又称"再代理"或"转委托"，是指代理人为了被代理人的利益，将其享有的代理权的全部或者一部分转委托给他人行使的行为。一般而言，法定代理的代理人无条件地当然享有转委托的权利，而指定代理人则原则上无委托的权利。

复代理应具备的条件：①目的必须是为了被代理人的利益；②原则上应取得被代理人的同意（事先授权或事后追认）。但是在紧急情况下，代理人为了维护被代理人的利益需要而转委托的，不论被代理人是否同意，均依法产生转委托的法律效力。

（四）无权代理

1. 无权代理的概念

无权代理是指代理人在不享有或已丧失代理权的情形下所实施的代理行为。

无权代理的产生主要有以下四种情况：①超越授权范围行事的代理；②代理权消灭后的代理；③不具备默示授权的代理；④授权行为无效的代理。

2. 无权代理的法律效力

（1）本人的追认权与拒绝权。根据各国法律的规定，无权代理所做的代理行为，非经本人的追认，对本人是没有约束力的。如果善意的第三人由于无权代理人的行为而遭受损失，则该无权代理人应对善意的第三人负责；如果第三人明知代理人没有代理权而与之订立合同，则属于咎由自取，法律不予以保护。

（2）第三人的催告权与撤销权。第三人可以催告被代理人在 1 个月内予以追认。被代理人未在期限内追认的，视为拒绝追认。第三人行使撤销权，应当以通知的方式作出，但是恶意第三人不享有撤销权。

（五）表见代理

1. 表见代理的概念

表见代理指没有代理权、超越代理权或者代理权终止后，无权代理人以被代理人的名义进行的民事行为在客观上使第三人相信其有代理权而实施的代理行为。其实质是无权代理的一种，但因其具有特殊性，这里专门进行介绍。

2. 表见代理的构成要件

构成表见代理应满足以下四个要件：①以被代理人名义为民事法律行为；②代理人无代理权；③该无权代理人有被授予代理权的外表或者假象，通常情况下，行为人持有被代理人发出的证明文件，如被代理人的介绍信、盖有合同专用章或者盖有公章的空白合同书，或者有被代理人向相对人所作法人授予代理权的通知或者公告，这些证明文件构成认定表见代理的客观依据，对这些客观依据，依《合同法》第四十九条的规定，相对人负有举证责任；④相对人为善意，有正当理由相信该无权代理人有代理权。

案例 10.5　本案行为人是否构成表见代理

案情：李某与熊某之妻是姐妹关系，2003 年，两家分别购买了某商厦相邻的两间店面。因李某夫妇定居外地，故其店面一直委托李某的母亲陈某对外出租。两间店面一直租给过某经营业务，租金随行就市，一年一租。李某店面的租金有时是陈某收取，有时是熊某代为收取。其间熊某还曾代替陈某在与过某的租房合同上签过一次陈某之名。

2006 年年初，过某以装修了店房为由，向陈某提出长租店面，陈某口头答应可以长租，但租金要一次交清，过某未同意。2008 年 6 月，李某丈夫打电话给过某，欲商定下年租金，却被过某告知已与熊某于 2007 年 3 月 18 日写下协议，将熊某与李某的店面一并租下，租期定为四年。

李某在获知其母也不知道该事宜后，以熊某无权代理为由，将过某告上法庭，同时将熊某列为第三人，要求法院判决过某与熊某之协议对其无约束力。

评析：关于本案，有两种观点。

观点一认为：原告李某与第三人熊某之妻是姐妹关系，两人店房相邻，数年来一直是共同对外出租。熊某曾代收过租金，也曾代签过租房合同，其种种行为，且其与原告之间极近的亲戚关系，有足够的理由让过某相信其能代表原告签订协议。第三人的行为构成表见代理，从保护善意相对人的角度，应认为协议有效。

观点二认为：过某明知陈某拥有代理权，在与陈某协议不成的情况下，为了达到有利于自己的目的，转而与熊某签订协议，其行为非善意。其提出熊某代收过租金、代陈某签过名，而认为有理由相信熊某拥有代理权的抗辩意见太过牵强，法院不予支持。熊某的行为不构成表见代理，协议对原告无效。

资料来源：赣州法院网，gzzy.chinacourt.org/public/detail.php? id = 1567

3. 表见代理的表现形态

根据《合同法》第四十九条的相关规定，在我国现行的民事立法中，表见代理表现形态有三种。

（1）授权表示型。授权表示型的表见代理，又称由于本人之明示或默示的表见代理，即本人以自己的行为表示授予他人代理权而实际上并未授权，或者明知他人以自己的名义从事民事行为而不作否认表示，造成第三人误以为行为人有代理权时，本人要对相对人承担实际授权人的责任。

授权表示型的具体体现：①本人以书面，口头或者其他形式直接或间接向相对人表示已经授权而实际上未授权；②本人将其具有代理权证明意义的文书印鉴交与他人，他人凭此以本人的名义从事民事活动，相对人对此信赖而进行的交易；③本人知道他人以自己的名义实施民事行为而不作否认表示的；④允许他人作为自己的分支机构进行活动。比如在联营活动中，一些牵头单位允许其他单位或个人以自己"分公司"，"分厂"的名义进行活动。

（2）权限逾越型表见代理。又称为超越代理权的表见代理，代理权限制的表见代理。代理人的代理权，通常都有一定的限制，但这一限制不一定为相对人所知，如果表现在外的客观情况，能使善意相对人误以为行为人有代理权，与其为民事行为，就构成表见代理，由本人承担其后果。这通常被称之为"代理权的限制不得对抗善意相对人"原则。

（3）权限延续型。又称代理权终止的表见代理，代理权撤回的表见代理。这种类型指本人与行为人曾有代理关系，但代理权已经终止或撤回后，本人未及时向外部公示，相对人并不知情。因此，为保护善意相对人的利益和维护交易安全，其代理权的终止和撤回不得对抗善意相对人。

4. 表见代理的法律后果

（1）表见代理成立，订立的合同有效。合同有效，即本人（被代理人）对相对人（善意第三人）承担民事责任。注意的是，表见代理中的相对人不享有《合同法》第四十八条①规定的撤销权。

（2）代理人对本人（被代理人）承担民事赔偿责任。被代理人因表见代理成立而承担民事责任，因此给被代理人造成损失的，被代理人有权依法请求无权代理人给予相应的赔偿。无权代理人应当赔偿给被代理人造成的损失。

（3）无权代理人对被代理人的费用返还请求权。当表见代理的法律后果是使被代理人从中受益时，根据公平原则，权利义务应当对等，无权代理人有权要求被代理人支付因实施代理行为而支出的相关的合理费用。

案例10.6 父代子借债写借条是否构成表见代理？

案情：小张因做生意经营困难，找其父亲借钱，老张说自己一时没有这么多现金，小张自己又没有朋友，于是老张找到自己的一位好友李某，借款十万元，但是出具借条的时候，是以小张的名义写的，在签名处写小张的名字，在旁边注明自己代签，后因还款发生纠纷，李某要求老张偿还，老张认为自己不是实际的借款人，不应由自己来偿还。

争议：第一种观点，老张出具欠条是无权代理，欠条无效。第二种观点，老张出具欠条的行为是表见代理，其欠条有效，欠款应由小张偿还。

评析：这里支持第二种观点。本案中老张代其子小张出具欠条，从父亲与儿子的特殊关系及共同生活的事实判断及欠据内容的表达形式上看，足以使相对人李某完全有理由相

---

① 《合同法》第四十八条第一款规定：行为人没有代理权、超越代理权或者代理权终止后以被代理人名义订立合同，未经被代理人追认，对被代理人不发生效力，由行为人承担责任。

信老张有代理权，无须小张进行追认，因此该欠据对小张具有约束力。

资料来源：http://china.findlaw.cn

二、代理法律关系

（一）代理人的主要义务

各国关于代理人的义务规定是基本一致的。

1. 勤勉谨慎义务

代理人应勤勉而谨慎地履行其代理职责。代理人有义务勤勉并且有足够的谨慎和小心履行其代理职责，并运用自己所具有的技能来完成代理任务。如果代理人不履行其义务，或者在替本人处理事务时有过失，致使本人遭受损失，代理人应对本人负赔偿的责任。

2. 诚信忠诚义务

代理人对本人应诚信、忠实，具体表现为：

（1）代理人必须向本人公开他所掌握的有关客户的一切必要的情况，以供本人考虑决定是否同该客户订立合同。

（2）代理人不得以本人的名义同代理人自己订立合同，除非事先征得本人的同意。代理人非经本人的特别许可，也不能同时兼为第三人的代理人，以从两边收取佣金。否则，本人有权随时撤销代理合同或撤回代理权，并有权请求损害赔偿。

（3）代理人不得受贿或密谋私利，也不得与第三人串通损害本人的利益。代理人不得谋取超出其本人付给他的佣金或酬金以外的任何私利。

3. 保密报账义务

代理人不得泄露他在代理业务中所获得的保密情报和资料，并须向本人申报账目。

（1）代理人在代理协议有效期间或在代理协议终止之后，都不得向第三者泄密，也不得由他自己利用这些资料同本人在业务上进行不正当的竞争。但应注意的是，在代理合同终止后，除经双方同意的合理的贸易上的限制外，本人也不得不适当地限制代理人使用他在代理期间所获得的信息，这种限制是无效的。

（2）代理人有义务对一切代理交易保持正确的账目，并应根据代理合同的规定或在本人提出要求时向本人申报账目。代理人为本人收取的一切款项须全部交还本人。但是，如果本人欠付代理人的佣金或其他费用时，代理人对于本人交给他占有的货物得享有留置权，或以在他手中掌握的属于本人所有的金钱、抵销本人欠他的款项。

4. 亲自履行义务

代理人不得把他的代理权委托给他人。代理关系是一种信任关系，因此，在一般情况下，代理人有义务亲自履行代理义务，不得把本人授予的代理权委托给他人，让别人替他履行代理义务。但如客观情况有此需要，或贸易习惯上允许这样做，或经征得本人的同意，可不在此限。

案例10.7 马里兰钢铁有限公司诉名特纳案（1978）

原告雇了被告从事废旧钢铁的买卖交易，当生意兴隆时，被告与公司另一名职员准备也创立一个类似的钢铁公司，并在业余时间积极准备，后两人辞职并于一年后正式成立了一家钢铁公司，原告认为被告在任职期间不忠实，所以应赔偿损失，并要求法院禁止被告开业。法院认为，被告在任职期内并未开办类似的公司与被代理人竞争，业余时间的准备是合理的，辞职一年后才开业，也未违反商业信誉原则，故不涉及不忠实问题，原告败诉。

（二）本人的主要义务

国际商事代理行为是一种"商事性"行为，因此，在通常情况下，它属于有偿代理。

1. 支付佣金义务

在签订代理合同时，对佣金问题特别注意两点：①本人不经代理人的介绍，直接从代理人代理的地区内收到订货单，直接同第三人订立买卖合同时，是否仍须对代理人照付现金；②代理人所介绍的买主日后连续订货时，是否仍须支付佣金。以上这些问题都应当在代理合同中明确作出规定，因为有些国家在法律上对此并无详细规定，完全取决于代理合同的规定。

2. 偿还费用义务

一般地说，除合同规定外，代理人履行代理任务时所开支的费用是不能向本人要求偿还的，因为这是属于代理人的正常业务支出。但是，如果他因执行本人指示的任务而支出了费用并遭到损失时，则有权要求本人予以赔偿。例如代理人根据本人的指示在当地法院对违约的客户进行诉讼所遭受的损失或支出的费用，本人必须负责予以补偿。

3. 检查账册义务

这主要是大陆法国家的规定。有些大陆法国家在法律中明确规定，代理人有权查对本人的账目，以便核对本人付给他的佣金是否准确无误，这是一项强制性的法律，双方当事人不得在代理合同中有相反的规定。

（三）代理关系的终止

1. 根据当事人的行为终止代理关系

代理关系可以根据当事人的行为而告终止。如果双方当事人在代理合同中规定了期限，则代理关系于合同规定的期限届满时终止。如果代理合同中没有规定期限，当事人也可以通过双方的同意终止他们的代理关系。值得注意的是，至于本人是否可以单方面撤回代理权的问题，根据各国的法律规定，原则上允许本人在代理关系存续期间撤回代理权。

本人在终止代理关系时，必须事先给代理人以合理的时间的通知。如果本人在代理关系存续期间不适当地撤销代理关系，则由本人赔偿代理人的损失。

（1）有些大陆法国家为了保护商业代理人的利益，在法律中规定，本人在终止代理合同时，必须在相当长的时间以前通知代理人。

（2）有些国家对本人单方面撤回代理权有一定的限制。根据英国和美国的判例，如果代理权的授予是与代理人的利益结合在一起时，本人就不能单方面撤回代理权。

2. 根据法律终止代理关系

根据相关法律规定，在下列情况下，代理关系即告终止：

（1）本人死亡、破产或丧失行为能力。

（2）代理人的死亡、破产或丧失行为能力。

（3）代理关系的标的物毁损或灭失。

3. 代理关系终止的后果

（1）当事人之间的后果。在代理关系终止之后，代理人就没有代理权，如果该代理人仍继续从事代理活动，即属于无权代理。有些大陆法国家为了保护商业代理人的利益，在商法中特别规定，在终止代理合同时，代理人对于他在代理期间为本人建立的商业信誉，有权要求本人予以赔偿。

（2）对第三人的后果。当本人撤回代理权或终止代理合同时，对第三人是否有效，主要取决于第三人是否知情。根据各国的法律规定，当终止代理关系时，必须通知第三人才能对第三人发生效力。如果本人在终止代理合同时没有通知第三人，后者由于不知道这种情况而与代理人订立了合同，则该合同对本人仍具有约束力，本人对此仍然必须负责。但是本人有权要求代理人赔偿其损失。

三、中国的外贸代理制

（一）概念及分类

外贸代理制是指我国具有外贸经营权的公司、企业接受其他公司、企业、事业单位或个人的委托，在授权范围内代理进出口商品，并收取约定代理费的一项外贸制度。

根据代理人凭借的名义，外贸代理主要可分为两种：

1. 直接形式的外贸代理

直接形式的外贸代理是指外贸经营者在批准的经营范围内，依照国家有关规定，受本人委托，以本人名义同外商签订进出口合同，代理从事外贸业务。在这种直接外贸代理中，本人也系外贸经营者，自身亦具有进出口权，可以直接从事进出口业务。在这种代理中，代理所发生的合同上的权利和义务直接由本人承受，即外贸合同当事人是外商和本人。代理人和本人之间的权利和义务可以适用《民法通则》的有关规定。

2. 间接形式的外贸代理

间接形式的外贸代理是指外贸经营者在其经营范围内，受本人委托，以自己的名义同外商签订外贸合同。因此，形式上外贸合同的当事人是外商和代理人。这种代理，适用于本人没有外贸经营权的情况。

中国外贸代理制度有三个法律特征：①外贸经营者接受委托后，通常是以自己的名义而不是以本人的名义签订外贸合同；②外贸经营者行使代理权的依据虽是本人的授权委托，但在代理签订的外贸合同中却是一方当事人，直接对外商承受该合同的权利义务；③本人与外商没有直接的合同关系，但由于外贸经营者与本人之间是法律上的特殊代理关系，因而外贸合同的权利和义务最终转由本人承受。根据这些特征可以看出我国的外贸代理制通常指的是间接形式的外贸代理。

（二）中国关于外贸代理制度的立法

目前，我国没有专门的调整外贸代理制度的法规，对其的调整是分散在各部法规之中的，比如《民法通则》、《对外贸易法》、《合同法》和1991年当时的对外贸易经济部颁布的《关于对外贸易代理制的暂行规定》（以下简称《暂行规定》）。

这些法律还不能满足现在我国外贸代理制度的实践需求。①《民法通则》中只规定了直接代理，并不能适用目前外贸代理中的常见类型；②虽然《对外贸易法》以法律形式进一步明确了外贸代理权审批制，但是这部法律关于代理的规定还是显得比较简单，只是作了一些原则性的规定；③《合同法》的出台可以说确立了新的外贸代理制的法律基础，与外贸代理制度关系比较密切的是关于委托合同和行纪合同的规定，但是《合同法》不足以解决外贸代理中的所有问题，规定不够全面；④《暂行规定》虽然针对性较强，但一方面其规定比较不利于代理人，收费不高但风险较大，另一方面，其只是行政性法规，法律效力还不够高。

在我国外贸实践中，进口代理实行得较为普遍，而出口代理的推行情况很不理想，但总体来说，外贸代理在外贸经营中所占比重将越来越大，因此完善我国外贸代理制度具有必要性和紧迫性。

思考题

1. 理解下列重要术语：
   代理　模式代理　无权代理　表见代理　追认代理
2. 简述代理权产生的依据。
3. 试述表见代理的构成条件和法律效力。
4. 试述代理人对本人应承担的义务。

第十一章　国际票据法

第一节　票据与票据法概述

一、票据概述

（一）票据的概念

票据有广义和狭义之分。广义的票据是指商业上的权利凭证，如债券、股票、仓单、提单、保险单等。狭义的票据仅指以支付一定金额为目的，可以转让的有价证券，即汇票、本票、支票。

票据法上所指的票据就是狭义的票据，票据具有支付、结算、流通、融资等经济功能。

（二）票据的特征

1. 完全的有价证券

所谓有价证券，是指设定并证明一定财产权利的书面凭证。完全有价证券是指证券上权利的发生、转移及行使与证券有不可分离关系的有价证券。票据上设定的权利是给付货币。

2. 设权证券

设权证券的签发目的是为了设定某种权利，票据权利是经过出票人的出票行为而产生即由出票行为设立票据权利。设权证券与在证权证券相对应，证权证券的签发，为了证明某种权利的存在，如股票、债券。

3. 无因证券

票据一经签发，只要符合法律规定的形式要件即为有效，票据的效力不受票据原因的影响，票据上的权利与义务也不以任何原因为其有效的条件。这种特点保障了使用票据进行交易的可靠性。

4. 文义证券

票据上的权利义务只依票据上所记载的文义来确定，票据文义以外的任何事实与证据皆不能用来作为认定票据上的权利和义务的证据。

5. 流通证券

票据的权利仅以背书或交付即可有效转让，其他证券的转让则需要登记过户。

6. 要式证券

票据必须具备法定的格式要件，否则票据无效，这有利于票据的转让和流通。

二、票据法概述

（一）票据法的概念与特点

票据法是调整票据关系的法律规范的总称。票据法是在长期的票据使用过程中形成的有关票据规则与习惯的法律化体现。

票据法的特点体现在以下几方面：

1. 强制性

票据关系虽属于债权债务关系，但是票据关系又不同于一般的债权债务关系。对票据的创设、必要事项的记载、票据行为等有严格的规定，属于强制性规范，不允许由当事人以自己的意志变更或任意适用。

2. 技术性

票据业务专业性强，票据法的技术性是由票据的专业性强这一特点决定的。票据法的实施与银行制度、银行业务紧密相连。为便于操作以及出于技术上的考虑，票据法对票据的格式、票据的运作程序、票据的取得等规定了统一的法定程式，属于一种技术性很强的法律。

3. 国际性

票据法属于国内法范畴。但《日内瓦统一汇票本票法》等国际公约就是为适用票据立法国际统一化趋势而制定的，票据法成为国际上通用程度很高的一种法律。

（二）关于票据的立法

1. 国际立法现状

现代票据法是在欧洲中世纪商业习惯法的基础上形成和发展起来的。主要有德、法为代表的大陆法系与英、美为代表的英美法系票据制度，两大法系票据立法有不同。

各国票据法的差异，阻碍了票据的国际流通、使用。1930年和1931年，在国际联盟的主持下，经日内瓦召开的国际票据法统一会议，以大陆法系国家票据制度为基础，通过了《1930年汇票、本票法统一公约》、《1930年关于解决汇票、本票法律冲突公约》和《1931年统一支票法公约》、《1931年关于解决支票法律冲突公约》，终于统一了大陆法系国家的票据法，因此大陆票据法系又称为日内瓦票据法系。为协调日内瓦统一票据法系和英美票据法系的关系，经过多次修订工作，1988年12月《联合国国际汇票和国际本票公约》得以在联合国第43次大会上获得通过。

2. 两大法系票据立法的不同

（1）票据的分类不同。大陆法系国家的票据立法，大多采用"分离主义"的票据立法，票据仅指汇票和本票，支票不包括在内。而英美法系采用"包括主义"的票据立法，将汇票、本票、支票统称为票据。美国统一商法典的范围更广，还包括存单。

（2）票据持票人的权利不同。英美法系国家将持票人分为三类，即单纯持票人、对价持票人和正当持票人。其中正当持票人的权利大。大陆法系国家一般将持票人分为两类，即单纯持票人和合法持票人。其中合法持票人的权利大。

（3）对伪造背书的处理不同。英美法系国家倾向于保护真正的票据所有人，规定伪造背书是无效的。大陆法系国家则倾向保护善意的受让人，规定除非有恶意或重大过失，伪造背书并不当然影响后手票据权利。

（4）对票据的形式要求不同。英美法系国家对票据形式没有特别要求。而大陆法系国家则规定了票据的有效要件，凡不符合者即不产生票据的效力。

3. 《联合国国际汇票和国际本票公约》（以下简称《公约》）

（1）《公约》的适用范围。根据《公约》第一条规定，该公约仅适用于载有"国际汇票"和"国际本票"标题的国际汇票和国际本票。

（2）票据的形式要求。①汇票上必须载有出票日期；②不得开立无记名式的国际汇票。

但背书人可以用空白背书的方式使汇票在实际上变成无记名汇票,因为经过空白背书之后其受让人在将汇票再度转让变成无记名汇票,因为经过空白背书之后,其受让人在将汇票再度转让时,可以不用交出背书,只要交出汇票即可将其转让给别人。

(3) 对持票人的法律保护。《公约》把持票人分为持票人和受保护的持票人两种,而受保护的持票人必须具备一定条件:①执票人在取得票据时,该票据应是完整的;②他在成为执票人时对有关票据责任的抗辩不知情;③他对任何人对该票据的请求权不知情;④他对该票据曾遭拒付的事实不知情;⑤该票据未超过提示付款的期限;⑥他没有以欺诈、盗窃手段取得票据或参加与票据有关的欺诈或盗窃行为。

《公约》对受保护的持票人的权利给予充分的保护,根据该公约的规定,除了以下抗辩事由外,票据当事人不得对受保护的持票人提出任何抗辩:①未在票据上签名的抗辩;②被伪造签名的本人的抗辩;③票据曾发生过重大改动的抗辩;④未经授权或越权代理人在票据上签名的抗辩;⑤未提示承兑或未适当提示付款的抗辩;⑥不获承兑或不获付款时应作成而未作成拒绝证书的抗辩;⑦票据时效(4年)已过的抗辩;⑧基于本人与受保护的持票人的基础交易或由于该持票人以任何欺诈行为取得该当事人在票据上签名的抗辩;⑨基于当事人无履行票据责任的行为能力的抗辩。

关于伪造签名的背书对持票人权利的影响,《公约》对两大法系做了协调性的规定:①凡是拥有经过背书转让给他人或前后的背书为空白背书的票据,并且票据上有一系列连续背书的人,即使其中任何一次背书是伪造的或是由未经授权的代理人签字的背书,只要他对此不知情,就应当认为他是票据的持票人而受到保护。②如果背书是伪造的,则被伪造其背书的人或者在伪造发生之前签署了票据的当事人有权对因受伪造背书所遭到的损失向伪造人从伪造人手中直接受让票据的人以及向伪造人直接支付了票据款项的当事人或受票人索取赔偿。

第二节 票据法律关系

一、票据关系与非票据关系

(一) 票据关系

票据关系指由票据行为引起的票据上的权利和义务关系。依票据行为直接发生,票据关系又分为两类,即债权人的付款请求权和债务人的付款义务,以及债权人的追偿权和债务人的偿还义务。

(二) 非票据关系

非票据关系又称票据的基础关系,是指与票据行为密切相关但在法律上不产生票据权利和义务的关系。

学理上非票据关系可分为三种:

1. 票据原因关系

票据原因关系是指作为签发票据或实施其他票据行为原因的当事人之间的交易关系,如因约定、买卖、赠与、借款及原因而出票和接受票据等。

2. 票据资金关系

票据资金关系是指出票人和付款人或保证付款人之间的权利义务关系,如借款资金有效等。

3. 票据预约关系

票据预约关系是指票据当事人之间就授受票据有关事项达成的协议。为授受票据，票据当事人之间在此之前，必须就票据的种类、金额、到期日、付款地等事项达成协议。票据预约关系属于民法上的合同关系，当事人之间一旦达成票据预约，就应该依约履行，否则应按民法上关于违约的规定处理。

(三) 两者的关系

票据关系的产生虽需要有非票据关系的存在，但票据关系与非票据关系是相分离的。在通常情况下，票据一经签发，票据权利就得以确立，票据债权人只需持有有效票据，即可行使票据权利，而不用解释取得票据的原因，更不必证明原因关系的效力。否则，无人愿意接受票据。票据关系和票据基础关系之间原则上相互独立，互不影响，这充分反映票据的无因性。但还需要说明的是，票据关系对非票据关系是否具有绝对的独立性、无因性，世界各国票据立法还存在一定的分歧。

二、票据权利及其补救

(一) 票据权利的概念

票据权利是指持票人向票据债务人请求支付票据金额的权利。票据权利本质上是一种债权，这种权利对票据的付款人是付款请求权；对其他票据行为的责任人则是追索权。票据权利包括付款请求权和追索权。

1. 付款请求权

付款请求权是指持票人向票据主债务人或其他付款义务人请求支付票据上所载金额的权利，又称为第一次请求权。行使付款请求权的持票人有受款人、被背书人、参加付款人。

2. 追索权

追索权是指持票人行使付款请求权未能实现时，向其前手请求支付票据金额及其他法定费用的请求权。由于追索权是以付款请求权的行使为前提条件的，故又称第二次请求权。

(二) 票据权利的取得

票据权利取得的方式有：

1. 出票取得

出票取得是指票据的出票人在做成票据，并将票据交付给持票人时，持票人即取得票据权利。出票取得是票据权利的其他取得方式的基础。

2. 继受取得

继受取得是指持票人从有权处分票据权利的前手，依照背书转让或交付程序，或因继承、公司合并等法定因素，取得票据权利。

3. 善意取得

善意取得是指持票人从无处分票据权利的手中善意受让票据的行为。

(三) 票据权利的行使和保全

票据权利行使的方式为票据提示，包括承兑提示和付款提示。票据权利的保全是指票据权利人为防止票据权利的丧失而实施的各种行为。票据权利是一种债权，具有时效性，因此，为防止票据权利因时效完成而丧失，就应采取保全措施。票据权利保全方法通常有：①做成拒绝证书；②时效中断。

第三节 票据行为

一、票据行为概念和特点

票据行为是指产生、变更和消灭票据上的权利和义务的法律行为。票据行为主要有：出票、流通转让、提示、承兑、付款、保证、拒付、追索等。

票据行为具有要式性、抽象性、文义性、独立性等特点。

1. 要式性

票据行为属于要式法律行为，必须符合票据法规定的格式要求。如规定所有票据行为都应该由行为人签章（签名、签章或者签名加签章）；必须采用书面形式；各种票据从内容到形式都必须符合法定的格式等。凡违反法定形式的票据行为均为无效。

2. 抽象性

票据行为的抽象性，又称无因性，是指票据只需具备抽象的形式即可以生效，而不因基础关系的瑕疵或无效而受影响。虽然票据行为的产生有一定的原因，但是票据行为一旦成立，票据行为的效力就独立于原因关系，原则上不受原因关系的影响。票据也因此而成为抽象证券或无因证券。

3. 文义性

票据行为的文义性是指票据行为的内容完全以票据上记载的文义为准，即使文字记载与实际情况不一致，仍以文字记载为准，而不允许当事人以票据上文义以外的事实或证据加以变更或补充。

4. 独立性

票据行为的独立性是指票据行为之间互不依赖而各自独立发生效力。

二、票据行为成立要件

（一）实质要件

票据行为的实质要件，也是票据行为有效成立的一般要件，包括行为人的票据能力和行为人的意思表示两个方面。

如果票据行为人不具备实质要件，则要视具体情况区分该票据行为是否有效。

1. 行为人不具备权利能力和行为能力

行为人不具备权利能力和行为能力时，票据行为无效。票据行为人可以以此对抗所有请求票据权利的持票人，但不影响票据上其他票据行为的效力。

2. 票据行为的意思表示不真实

票据行为意思表示不真实，即存在票据行为人受欺诈、胁迫或者其他导致意思表示不真实的事实而为票据行为的情形，此时两大法系的观点有不同：

（1）大陆法系：根据票据"无因性"、"文义性"的特点，只要该票据行为符合法定形式，就应认为该行为有效，不可以对抗除直接当事人之外的任何善意持票人，并不影响其他票据行为的有效性。

（2）英美法系：该意思表示不真实构成了对正当执票人权利的一种抗辩，这种抗辩甚至不仅局限在直接当事人之间。

2. 形式要件

形式要件是票据行为效力的决定性要件。①书面形式。各种票据行为都必须以书面形式体现才能生效。②签章。签章（签名、签章、签名加签章）是每个票据行为的共同要件。这是由票据的文义性决定的，票据只有签章才能确定票据债务人，对票据承担责任的人也必须是签章人，签章是票据行为最重要的形式要件。③绝对记载事项。

票据行为如果不具备法定形式要件，则该票据无效，并且如果该票据行为是出票行为，还将导致整张票据无效，即自始不产生票据权利和义务。

三、票据的伪造与变造

（一）票据的伪造

票据的伪造是指假冒他人的名义而实施的票据行为。伪造有两种，一种是假冒出票人的名义签发票据的行为，即伪造票据本身；另一种是假冒他人名义而实施的背书、承兑、保证等其他票据行为，主要是伪造票据上的签名，如盗用出票人的印章或模仿他人的笔迹签于票据之上。票据伪造的法律后果为：日内瓦统一法系的原则为持票人仅以背书的连续证明其汇票的权利；英美法系则认为，伪造的背书是无效的。

《中华人民共和国票据法》（以下简称《票据法》）第十四条第一款规定："票据上的记载事项应当真实，不得伪造、变造。伪造、变造票据上的签章和其他记载事项的，应当承担法律责任。"伪造人因为在票据上没有签章，不承担票据上的责任。其伪造票据而构成侵权行为或犯罪，都不是票据法的问题，伪造人应承担其他法律责任，即民事、刑事和行政责任。

（二）票据的变造

票据的变造是指无权更改票据内容的人，对票据上签章以外的记载事项加以改变的行为。对于票据变造的法律后果，多数国家票据法规定，票据在变造之前和变造之后都有效。

我国《票据法》第十四条规定，票据上其他记载事项被变造的，在变造之前签章的人，对原记载事项负责；在变造之后签章的人，对变造之后的记载事项负责；不能辨别是在票据被变造之前或者之后签章的，视同在变造之前签章。

第四节　中国的票据法律制度

一、我国关于票据的立法

1995年5月我国第八届全国人大常委会通过了《票据法》，该法自1996年1月1日施行，2004年8月第十届全国人大常委会做出了对《票据法》的修正。《票据法》第二条第二款规定："本法所称票据，是指汇票、本票和支票。"

我国《票据法》与他国及国际通行相关法律法规的法律冲突主要表现在：关于票据当事人行为能力的冲突；关于票据当事人行为方式上的冲突；关于票据当事人行为效力的冲突。《票据法》第九十五条定了我国涉外票据冲突的法律适用原则："中华人民共和国缔结或者参加的国际条约同本法有不同规定的，适用国际条约的规定。但是，中华人民共和国声明保留的条款除外。本法和中华人民共和国缔结或者参加的国际条约没有规定的，可以适用国际惯例。"该原则确立了按照国际条约、国内立法、国际惯例的优先顺序适用。

二、票据行为

(一) 票据行为概述

根据我国《票据法》，票据行为是指承担票据债务的要式法律行为，包括出票、背书、承兑、保证和付款。

票据行为具有无因性和独立性的法律特征。票据行为的无因性是指不论其实质关系如何只要具备了特定的法定形式要件，票据行为即可生效。票据行为的独立性是指票据上存在多个票据行为时，各个票据行为互不影响、相互独立。

根据不同的标准可以对票据行为进行不同的分类。根据票据行为的性质不同，票据行为可以分为基本票据行为和附属票据行为，基本票据行为是一种主票据行为，在出票、背书、承兑、保证和付款这5种票据行为中出票就是一种基本票据行为。附属票据行为是在基本出票行为的基础之上所形成的票据行为，包括背书等票据行为。

(二) 汇票的票据行为

1. 出票

汇票是出票人签发的，委托付款人在见票时或者在指定日期无条件支付确定的金额给收款人或者持票人的票据。汇票分为银行汇票和商业汇票。出票是指出票人签发票据并将其交付给收款人的票据行为。

汇票的出票人必须与付款人具有真实的委托付款关系，并且具有支付汇票金额的可靠资金来源。不得签发无对价的汇票用以骗取银行或者其他票据当事人的资金。

根据《票据法》的规定，汇票的记载事项可以分为绝对记载事项和相对记载事项。汇票的绝对记载事项。汇票必须记载下列事项：①表明"汇票"的字样；②无条件支付的委托；③确定的金额；④付款人名称；⑤收款人名称；⑥出票日期；⑦出票人签章。汇票上未记载前款规定事项之一的，汇票无效。汇票的相对记载事项。汇票上记载付款日期、付款地、出票地等事项的，应当清楚、明确。汇票上未记载付款日期的，为见票即付。汇票上未记载付款地的，付款人的营业场所、住所或者经常居住地为付款地。汇票上未记载出票地的，出票人的营业场所、住所或者经常居住地为出票地。根据票据法的规定，汇票上可以记载本法规定事项以外的其他出票事项，但是该记载事项不具有汇票上的效力。

出票人签发汇票后，即承担保证该汇票承兑和付款的责任。出票人在汇票得不到承兑或者付款时，应当向持票人清偿相应的金额和费用。

2. 背书

背书是指在票据背面或者粘单上记载有关事项并签章的票据行为。持票人通过背书可以将汇票权利转让给他人或者将一定的汇票权利授予他人行使。

(1) 背书记载事项。背书由背书人签章并记载背书日期，背书未记载日期的，视为在汇票到期日前背书。汇票以背书转让或者以背书将一定的汇票权利授予他人行使时，必须记载被背书人名称。

(2) 背书连续。背书连续是指在票据转让中，转让汇票的背书人与受让汇票的被背书人在汇票上的签章依次前后衔接。以背书转让的汇票，背书应当连续。持票人以背书的连续，证明其汇票权利；非经背书转让，而以其他合法方式取得汇票的，依法举证，证明其汇票权利。

(3) 背书的限制。如果出票人在汇票上记载"不得转让"字样的，那么汇票不得转让。持票人背书转让票据权利时，应当背书并交付汇票。背书记载"委托收款"字样的，被背书人有权代背书人行使被委托的汇票权利。但是，被背书人不得再以背书转让汇票权利。汇票被拒绝承兑、被拒绝付款或者超过付款提示期限的，不得背书转让；背书转让的，背书人应当承担汇票责任。

3. 承兑

承兑是指汇票付款人承诺在汇票到期日支付汇票金额的票据行为。

按照是否必须提示承兑将汇票承兑分为必须提示承兑的汇票和无需提示承兑的汇票。提示承兑是指持票人向付款人出示汇票，并要求付款人承诺付款的行为。①应当提示承兑的汇票。定日付款或者出票后定期付款的汇票，持票人应当在汇票到期日前向付款人提示承兑。见票后定期付款的汇票，持票人应当自出票日起一个月内向付款人提示承兑。汇票未按照规定期限提示承兑的，持票人丧失对其前手的追索权。②无需提示承兑的汇票。见票即付的汇票无需提示承兑。

付款人对向其提示承兑的汇票，应当自收到提示承兑的汇票之日起3日内承兑或者拒绝承兑。付款人收到持票人提示承兑的汇票时，应当向持票人签发收到汇票的回单。回单上应当记明汇票提示承兑日期并签章。

付款人承兑汇票的，应当在汇票正面记载"承兑"字样和承兑日期并签章；见票后定期付款的汇票，应当在承兑时记载付款日期。汇票上未记载承兑日期的，以见票后定期付款的最后一日为承兑日期。

4. 保证

保证是由汇票债务人以外的他人担当票据债务履行所作的从票据行为。汇票的债务可以由保证人承担保证责任。保证人清偿汇票债务后，可以行使持票人对被保证人及其前手的追索权。

保证人必须在汇票或者粘单上记载下列事项：①表明"保证"的字样；②保证人名称和住所；③被保证人的名称；④保证日期；⑤保证人签章。保证人在汇票或者粘单上未记载被保证人的名称的，已承兑的汇票，承兑人为被保证人；未承兑的汇票，出票人为被保证人。保证人在汇票或者粘单上未记载保证日期的，出票日期为保证日期。

5. 付款

付款是指汇票的承兑人或付款人在票据到期时向持票人无条件支付票据金额的行为。

持票人应当按照下列期限提示付款：①见票即付的汇票，自出票日起1个月内向付款人提示付款；②定日付款、出票后定期付款或者见票后定期付款的汇票，自到期日起10日内向承兑人提示付款。持票人未按规定期限提示付款的，在做出说明后，承兑人或者付款人仍应当继续对持票人承担付款责任。通过委托收款银行或者通过票据交换系统向付款人提示付款的，视同持票人提示付款。

付款人及其代理付款人付款时，应当审查汇票背书的连续，并审查提示付款人的合法身份证明或者有效证件。付款人依法足额付款后，全体汇票债务人的责任解除。

6. 追索权

追索权是指在票据到期未获付款或到期日前未获承兑，发生了其他使付款可能性显著减少的其他法定原因时，票据的持票人向其前手请求偿还票据金额、利息和其他法定费用的票据权利。汇票到期被拒绝付款的，持票人可以对背书人、出票人以及汇票的其他债务人行使追索权。

追索权行使的情形。汇票到期日前，有下列情形之一的，持票人也可以行使追索权：①汇票被拒绝承兑的；②承兑人或者付款人死亡、逃匿的；③承兑人或者付款人被依法宣告破产的或者因违法被责令终止业务活动的。持票人行使追索权时，应当提供被拒绝承兑或者被拒绝付款的有关证明。持票人提示承兑或者提示付款被拒绝的，承兑人或者付款人必须出具拒绝证明，或者出具退票理由书。未出具拒绝证明或者退票理由书的，应当承担由此产生的民事责任。持票人因承兑人或者付款人死亡、逃匿或者其他原因，不能取得拒绝证明的，可以依法取得其他有关证明。承兑人或者付款人被人民法院依法宣告破产的，人民法院的有关司法文书具有拒绝证明的效力。承兑人或者付款人因违法被责令终止业务活动的，有关行政主管部门的处罚决定具有拒绝证明的效力。持票人不能出示拒绝证明、退票理由书或者未按照规定期限提供其他合法证明的，丧失对其前手的追索权。但是，承兑人或者付款人仍应当对持票人承担责任。

持票人应当自收到被拒绝承兑或者被拒绝付款的有关证明之日起 3 日内，将被拒绝事由书面通知其前手；其前手应当自收到通知之日起 3 日内书面通知其再前手。持票人也可以同时向各汇票债务人发出书面通知。未按照规定期限通知的，持票人仍可以行使追索权。因延期通知给其前手或者出票人造成损失的，由没有按照规定期限通知的汇票当事人，承担对该损失的赔偿责任，但是所赔偿的金额以汇票金额为限。

持票人行使追索权，可以请求被追索人支付下列金额和费用：①被拒绝付款的汇票金额；②汇票金额自到期日或者提示付款日起至清偿日止，按照中国人民银行规定的利率计算的利息；③取得有关拒绝证明和发出通知书的费用。被追索人清偿债务时，持票人应当交出汇票和有关拒绝证明，并出具所收到利息和费用的收据。被追索人依照前文规定清偿后，可以向其他汇票债务人行使再追索权，请求其他汇票债务人支付下列金额和费用：①已清偿的全部金额；②前项金额自清偿日起至再追索清偿日止，按照中国人民银行规定的利率计算的利息；③发出通知书的费用。行使再追索权的被追索人获得清偿时，应当交出汇票和有关拒绝证明，并出具所收到利息和费用的收据。

（三）本票的票据行为

本票是出票人签发的，承诺自己在见票时无条件支付确定的金额给收款人或者持票人的票据。我国《票据法》所称本票，是指银行本票。本票的出票人必须具有支付本票金额的可靠资金来源，并保证支付。

（1）本票的记载事项。本票必须记载下列事项：①表明"本票"的字样；②无条件支付的承诺；③确定的金额；④收款人名称；⑤出票日期；⑥出票人签章。本票上未记载规定事项之一的，本票无效。本票上记载付款地、出票地等事项的，应当清楚、明确。本票上未记载付款地的，出票人的营业场所为付款地。本票上未记载出票地的，出票人的营业场所为出票地。

（2）本票的付款。本票的出票人在持票人提示见票时，必须承担付款的责任。本票自出票日起，付款期限最长不得超过 2 个月。本票的持票人未按照规定期限提示见票的，丧失对出票人以外的前手的追索权。

（3）本票的其他票据行为。依据我国《票据法》的规定，本票的背书、保证、付款行为和追索权的行使，除以上特殊规定外，适用有关汇票的规定。

（四）支票的票据行为

支票是出票人签发的，委托办理支票存款业务的银行或者其他金融机构在见票时无条件支付确定的金额给收款人或者持票人的票据。

（1）支票存款账户的开立。开立支票存款账户，申请人必须使用其本名，并提交证明其身份的合法证件。开立支票存款账户和领用支票，应当有可靠的资信，并存入一定的资金。开立支票存款账户，申请人应当预留其本名的签名式样和印鉴。

（2）支票出票的种类。支票的出票可以选择现金支票和转账支票。支票可以支取现金，也可以转账，用于转账时，应当在支票正面注明。支票中专门用于支取现金的，可以另行制作现金支票，现金支票只能用于支取现金。支票中专门用于转账的，可以另行制作转账支票，转账支票只能用于转账，不得支取现金。

（3）支票的记载事项。支票必须记载下列事项：①表明"支票"的字样；②无条件支付的委托；③确定的金额；④付款人名称；⑤出票日期；⑥出票人签章。支票上未记载规定事项之一的，支票无效。支票上的金额可以由出票人授权补记，未补记前的支票，不得使用。支票上未记载收款人名称的，经出票人授权，可以补记。支票上未记载付款地的，付款人的营业场所为付款地。支票上未记载出票地的，出票人的营业场所、住所或者经常居住地为出票地。出票人可以在支票上记载自己为收款人。支票的出票人所签发的支票金额不得超过其付款时在付款人处实有的存款金额。

（4）支票签发的禁止事项。禁止签发空头支票。出票人签发的支票金额超过其付款时在付款人处实有的存款金额的，为空头支票。支票的出票人不得签发与其预留本名的签名式样或者印鉴不符的支票。

（5）支票的付款。出票人必须按照签发的支票金额承担保证向该持票人付款的责任。出票人在付款人处的存款足以支付支票金额时，付款人应当在当日足额付款。支票限于见票即付，不得另行记载付款日期。另行记载付款日期的，该记载无效。支票的持票人应当自出票日起十日内提示付款；异地使用的支票，其提示付款的期限由中国人民银行另行规定，超过提示付款期限的，付款人可以不予付款；付款人不予付款的，出票人仍应当对持票人承担票据责任。付款人依法支付支票金额的，对出票人不再承担受委托付款的责任，对持票人不再承担付款的责任。但是，付款人以恶意或者有重大过失付款的除外。

（6）支票的其他票据行为，除前文的特殊规定之外，适用有关汇票的规定。

案例 11.1　支票遭遇拒绝承兑时可否行使票据追索权？

案情：原告为于某，被告为北京某科技发展有限公司（以下简称"科技公司"）。2008年9月29日，董某持1张出票人为北京某科技发展有限公司、金额为5000元的北京农村商业银行转账支票到于某为业主的北京市某建材经销部购买装饰材料，共购买了5000余元的装饰材料，除转账支票外，还另外向于某支付了部分现金。2008年10月7日，于某持该张支票到银行入账时，被银行以印鉴不清为由退票。后于某通过董某与科技公司联系，科技公司答应更换，但至今未予解决。

评析：该案争议的焦点在于原告是否享有对被告的支票追索权。法院认为，于某作为已支付合理对价的票据持有人，在转账支票遭到银行退票后，享有对票据出票人的追索权，而本案所涉转账支票的出票人是科技公司，故于某应当向科技公司行使追索权。科技公司应立即支付于某5000元，于某的诉讼请求法院予以支持。依照《中华人民共和国民事诉讼法》第一百三十条、《中华人民共和国票据法》第六十一条、第六十二条、第九十三条之规定，判决北京某无限科技发展有限公司给付于某5000元，于判决书生效之日起10日内付清。

资料来源：http：//news.9ask.cn/flal/jjfal/pjfal/201102/1098566.shtml

三、票据权利

票据权利是指持票人向票据债务人请求支付票据金额的权利，包括付款请求权和追索权。持票人对票据债务人行使票据权利，或者保全票据权利，应当在票据当事人的营业场所和营业时间内进行，票据当事人无营业场所的，应当在其住所进行。

（1）票据权利取得的限制。以欺诈、偷盗或者胁迫等手段取得票据的，或者明知有前列情形，出于恶意取得票据的，不得享有票据权利。

（2）票据权利的消灭。票据权利在下列期限内不行使而消灭：①持票人对票据的出票人和承兑人的权利，自票据到期日起2年，见票即付的汇票、本票，自出票日起2年；②持票人对支票出票人的权利，自出票日起6个月；③持票人对前手的追索权，自被拒绝承兑或者被拒绝付款之日起6个月；④持票人对前手的再追索权，自清偿日或者被提起诉讼之日起3个月。票据的出票日、到期日由票据当事人依法确定。

（3）持票人因超过票据权利时效或者因票据记载事项欠缺而丧失票据权利的，仍享有民事权利，可以请求出票人或者承兑人返还其与未支付的票据金额相当的利益。

四、票据责任

票据责任是指票据债务人向持票人支付票据金额的义务。根据承担责任的主体不同，票据责任可以分为出票人的责任、背书人的责任、承兑人的责任、保证人的责任和付款人的责任。

（一）出票人的责任

出票人签发汇票后，即承担保证该汇票承兑和付款的责任。出票人在汇票得不到承兑或者付款时，应当向持票人清偿票据法规定的金额和费用。出票人签发空头支票或者故意签发与其预留的本名签名式样或者印鉴不符的支票，骗取财物；签发无可靠资金来源的汇票、本票，骗取资金的；汇票、本票的出票人在出票时作虚假记载，骗取财物的，应当承担刑事责任。

（二）背书人的责任

背书人以背书转让汇票后，即承担保证其后手所持汇票承兑和付款的责任。后手是指在票据签章人之后签章的其他票据债务人。背书人在汇票得不到承兑或者付款时，应当向持票人清偿相应的金额和费用。

（三）承兑人的责任

付款人承兑汇票，不得附有条件；承兑附有条件的，视为拒绝承兑。付款人承兑汇票后，应当承担到期付款的责任。

（四）保证人的责任

汇票到期后得不到付款的，持票人有权向保证人请求付款，保证人应当足额付款。保证不得附有条件；附有条件的，不影响对汇票的保证责任。保证人对合法取得汇票的持票人所享有的汇票权利，承担保证责任。但是，被保证人的债务因汇票记载事项欠缺而无效的除外。被保证的汇票，保证人应当与被保证人对持票人承担连带责任。保证人为二人以上的，保证人之间承担连带责任。

（五）付款人的责任

对于符合法律、法规规定的票据，付款人应当依法按时足额支付票据上所记载的金额。付款人及其代理付款人以恶意或者有重大过失付款的，应当自行承担责任。对定日付款、出票后定期付款或者见票后定期付款的汇票，付款人在到期日前付款的，由付款人自行承担所产生的责任。票据的付款人对见票即付或者到期的票据，故意压票，拖延支付的，由金融行政管理部门处以罚款，对直接责任人员给予处分。票据的付款人故意压票，拖延支付，给持票人造成损失的，依法承担赔偿责任。

思考题

1. 理解下列重要术语：
   出票　背书　承兑　追索权　汇票　本票　支票
2. 简述票据的无因性。
3. 简述票据伪造和变造的区别。
4. 试述背书人对被背书人应承担的责任。

第四编
国际知识产权保护法

第十二章　国际知识产权法

第一节　概述

一、知识产权的概念与特征

（一）知识产权的概念

知识产权（Intellectual Property）一词从西方引入我国，也称为"智能财产权"或"智力财产权"，是指人们对其智力创造性劳动成果和商业识别性标记所依法享有的专有权利。

对于知识产权的理解，有狭义和广义之分，狭义理解的知识产权只包括工业产权（Industrial Property）与版权（也称著作权）两部分，而不包括专有技术。

广义的知识产权概念是指对人类智力创作成果所享有的专有权，不仅包括工业产权、版权，同时也包括专有技术。

（二）知识产权的特征

知识产权属于无形财产权，与有形财产权相比，具有以下法律特征：

1. 专有性

专有性，又称独占性、排他性或法定垄断性，是指知识产权依法取得后，法律赋予权利人在一定时间内对其智力成果享有独占权或者垄断权，除权利人同意或法律有规定外，其他任何人不得利用该智力成果。

有形财产权也有一定专有性，但由于有形财产权的标的是物，因而，只要物权人依法享有占有权，物权人就能够独占，其他人极少可能采用"分身法"处置该物。因此，有形财产权的专有性不必在法律上予以强调。

2. 地域性

知识产权的地域性是指知识产权的生效范围具有地理上的限制，即知识产权依照一国法律取得，往往只在该国范围内有效，对其他国家不发生效力，即不具有域外效力。如需要获得该国的保护，必须依照该国的法律取得相应的知识产权或根据共同签订的国际条约取得保护。

3. 时间性

知识产权的时间性是指知识产权的保护是有一定期限的，这也就是知识产权的有效期。当法律规定的期限届满，知识产权的专有权即告终止，权利人丧失其专有权，这些智力成果即成为社会财富，任何人都可以利用它而不受专有权人的限制。而有形财产所有权具有永久性，与有形财产共始终，即只要有形财产存在，有形财产所有权就存在。

二、国际知识产权贸易法

（一）概念与调整对象

国际知识产权贸易法是调整跨国知识产权贸易关系的法律规范的总称。国际知识产权贸易法的调整对象既包括横向的贸易当事人之间的关系，也包括纵向的国际贸易管理者与被管理者之间的关系。

1. 知识产权具有私权属性

知识产权是一种民事财产权，因此属于私权。权利人可以通过国际贸易的方式，如许可使用、转让、处分自己的权利，在贸易活动过程中，当事人之间的关系由国际知识产权贸易法调整。

2. 知识产权具有垄断性的权利

一方面，为了防止涉及国家安全、技术优势的知识产权外流，供方所在国家往往在法律中作出限制性或禁止性规定，因此国际知识产权贸易法中有相当一部分是贸易管制规范；另一方面，在国际知识产权贸易实践中，作为供方的权利人往往具有事实上的优势，因此为了保护受方的利益，受方所在的国家通常通过法律对贸易进行干预。

（二）知识产权国际保护管理机构

世界知识产权组织（WIPO）是联合国系统负责全球知识产权事务的专门机构，由"国际保护工业产权联盟"（巴黎联盟）和"国际保护文学艺术作品联盟"（伯尔尼联盟）于1967年7月14日在瑞典斯德哥尔摩共同建立。其主要职能是负责通过国家间的合作促进对全国知识产权的保护，管理建立在多边条约基础上的关于专利、商标和版权方面的23个联盟的行政工作，并办理知识产权法律与行政事宜。截至2005年12月，世界上已有183个国家成为世界知识产权组织的成员。目前其管理者知识产权领域的31项条约。

小资料12.1　世界知识产权组织（WIPO）管辖下的知识产权国际公约

知识产权保护条约	1.《视听表演北京条约》（PDF） 2.《专利法条约》（PLT） 3.《保护工业产权巴黎公约》 4.《保护文学和艺术作品伯尔尼公约》 5.《保护表演者、音像制品制作者和广播组织罗马公约》 6.《保护录音制品制作者防止未经许可复制其录音制品日内瓦公约》 7.《保护奥林匹克会徽内罗毕条约》 8.《制止商品产地虚假或欺骗性标记马德里协定》 9.《商标法条约》 《商标法条约实施细则》 《国际书式范本》 10.《商标法新加坡条约》 11.《发送卫星传输节目信号布鲁塞尔公约》 12.《世界知识产权组织版权条约》 13.《世界知识产权组织表演和录音制品条约》

表(续)

全球保护体系公约	1. 《专利合作条约》（PCT） 2. 《专利合作条约实施细则》 3. 《商标国际注册马德里协定》 4. 《商标国际注册马德里协定有关议定书》 5. 《商标国际注册马德里协定及有关议定书的共同实施细则》 6. 商标国际注册马德里体系 7. 《工业品外观设计国际保存海牙协定》 　《工业品外观设计国际保存海牙协定》－I. 1934年伦敦文本 　《工业品外观设计国际保存海牙协定》－II. 1960年海牙文本 　《工业品外观设计国际保存海牙协定》－III. 1961年11月18日摩纳哥附加文本 　《工业品外观设计国际保存海牙协定》－VI. 1967年7月14日在斯德哥尔摩签署并在1979年9月28日经修订的补充文本 8. 《工业品外观设计国际注册海牙协定日内瓦文本和日内瓦文本实施细则》 9. 《工业品外观设计国际保存海牙协定实施细则》 10. 适用《工业品外观设计国际保存海牙协定》的行政规程（英文） 11. 工业品外观设计国际保存海牙体系 12. 《国际承认用于专利程序的微生物保存布达佩斯条约》 13. 《国际承认用于专利程序的微生物保存布达佩斯条约实施细则》 14. 根据《布达佩斯条约》的微生物保存指南（英文）
分类条约	1. 《建立工业品外观设计国际分类洛迦诺协定》 2. 《商标注册用商品和服务国际分类尼斯协定》 3. 《国际专利分类斯特拉斯堡协定》 4. 《建立商标图形要素国际分类维也纳协定》

资料来源：世界知识产权组织网站（http://www.wipo.int/treaties/zh）

第二节　保护知识产权的国际公约

一、保护工业产权的国际公约

工业产权是一个专门的法律术语，通常是指专利权和商标权的总称，实际是指对发明创造和显著标志的专有权。工业产权所指的"工业"，是泛指一切生产、交换和消费等各个领域，并非通常所指的工业。

（一）《保护工业产权巴黎公约》

1883年3月，11个国家在巴黎缔结了《保护工业产权巴黎公约》（Paris Convention for the Protection of Industrial Property，以下简称《巴黎公约》）。该公约于1884年7月7日生效。

《巴黎公约》是知识产权领域的第一个世界性的多边条约。在其后的100多年里，曾作过多次修订。修订后形成的斯德哥尔摩文本，是目前该公约的绝大多数成员国批准或加入的文本。该公约1979年对斯德哥尔摩文本进行了一些小的修正，其后又多次讨论对公约的全面修订问题。但在许多修订条款上，成员国之间始终未取得一致意见。《巴黎公约》的斯德哥尔摩文本共有30条，《巴黎公约》确立了国民待遇原则、优先权原则、独立性原则。

到 1997 年 1 月为止,《巴黎公约》共有 140 个成员国。中国于 1985 年加入《巴黎公约》,在加入时曾声明对其中第二十八条予以保留。

(二)《商标国际注册马德里协定》

《巴黎公约》在商标保护方面,虽然为成员国商标权的保护提供了方便,但商标所有人若希望在多个国家注册,就要重复履行手续,很不方便。为此《巴黎公约》第十九条规定,成员国可以在该公约的基本原则下,订立一些保护工业产权的专门公约。《巴黎公约》缔结 8 年之后,第一个专门性的公约产生了。这就是《商标国际注册马德里协定》(Madrid Agreement Concerning the International Registration of Marks,以下简称《马德里协定》)。

1819 年,由法国、比利时、西班牙、瑞士及突尼斯发起,缔结了《马德里协定》,作为对《巴黎公约》中关于商标的国际保护的补充。参加该协定的国家必须首先是巴黎公约的成员国。到 1997 年 1 月为止,有 51 个国家成为《马德里协定》的成员国。1989 年 10 月 4 日,中国正式成为该协定的成员国。

《马德里协定》的主旨是解决商标的国际注册问题。按照协定的规定,协定缔约国的商标所有人在本国国内办理商标注册后,如要在成员国得到保护可向国际局申请,由国际局通知那些注册人要求保护的缔约国。

(三)《专利合作条约》

《巴黎公约》虽然解决了专利权的国际保护问题,但没有解决专利权的国际申请问题。专利权要得到他国的法律保护,按《巴黎公约》规定仍然必须向其他成员国一一分别申请和获得批准,因此,专利国际化的进程也十分缓慢。为了弥补这一缺陷,一些国家谋求在专利的国际申请、简化申请手续方面寻求新的途径。美国最先有此动议,1970 年 5 月在华盛顿召开的《巴黎公约》成员国外交会议上,根据美国提出的"签订一个在专利申请案的接受和初步审理方面进行国际合作的条约"的建议,缔结了《专利合作条约》(Patent Cooperation Treaty,以下简称 PCT),旨在解决专利的国际申请问题。该条约于 1978 年 6 月 1 日正式生效。

1978 年 6 月 1 日 PCT 生效实施时,其成员国仅有 18 个,至 1998 年 3 月已达到 95 个。中国于 1993 年 9 月 13 日正式向世界知识产权组织递交了参加 PCT 的加入书,1994 年 1 月 1 日,中国正式成为该条约的成员国。中国专利局成为 PCT 的受理局、指定局和选定局、国际检索单位及国际初审单位,中文成为该条约的正式工作语言。

二、保护著作权的国际公约

(一) 1886 年的《保护文学艺术作品伯尔尼公约》

但随着国际交流的扩大,双边协定或互惠条约难以防止国际剽窃作品的现象,且各国著作权保护差别很大。为使著作权在国际流通领域得到更好的保护,有必要签订一个各国广泛参加的国际公约。该公约的最初倡议者是 1879 年在巴黎成立的"国际文学家联盟"。联盟于 1883 年在瑞士的伯尔尼起草了公约草案。会后由瑞士政府公布了草案,送交并敦促有关国家,1886 年终于缔结了《保护文学艺术作品伯尔尼公约》(Berne Convention for the Protection of Literary and Artistic Works,简称《伯尔尼公约》)。

公约自生效以来,进行过 2 次增补、5 次修订。最后一次修订形成的 1971 年巴黎文本是目前绝大多数国家批准的文本。虽然对这个文本的个别行政条款,于 1979 年作了一些小修改,但文本仍称为"1971 年巴黎文本"。到 1997 年 1 月为止,已经有 121 个国家参加了

《伯尔尼公约》。中国于 1992 年正式成为该公约的成员国。《伯尔尼公约》是参加国最多，保护水平最高的著作权国际公约，特别是它对著作权保护中的某些概念有明确的定义，直接影响着各国的著作权法。

（二）《世界版权公约》

美国虽然多次参加了缔结伯尔尼公约的会议，但因其当时的出版等行业不如欧洲一些国家那样发达，对著作权保护的水平较低，一直拒绝加入《伯尔尼公约》[①]。美国于 1889 年与美洲的一些国家，在蒙德维尔缔结了一个《美洲国家间版权公约》，简称《泛美版权公约》。美洲此后还陆续签订了几个地区性的版权公约，即 1902 年的《墨西哥公约》，1906 年的《里约热内卢公约》，1910 年的《哈瓦那公约》，1946 年的《华盛顿公约》等。这就形成了以欧洲为中心和以美洲为中心的两大版权保护体系。

第二次世界大战后，美国经济和文化取得了很大的发展，开始关注其作品在欧洲国家的保护问题。但《伯尔尼公约》的保护水平较高，希望通过缔结一个新的国际公约，达到保护其利益的目的。另一方面，一些新兴国家也认为《伯尔尼公约》的保护水平太高，不利于对外国作品、特别是《伯尔尼公约》成员国中发达国家的作品的使用，也希望能缔结一个保护水平相对较低的国际公约。同时，一些《伯尔尼公约》的成员国为了使自己的作品在上述国家获得充分保护，也愿意在新的国际保护体系中实现与这些国家著作权的相互保护。在联合国教科文组织的主持下，经过多次会议的协商，于 1952 年在日内瓦正式通过了《世界版权公约》（Universal Copyright Convention）。该公约于 1955 年 9 月 16 日生效。

《世界版权公约》与《伯尔尼公约》于 1971 年同时在巴黎进行了修订。新修订的《世界版权公约》于 1974 年生效，任何新参加国，只能参加巴黎修订文本。中国于 1992 年 10 月 30 日正式加入该公约。

三、《与贸易有关的知识产权协定》

1994 年《与贸易有关的知识产权协定》（Agreement on Trade-related Aspects of Intellectual Property Rights，以下简称 TRIPS）。TRIPS 第一次将知识产权与国际贸易联系在一起，从而将知识产权的国际保护从原来的静态引向了动态，是影响极为深远的一个知识产权方面的国际公约，因此下面专门进行介绍。

（一）TRIPS 的订立

1947 年关税及贸易总协定（以下简称关贸总协定）缔结于日内瓦。在乌拉圭回合谈判中，以美国为首的发达国家极力主张将知识产权问题列为三大新议题之一。经过长达 7 年多的谈判，取得了最终结果，达成了《与贸易有关的知识产权协议》。1995 年 1 月 1 日起，关贸总协定被世贸组织所取代，TRIPS 也同时生效。

（二）TRIPS 的主要内容

与其他知识产权公约相比，TRIPS 从总体来提高了知识产权保护的水平。

1. 扩大了知识产权保护的范围

TRIPS 将传统上不属于知识产权范围的商业秘密，以及知识产权条约未列为知识产权保护的集成电路布图、计算机软件，也列为它的保护范围。同时指出："专利应适用于所有技术领域中的任何发明，不论它是产品还是方法"。此外协议还要求成员国对目前大多数发

[①] 美国直到 1989 年 1 月 1 日才正式参加《伯尔尼公约》。

展中国家不予保护的植物新品种给予保护。

2. 延长了保护期限

TRIPS 规定的保护期，专利不得少于 20 年，外观设计不得少于 10 年，对包括计算机软件在内的著作权不得少于 50 年，集成电路布图设计不得少于 10 年。可见 TRIPS 所规定的保护期大多高于现有知识产权条约及许多国家尤其是发展中国家规定的保护期。

3. 强化了知识产权的权利内容

（1）专利方面，特别强调进口权以及方法专利的保护范围，且延及由该方法直接获得的产品；在外观设计方面也规定了进口权。弱化了巴黎公约中强制许可在事实上所造成的未经许可的使用，并增加了 10 多项限制条件，实际上强化了专利权。

（2）计算机软件及电影作品著作权，特别强调了租赁权。

（3）与集成电路知识产权公约相比，协议对集成电路布图设计的保护扩大到含有集成电路成品的产品。

4. 完善了知识产权的实施保障

TRIPS 既是知识产权实体法，又是一部程序法。它不仅规定了主体的权利义务关系，而且还规定了实现其权利和义务的行政、民事、刑事以及边境和临时程序。实体法的内容主要体现在 TRIPS 的第二部分，程序法的内容主要体现在 TRIPS 的第四部分。这一部分详尽地规定了有关知识产权执行措施和对知识产权的取得和维持的有关程序。这些规定几乎涉及行政和司法诉讼、赔偿、补救措施等方面的所有问题。值得一提的是 TRIPS 规定的有关海关的边境措施，各成员知识产权所有人掌握了确切证据后，对侵犯知识产权的产品不管是进口或出口，都可申请海关予以扣押。但申请人在此情况下应提供相应的保全措施，以便保护被告，防止权利人滥用权利。这样的规定在以前的知识产权条约中是从来没有过的。

5. 建立了一套较为完整有效的争端解决机制

TRIPS 第 64 条规定，除非有特别规定，1994 年关贸总协定就解释及适用关贸总协定第 22 条和第 23 条，以及依照这两条所设立的关于纠纷解决规则和程序的谅解备忘录，适用于知识产权问题的协商和争端解决。如某一成员对影响本协定的执行的任何事项向另一成员提出要求时，该成员应以同情的考虑，并给予适当的机会进行协商。但如果有关成员在合理期间内尚不能采取满意的解决办法时，该问题可提交全体成员处理。或提出适当建议，或酌情对此作出裁决；情况严重的可通过全体成员一致行动，对不实施或不完全实施 TRIPS 的国家，可进行集体抵制和交叉报复。一般来讲，违反协议的一方为维护其在世贸组织中的地位以及避免贸易制裁所造成的损失，通常会认真执行裁决。TRIPS 将世贸组织解决争端的机制引进来，将知识产权问题与国际贸易挂钩，以贸易制裁作为知识产权保护的后盾，这无疑是促进各成员履行义务最有效、最强有力的手段。

6. 取消了保留条款

TRIPS 第 72 条规定：未经其他成员同意，对本协议的任何条款均不得提出保留。因此对协议不存在就某一条款提出保留问题。而且由于协议和关贸总协定乌拉圭回合的其他 14 个议题的谈判采取一揽子接受的原则，不接受该协议也就意味着被排斥在多边贸易体制之外。因此，取消保留条款可以保证 TRIPS 对知识产权的高标准保护得以被广泛接受。

（三）TRIPS 的过渡性安排

TRIPS 的第四部分分别为发达成员、发展中成员、经济体制转轨成员和最不发达成员适用协议作了不同的过渡期安排。

（1）根据第 65（1）条的规定，发达成员的过渡期为 1 年，即在世界贸易组织协定生效后1年内，发达成员无义务适用 TRIPS 的规定，它们可以在此期间调整其国内有关法律和措施。

（2）根据第65（2）条的规定，发展中成员的过渡期可以再延长4年，即5年的过渡期。对于 TRIPS 生效时尚未有专利保护的领域（如农用化学品、药品等），发展中成员可享受10年的过渡期。

（3）根据第65（2）条的规定，正在将中央计划经济调整为市场自由经济的成员，正在对其知识产权制度进行结构调整的成员，以及在准备和实施知识产权法律与规章中遇有特殊困难的成员，也可享受5年的过渡期。

（4）根据第66条的规定，考虑到最不发达成员的特殊需要、经济与财政及行政限制和需要创造可行的技术基础的灵活性，它们在协议生效后的10年内无义务适用协议的各项规定。而且，根据此等成员的请求，与贸易有关的知识产权理事会（Council for TRIPS）应给予适当的延长期。发达成员应对其领土上的企业和组织提供各种激励措施，促进和鼓励向最不发达成员转让技术，使它们能够创造健康和可行的技术基础。

（5）根据第67条的规定，为了给协定的实施提供条件，发达成员应提供有利于发展中成员和最不发达成员的技术与金融合作。这种合作的内容应包括协助这些国家制定保护和执行知识产权以及防止滥用知识产权方面的法律和规章，支持这些国家建立有关的国内执行机构并培训有关人员。

二、我国知识产权保护的现状

我国自改革开放以来，逐步建立了知识产权法律制度。截至2005年年底，我国参加的知识产权保护国际条公约和国际协定共14项，为保护知识产权制定和实施的国内立法多达28项。

小资料12.2　我国加入的知识产权保护的国际公约与国际协定

	国际公约或协定名称	加入日期
1	建立世界知识产权组织公约	1980年6月3日
2	保护工业产权巴黎公约	1985年3月19日
3	关于集成电路的知识产权条约	1989年起
4	国际商标注册马德里协定	1989年10月4日
5	保护文学和艺术作品伯尔尼公约	1992年10月15日
6	世界版权公约	1992年10月30日
7	保护音像制作者防止非法复制公约	1993年4月30日
8	专利合作条约	1994年1月1日
9	商标注册用商品和服务国际分类尼斯协定	1994年8月9日
10	国际承认用于专利程序微生物保存布达佩斯条约	1995年7月1日
11	建立工业品外观设计国际分类洛迦诺协定	1996年9月19日
12	国际专利分类斯特拉斯堡协定	1997年6月19日
13	国际植物新品种保护公约	1999年4月23日
14	世界贸易组织与贸易有关的知识产权协议	2001年12月11日

资料来源：田东文. 国际商法［M］. 北京：机械工业出版社，2011：259

第三节 专利法

一、专利法概述

（一）专利与专利权

"专利"一词来自拉丁文 litterae patents，含有公开之意，原指盖有国玺印鉴不必拆封即可打开阅读的一种文件。现在"专利"一词一般理解为专利证书，或理解为专利权。

专利权是指国家依法授予发明人、设计人或其所属单位对其发明创造在法律规定的期限内享有的专有权或独占权。专利期限届满后，专利权即行消灭，任何人皆可无偿地使用该项发明或设计。专利权仅仅在授予专利的国家或地区范围内有效，只能在该国或地区法律管辖范围内受到法律强制力保护，超出该国或地区地域范围则失去效力。

（二）专利法

1. 专利法的起源

专利法是指调整在确认发明人（或其权利继受人）对其发明享有专有权，规定专利权人的权利和义务的法律规范的总称。

在西方国家，一般认为英国1624年制定的《垄断法规》是现代专利法的开始，此法对以后各国的专利法影响很大，德国法学家J.柯勒曾称之为"发明人权利的大宪章"。从18世纪末到19世纪末，美国（1790）、法国（1791）、西班牙（1820）、德国（1877）、日本（1826）等国家陆续制定了专利法。到了20世纪，特别是第二次世界大战结束以后，工业发达国家的专利法陆续进行了修订，许多发展中国家也都制定了专利法。到了上个世纪80年代初期，约有150个国家和地区建立了专利制度。

2. 我国专利法的制定

1984年3月12日第六届全国人民代表大会常务委员会第四次会议通过了《中华人民共和国专利法》（以下简称《专利法》），1992年9月4日、2000年8月25日和2008年12月27日，全国人大常委会对《专利法》进行了三次修改。2010年1月9日国务院对《中华人民共和国专利法实施细则》（以下简称《专利法实施细则》）也进行了第二次修订。

我国颁布《专利法》的目的是为了保护专利权人的合法权益，鼓励发明创造，推动发明创造的应用，提高创新能力，促进科学技术进步和经济社会发展。

二、专利权的主体及权利归属

专利权的主体即专利权人，是指依法享有专利权并承担相应义务的人。根据《专利法》的规定，专利权主体的确定及权利归属包括以下几种情形。

（一）职务发明

职务发明创造是指执行本单位的任务或者主要是利用本单位的物质技术条件所完成的发明创造。职务发明创造申请专利的权利属于该单位；申请被批准后，该单位为专利权人。这里的本单位包括临时工作单位。

职务发明创造分为两类。

1. 执行本单位任务所完成的发明创造

这包括三种情况：①在本职工作中作出的发明创造；②履行本单位交付的本职工作之

外的任务所作出的发明创造；③退职、退休或者调动工作后 1 年内作出的，与其在原单位承担的本职工作或者原单位分配的任务有关的发明创造。

2. 主要利用本单位的物质技术条件所完成的发明创造

根据《专利法实施细则》的规定，"本单位的物质技术条件"是指本单位的资金、设备、零部件、原材料或者不对外公开的技术资料等。如何确认"主要利用"，一般认为，在发明创造过程中全部或者大部分利用了单位的物质技术条件，这种利用对发明创造的完成起着必不可少的决定性作用，就可以认定为主要利用本单位物质技术条件。如果仅仅是少量利用了本单位的物质技术条件，且这种物质条件的利用，对发明创造的完成无关紧要，则不能因此认定是职务发明创造。值得一提的是，对于这类职务发明，如果单位与发明人或者设计人订有合同，对申请专利的权利和专利权的归属作出约定的，从其约定。

（二）非职务发明

非职务发明创造申请专利的权利属于发明人或者设计人；申请被批准后，该发明人或者设计人为专利权人。

发明人或设计人是指对发明创造的实质性特点作出了创造性贡献的人。在完成发明创造过程中，只负责组织工作的人、为物质技术条件的利用提供方便的人或者从事其他辅助性工作的人，例如试验员、描图员、机械加工人员等，均不是发明人或设计人。因此，发明人或设计人只能是自然人，而不可能是任何形式的组织。

需要注意的是，发明创造活动是一种事实行为，不受民事行为能力的限制，因此，无论从事发明创造的人是否具备完全民事行为能力，只要他完成了发明创造，就应认定为发明人或设计人。也就是说，发明人或设计人对专利申请权的享有，不因其年龄、性别、职业、文化程度等因素而受到限制。

（三）共同发明

共同发明创造是指两个以上单位或者个人合作完成的发明创造、一个单位或者个人接受其他单位或者个人委托所完成的发明创造。共同发明创造除另有协议的以外，申请专利的权利属于完成或者共同完成的单位或者个人；申请被批准后，申请的单位或者个人为专利权人。

（四）委托发明

委托发明是指一个单位或者个人接受其他单位或者个人委托所完成的发明创造。委托发明的权利归属，专利法和合同法采取了合同优先的原则，如果合同约定不明或合同未对权利归属予以约定时，法律作了对接受委托的一方更为有利的规定，即权利归完成发明创造的一方，但委托人可以免费实施专利。

（五）外国人

外国人包括具有外国国籍的自然人和法人。我国《专利法》参照国际惯例，将外国人在我国申请专利分为两种情形进行规定。

1. 有经常居所或者营业所

在我国有经常居所或者营业所的外国人，享有与中国公民或单位同等的专利申请权和专利权，即适用国民待遇原则。

2. 没有经常居所或者营业所

在中国没有经常居所或者营业所的外国人、外国企业或者外国其他组织在中国申请专利的，依照其所属国同中国签订的协议或者共同参加的国际条约，或者依照互惠原则，可以申请专利，但应当委托依法设立的专利代理机构办理。

三、专利权的客体及授予条件

(一) 发明

专利权的客体，也称为专利法保护的对象，是指依法应授予专利权的发明创造。根据我国《专利法》第二条的规定，专利法的客体包括发明、实用新型和外观设计三种。

1. 发明

发明是指对产品、方法或者其改进所提出的新的技术方案。

发明具有以下特点：

（1）发明必须是一种技术方案。发明是发明人将自然规律在特定技术领域进行运用和结合的结果，而不是自然规律本身，因而科学发现不属于发明范畴。

（2）发明通常是自然科学领域的智力成果。文学、艺术和社会科学领域的成果不能构成专利法意义上的发明。

根据专利审查制度的规定，发明分为产品发明和方法发明两种类型。产品发明是关于新产品或新物质的发明。方法发明是指为解决某特定技术问题而采用的手段和步骤的发明。能够申请专利的方法通常包括制造方法和操作使用方法两大类，前者如产品制造工艺、加工方法等，后者如测试方法、产品使用方法等。

发明还可以分为原创发明和改进型发明。改进发明是对已有的产品发明或方法发明所作出的实质性革新的技术方案。例如爱迪生发明了白炽灯，白炽灯是一种前所未有的新产品，可以申请产品发明；生产白炽灯的方法可以申请方法专利；给白炽灯填充惰性气体，其质量和寿命都有明显提高，这是在原来基础之上进行的改进，可以申请改进发明。

2. 实用新型

实用新型是指对产品的形状、构造或者其结合所提出的适于实用的新的技术方案，也被称为"小发明"。需要注意的是，实用新型专利只保护产品，一切有关方法（包括产品的用途）以及未经人工制造的自然存在的物品不属于实用新型专利的保护客体。

3. 外观设计

外观设计是指对产品的形状、图案或者其结合以及色彩与形状、图案的结合所作出的富有美感并适于工业应用的新设计。外观设计的载体必须是产品。通常产品的色彩不能独立构成外观设计，除非产品色彩变化的本身已形成一种图案。

(二) 授予专利权的条件

发明创造要取得专利权，必须满足实质条件和形式条件。实质条件是指申请专利的发明创造自身必须具备的属性要求，形式条件则是指申请专利的发明创造在申请文件和手续等程序方面的要求。这里所讲的授予专利权的条件，仅指授予专利权的实质条件。

1. 发明或者实用新型专利的授权条件

授予专利权的发明和实用新型，应当具备新颖性、创造性和实用性。

（1）新颖性。新颖性是指该发明或者实用新型不属于现有技术；也没有任何单位或者个人就同样的发明或者实用新型在申请日以前向国务院专利行政部门提出过申请，并记载在申请日以后公布的专利申请文件或者公告的专利文件中。所谓现有技术，是指申请日以前在国内外为公众所知的技术。

根据《专利法》第二十四条规定，申请专利的发明、实用新型和外观设计在申请日以前6个月内，有下列情形之一的，不丧失新颖性：①在中国政府主办或者承认的国际展览会上首次展出的；②在规定的学术会议或者技术会议上首次发表的；③他人未经申请人同意而泄露其内容的。

（2）创造性。创造性是指与现有技术相比，该发明具有突出的实质性特点和显著的进步，该实用新型具有实质性特点和进步。发明的创造性比实用新型的创造性要求更高。创造性的判断以所属领域普通技术人员的知识和判断能力为准。

（3）实用性。实用性是指该发明或者实用新型能够制造或者使用，并且能够产生积极效果。

2. 外观设计专利的授予条件

根据《专利法》第二十三条规定，授予专利权的外观设计，应当不属于现有设计；也没有任何单位或者个人就同样的外观设计在申请日以前向国务院专利行政部门提出过申请，并记载在申请日以后公告的专利文件中。所谓现有设计，是指申请日以前在国内外为公众所知的设计。授予专利权的外观设计与现有设计或者现有设计特征的组合相比，应当具有明显区别。授予专利权的外观设计不得与他人在申请日以前已经取得的合法权利相冲突。

3. 不授予专利权的情形

根据《专利法》第二十五条规定，下列各项，不授予专利：①科学发现；②智力活动的规则和方法；③疾病的诊断和治疗方法；④动物和植物品种，但是对于动物和植物品种的生产方法，可以依照授予专利权；⑤用原子核变换方法获得的物质；⑥对平面印刷品的图案、色彩或者二者的结合作出的主要起标识作用的设计。

另外需要注意的是，违反法律、社会公德或妨害公共利益的发明创造也不授予专利。发明创造本身的目的与国家法律相违背的，不能被授予专利权。例如用于赌博的设备、机器或工具；吸毒的器具等不能被授予专利权。发明创造本身的目的并没有违反国家法律，但是由于被滥用而违反国家法律的，则不属此列。

四、专利申请与审批程序

（一）专利的申请

1. 专利申请的原则

（1）单一性原则。所谓单一性原则，是指一件专利申请只能限于一项发明创造。但是属于一个总的发明构思的两项以上的发明或者实用新型，可以作为一件申请提出；用于同一类别并且成套出售或者使用的产品的两项以上的外观设计，可以作为一件申请提出。

（2）先申请原则。所谓先申请原则，是指当两个以上的专利申请人分别就同一发明创造申请专利的，专利权授予最先申请的人。先申请原则目前在国际上被绝大多数国家所接受，仅有少数国家如美国、加拿大、菲律宾等采用先发明原则，即规定两个以上的申请人分别就同样的发明申请专利时，不论谁先提出专利申请，专利权授予最先完成发明的申请人，但是，先发明原则只适用于在其国内完成的发明。

一般以专利申请日作为确定提出专利申请的先后，也有的国家如法国是以专利申请时刻为标准确定专利申请的先后。根据我国《专利法》第二十八条规定，如果专利申请文件是直接递交的，以国务院专利行政部门收到专利申请文件之日为申请日；如果是邮寄的，以寄出的邮戳日为申请日。

（3）优先权原则。优先权原则是《保护工业产权的巴黎公约》中规定的基本原则之一。我国是其成员国，也应当遵循该公约的基本原则，因而将该原则在我国《专利法》中加以规定。

我国《专利法》第二十九条规定的优先权包括两类：一是外国优先权。所谓外国优先权是指申请人自发明或者实用新型在外国第一次提出专利申请之日起12个月内，或者自外观设计在外国第一次提出专利申请之日起6个月内，又在中国就相同主题提出专利申请的，依照该外国同中国签订的协议或者共同参加的国际条约，或者依照相互承认优先权的原则，经申请人要求，以其第一次在外国提出申请的日期为申请日。二是本国优先权。申请人自发明或者实用新型在中国第一次提出专利申请之日起12个月内，又向国务院专利行政部门就相同主题提出专利申请的，经申请人要求，以其第一次在我国申请专利的日期为申请日。值得一提的是，外观设计不存在享有本国优先权的问题。

申请人要求优先权的，应当在申请的时候提出书面声明，并且在3个月内提交第一次提出的专利申请文件的副本；未提出书面声明或者逾期未提交专利申请文件副本的，视为未要求优先权。

2. 专利申请须提交的文件

（1）申请发明或实用新型专利权应提交的文件。具体包括以下文件：①请求书，请求书应当写明发明或者实用新型的名称，发明人或者设计人的姓名，申请人姓名或者名称、地址以及其他事项；②说明书及附图，说明书是技术性文件，是对发明内容的陈述，说明书应当对发明或实用新型作出清楚、完整的说明，以所属技术领域的技术人员能够实现为准，必要时，说明书应当附图，用来补充说明书中的文字部分；③权利要求书，权利要求书应当以说明书为依据，清楚、简要地表述请求保护的范围；④摘要，摘要应当简要说明发明或者实用新型的技术要点。如果是依赖遗传资源完成的发明创造，申请人应当在专利申请文件中说明该遗传资源的直接来源和原始来源；申请人无法说明原始来源的，应当陈述理由。

（2）申请外观设计专利权应当提交的文件。具体包括：①请求书；②外观设计的图片或者照片，申请人提交的有关图片或者照片应当清楚地显示要求专利保护的产品的外观设计；③外观设计的简要说明，简要说明应当写明使用该外观设计的产品的设计要点、请求保护色彩、省略视图等情况，简要说明不得使用商业性宣传用语，也不能用来说明产品的性能。

（二）专利申请的审批与无效宣告

1. 发明专利的审批

（1）初步审查。初步审查即形式审查，即对专利申请是否符合专利法及其实施细则规定的形式要求以及明显的实质缺陷进行审查。

（2）早期公开。国务院专利行政部门对于初步审查合格的专利申请，自申请日起满18个月，有优先权的自优先权之日起，满18个月即进行公布，申请人可以请求早日公布专利申请。专利申请的公布就是把发明专利申请文件全文发表在《发明专利公报》上，允许公众自由阅读。

（3）实质审查。我国《专利法》规定，自申请日起3年内申请人可随时提出实质审查请求，申请人无正当理由逾期不请求实质审查，该申请被视为撤回。国务院专利行政部门认为对国计民生有重大作用的发明申请也可以自行决定进行实质审查。

（4）授权登记公告。发明专利申请经实质审查没有发现驳回理由的，由专利局作出授予发明专利权的决定，发给发明专利证书，同时予以登记和公告。发明专利权自公告之日起生效。

2. 实用新型、外观设计专利的审批

我国《专利法》规定，对实用新型、外观设计专利申请只进行初步审查而不进行实质审查。国务院专利行政部门对实用新型、外观设计专利申请的初步审查与对发明专利申请的初步审查基本相同。

3. 专利复审与无效宣告

(1) 专利复审程序。专利复审程序是专利审批过程中的一个法律补救程序,几乎所有的实行专利制度的国家都设置此程序。专利复审程序实质上是一种监督程序,给予专利申请人以申诉的机会,也为专利审批机关提供一个更正错误的机会。

根据《专利法》第四十一条规定,国务院专利行政部门设立专利复审委员会。专利申请人对国务院专利行政部门驳回申请的决定不服的,可以自收到通知之日起 3 个月内,向专利复审委员会请求复审。专利复审委员会复审后,作出决定,并通知专利申请人。

专利复审委员会对复审请求进行审查,可能作出维持国务院专利行政部门的决定,驳回复审请求,或者撤销国务院专利行政部门的决定,批准复审请求。专利申请人对专利复审委员会作出的复审决定不服的,可以自收到通知之日起 3 个月内向人民法院起诉。

(2) 专利权的无效宣告程序。专利权的无效宣告程序是各国专利法普遍规定的法律程序。这一程序的设置有利于纠正专利机关作出的不符合专利法的错误决定,维护公众的合法权益,保证专利法的正确执行。

我国《专利法》规定,自国务院专利行政部门公告授予专利权之日起,任何单位或者个人认为该专利权的授予不符合专利法有关规定的,可以请求专利复审委员会宣告该专利权无效。专利复审委员会对宣告专利权无效的请求应当及时审查和作出决定,并通知请求人和专利权人。宣告专利权无效的决定,由国务院专利行政部门登记和公告。对专利复审委员会宣告专利权无效或者维持专利权的决定不服的,可以自收到通知之日起 3 个月内向人民法院起诉。人民法院应当通知无效宣告请求程序的对方当事人作为第三人参加诉讼。

宣告无效的专利权视为自始即不存在。宣告专利权无效的决定,对在宣告专利权无效前人民法院作出并已执行的专利侵权的判决、调解书,已经履行或者强制执行的专利侵权纠纷处理决定,以及已经履行的专利实施许可合同和专利权转让合同,不具有追溯力。但是因专利权人的恶意给他人造成的损失,应当给予赔偿。

五、专利的国际申请及审查程序

(一) 国际申请

国际申请是指依据《专利合作条约》(Patent Cooperation Treaty,简称 PCT)提出的申请,又称 PCT 申请。我国于 1994 年 1 月 1 日加入了《专利合作条约》,截至 2005 年 3 月 1 日,已有 126 个国家加入了该条约。

1. 申请途径

我国申请人申请多个国家的专利有两种途径:一种是传统的依据《巴黎公约》申请;另一种是 PCT 申请,这种申请大大简化了专利申请的手续,减轻了申请人的负担。

2. PCT 申请程序

PCT 的申请程序为:①申请人按照条约的具体要求准备好申请案之后,呈交"国际申请案接收局";②接收局接到申请案之后将其复制两份,一份送交"国际申请案检索局",另一份送交"国际申请案登记局"① ③检索局对申请案进行检索,看它是否与任何现有技

---

① 条约规定的接受局为每个成员国的专利局;检索局为澳大利亚、美国、苏联、日本的专利局以及"欧洲专利局";登记局为世界知识产权组织的国际局。

术相重复，然后将检索报告送交世界知识产权组织的国际局。该国际局将已登记的申请案与检索报告一道复制之后，分送申请人所指定的即其希望在那里取得专利权的国家。④最后由这些国家再依照自己国内法的规定，决定批准还是驳回申请案。

自申请日起20个月或优先权日起30个月内，国际申请在指定国或选定国进入国内阶段。各指定国或选定国到这时才依照国内法对其进行最终的审批。与巴黎公约规定的12个月的考虑时间相比，PCT申请人多了8个月或18个月的考虑时间。在此期间，申请人可以借助国际检索报告和国际初步审查报告，正确地评估发明的技术价值和市场前景，决定申请是否进入国内阶段，由此可节省大量劳动和避免无谓开支。

六、专利权的内容、期限与终止

专利权的内容是指专利权人依法享有的权利和应履行的义务。

（一）专利权人的权利

专利权人的权利是指专利权人依法对其发明创造在法律规定期限内所享有的一切民事权利，包括财产权利和人身权利。

1. 独占权

所谓独占权，是指专利权人排他地利用其专利的权利，是专利权人最基本的权利。我国《专利法》第十一条规定，发明和实用新型专利权被授予后，除本法另有规定的以外，任何单位或者个人未经专利权人许可，都不得实施其专利，即不得为生产经营目的制造、使用、许诺销售、销售、进口其专利产品，或者使用其专利方法以及使用、许诺销售、销售、进口依照该专利方法直接获得的产品。

外观设计专利权被授予后，任何单位或者个人未经专利权人许可，都不得实施其专利，即不得为生产经营目的制造、许诺销售、销售、进口其外观设计专利产品。

2. 转让权

所谓转让权，是指专利权人享有依法将其专利权转让给他人的权利。专利权原则上可以自由转让，但中国单位或者个人向外国人、外国企业或者外国其他组织转让专利权的，应当依照有关法律、行政法规的规定办理手续。转让专利权的，当事人应当订立书面合同，并向国务院专利行政部门登记，由国务院专利行政部门予以公告。专利申请权或者专利权的转让自登记之日起生效。

3. 许可权

所谓许可权，是指专利权人依法享有的允许其他单位或个人实施其全部或部分专利的权利。任何单位或者个人实施他人专利的，应当与专利权人订立实施许可合同，向专利权人支付专利使用费。被许可人无权允许合同规定以外的任何单位或者个人实施该专利。

4. 专利标记权

所谓专利标记权，是指专利权人依法享有的在其专利产品或该产品的包装上标明专利标记和专利号的权利。标明专利标记是指标明"专利"或者"中国专利"的字样。专利号是国务院专利行政部门授予专利的号码，具有固定的内涵，代表了被授予的专利权，不能自行改动。

5. 放弃专利权的权利。

专利权人有权通过向国务院专利行政部门提出书面申请或以不交年费的方式放弃其权利。

(二) 专利权人的义务

1. 缴纳专利年费的义务

我国《专利法》第四十三条规定，专利权人应当自被授予专利权的当年开始缴纳年费。未按规定交纳专利年费的，将导致专利权在其期限届满前提前终止。

案例 12.1　没交年费专利权被终止　六教师维权官司败诉案

案情：王某等 6 位大学教师，在 1988 年完成了"全形汉字编码系统"科研项目，两年后又在此成果上研究完成了"全形（边道）汉字编码系统"，均经过了科技鉴定，并分别获得了中国专利局的授权，但专利权因没有交专利年费而终止。

2003 年 8 月，王某等在昆明举办的"中国国际专利与名牌博览会"上购买了由北京三维天然数码科技有限责任公司、宜昌市天码软件技术开发公司、武汉大学出版社、成都大恒计算机科技有限责任公司出售的三维天然码和语音天然码各一套，每套均有光盘、软件和打字当日通说明书。王某等以三维天然码的成码依据和方法与"全形汉字编码系统"、"全形（边道）汉字编码系统"具有完全一致性，以被告侵害了其发现权、发明权、科技成果权和著作权为由诉至昆明市中级人民法院，要求四被告承担侵权责任。

法院审判：昆明市中级人民法院审理认为，王某等 6 人的成果是在于通过定义汉字部件与通用键盘字符之间的相互关系而形成键盘输入法，这并不是我国法律所定义的发现，因此他们不享有发现权。王某等两项科研成果均提出专利申请并获得授权，但均因其未按时交纳年费而终止，专利权终止后原告就不再享有发明专利权。王某等在对其两项输入法已获得发明专利权的情况下，并不再拥有独立存在的科技成果权，因此不能以之作为单独的权利进行主张。王某等虽然拥有上述发表文章的著作权，但被告方的产品说明"打字当日通"与原告的两种编码系统的文章相比，在文字表达方式上不存在相同和相似之处，因此被告没有侵犯原告的著作权，昆明中院对王某等的请求不予支持。

资料来源：http://news.xinhuanet.com/legal/2005-05/23/content_2989284.htm

2. 充分公开专利内容的义务

专利权人应当在专利申请文件中将授予专利权的发明创造内容，作出清楚、完整的说明，以使所属技术领域的技术人员能够实现。如果专利权人没有充分公开专利的内容，任何人都可以以此为由请求专利复审委员会宣告此专利权无效。

3. 履行国家有关机关颁发的计划许可的义务

专利权人有义务履行国家有关机关颁发的计划许可，允许指定的单位实施。

(二) 专利的期限

《专利法》第四十二条规定，发明专利权的期限为 20 年，实用新型专利权和外观设计专利权的期限为 10 年，均自申请日起计算。

(三) 专利的终止

根据我国《专利法》的规定，专利权因下列原因而终止：①专利权因法定的专利权有效期限届满而自然终止；②专利权因专利权人没有按照专利法规定缴纳专利年费而终止；③专利权因专利权人以书面声明放弃专利权而终止；④专利权因专利权人（自然人）死亡后无人继承而终止，或因专利权人（企业）消灭后无继受单位而终止；⑤专利权因被专利复审委员会宣告无效而终止。专利权终止后，由专利局登记并公告。

六、专利权的限制及保护

我国专利法一方面赋予和保护专利权人享有广泛的权利;另一方面,为了维护国家和社会公共利益,防止专利权人滥用专利权,也对专利权人的权利作了若干限制性规定。

(一) 专利权的限制

1. 不视为侵犯专利权的行为

根据我国《专利法》第六十九条规定,有下列情形之一的,不视为侵犯专利权:①专利产品合法售出后的使用、许诺销售或销售。专利产品或者依照专利方法直接获得的产品,由专利权人或者经其许可的单位、个人售出后,使用、许诺销售、销售、进口该产品的。②先用权人的使用。在专利申请日前已经制造相同产品、使用相同方法或者已经作好制造、使用的必要准备,并且仅在原有范围内继续制造、使用的。③临时通过的外国运输工具运行中的使用。临时通过中国领陆、领水、领空的外国运输工具,依照其所属国同中国签订的协议或者共同参加的国际条约,或者依照互惠原则,为运输工具自身需要而在其装置和设备中使用有关专利的。④专为科学研究和实验而使用有关专利的。⑤为提供行政审批所需要的信息,制造、使用、进口专利药品或者专利医疗器械的,以及专门为其制造、进口专利药品或者专利医疗器械的。

2. 强制许可对专利权的限制

所谓强制许可,是指国家主管机关不经专利权人同意,通过行政程序允许第三者利用专利发明,并向其颁发利用发明的强制许可证。为了维护社会公共利益,使授予专利权的发明创造尽早得到实施,许多国家专利法都作了强制许可的规定,以限制专利权人滥用专利权。我国《专利法》设专章对专利实施的强制许可作了明确规定,具体包括:

(1) 依申请给予的强制许可。根据《专利法》第四十八条规定,国务院专利行政部门根据具备实施条件的单位或者个人的申请,可以给予实施发明专利或者实用新型专利的强制许可:一是专利权人自专利权被授予之日起满3年,且自提出专利申请之日起满4年,无正当理由未实施或者未充分实施其专利的;二是专利权人行使专利权的行为被依法认定为垄断行为,为消除或者减少该行为对竞争产生的不利影响的。

(2) 根据国家利益或公共利益颁发的强制许可。我国《专利法》第四十九条规定:在国家出现紧急状态或者非常情况时,或者为了公共利益的目的,国务院专利行政部门可以给予实施发明专利或者实用新型专利的强制许可。《专利法》第五十条规定:为了公共健康目的,对取得专利权的药品,国务院专利行政部门可以给予制造并将其出口到符合中华人民共和国参加的有关国际条约规定的国家或者地区的强制许可。

(3) 从属专利的强制许可。它是指国务院专利行政部门根据专利之间相互依存的关系而颁发的强制许可证。《专利法》第五十一条规定,一项取得专利权的发明或者实用新型比前已经取得专利权的发明或者实用新型具有显著经济意义的重大技术进步,其实施又有赖于前一发明或者实用新型的实施的,国务院专利行政部门根据后一专利权人的申请,可以给予实施前一发明或者实用新型的强制许可。在依照上述规定给予实施强制许可的情形下,国务院专利行政部门根据前一专利权人的申请,也可以给予实施后一发明或者实用新型的强制许可。

国务院专利行政部门作出的给予实施强制许可的决定,应当及时通知专利权人,并予以登记和公告。给予实施强制许可的决定,应当根据强制许可的理由规定实施的范围和时间。强制许可的理由消除并不再发生时,国务院专利行政部门应当根据专利权人的请求,经审查后作出终止实施强制许可的决定。

强制许可实施专利不是无偿的，任何取得实施强制许可的单位或者个人应当付给专利权人合理的使用费，或者依照我国参加的有关国际条约的规定处理使用费问题。付给使用费的，其数额由双方协商；双方不能达成协议的，由国务院专利行政部门裁决。

专利权人对国务院专利行政部门关于实施强制许可的决定不服的，专利权人和取得实施强制许可的单位或者个人对国务院专利行政部门关于实施强制许可的使用费的裁决不服的，可以自收到通知之日起3个月内向人民法院起诉。期满不起诉或起诉后，人民法院的判决仍然维持专利局的决定或裁决的，专利权人就必须履行专利局的决定和裁决。

(二) 专利权的保护

我国专利法采用行政和司法手段保护专利权人依法享有的权利。

1. 专利权的保护范围

确定专利权保护范围对专利权人和其他人具有重要意义，只有界定清楚专利保护范围才能正确处理专利侵权纠纷。我国《专利法》第五十九条规定，发明或者实用新型专利权的保护范围以其权利要求的内容为准，说明书及附图可以用于解释权利要求的内容；外观设计专利权的保护范围以表示在图片或者照片中的该产品的外观设计为准，简要说明可以用于解释图片或者照片所表示的该产品的外观设计。

2. 专利侵权行为的表现形式

未经专利权人许可，实施其专利的行为，就是侵犯专利权的行为。它主要表现在以下两个方面：

（1）未经专利权人许可实施其专利的行为。具体包括：①为生产经营目的制造、使用、许诺销售、销售或者进口其专利产品；②使用专利方法及使用、许诺销售、销售、进口依照该专利方法直接获得的产品；③为生产经营目的制造、销售、进口外观设计专利产品。

（2）假冒专利行为。《专利法实施细则》第八十四条规定，下列行为属于假冒专利的行为：①在未被授予专利权的产品或者其包装上标注专利标识，专利权被宣告无效后或者终止后继续在产品或者其包装上标注专利标识，或者未经许可在产品或者产品包装上标注他人的专利号；②销售前项所述产品；③在产品说明书等材料中将未被授予专利权的技术或者设计称为专利技术或者专利设计，将专利申请称为专利，或者未经许可使用他人的专利号，使公众将所涉及的技术或者设计误认为是专利技术或者专利设计；④伪造或者变造专利证书、专利文件或者专利申请文件；⑤其他使公众混淆，将未被授予专利权的技术或者设计误认为是专利技术或者专利设计的行为。

专利权终止前依法在专利产品、依照专利方法直接获得的产品或者其包装上标注专利标识，在专利权终止后许诺销售、销售该产品的，不属于假冒专利行为。销售不知道是假冒专利的产品，并且能够证明该产品合法来源的，由管理专利工作的部门责令停止销售，但免除罚款的处罚。

2. 专利权的法律保护

根据《专利法》第六十条规定，未经专利权人许可，实施其专利，即侵犯其专利权，引起纠纷的，由当事人协商解决；不愿协商或者协商不成的，专利权人或者利害关系人可以向人民法院起诉，也可以请求管理专利工作的部门处理。管理专利工作的部门处理时，认定侵权行为成立的，可以责令侵权人立即停止侵权行为，当事人不服的，可以自收到处理通知之日起15日内依照《中华人民共和国行政诉讼法》向人民法院起诉；侵权人期满不起诉又不停止侵权行为的，管理专利工作的部门可以申请人民法院强制执行。进行处理的管理专利工作的部门应当事人的请求，可以就侵犯专利权的赔偿数额进行调解；调解不成的，当事人可以依照《中华人民共和国民事诉讼法》向人民法院起诉。

案例 12.2　世博会丹麦馆是否侵犯了王某的发明专利权

案情：2010 年 10 月，正当上海世博盛会期间，以人鱼雕像著称的丹麦馆却遭遇了一场侵权诉讼。2006 年 4 月 5 日，北京男子王某取得了中华人民共和国国家知识产权局授予的名称为"高架立体建筑物"的发明专利权。王某认为世博会丹麦馆建筑物进入了他专利权利保护范围，因此将丹麦馆和承建丹麦馆的中建八局一并告上法庭，要求丹麦馆停止侵犯自己的"高架立体建筑物"发明专利权，赔礼道歉，并在丹麦馆建筑物上标明王某的姓名和专利标识，丹麦馆和中建八局连带赔偿经济损失人民币 75 万元。

法院审判：2011 年 3 月，上海市第一中级人民法院审理后认为，丹麦馆建筑物采用的是框架结构，其整个建筑物就是一钢结构的框架，并无可以单独存在的空间支架一说，房屋单元布置在整个框架之内并不延及框架的四周，房屋单元与框架构成包含关系。法院认为，丹麦馆建筑物的技术特征与王某专利权利要求中记载的技术特征"每组高架立体建筑物由空间支架和支承在空间支架上的房屋单元构成"以及"空间支架四周空间及表面设置有若干房屋单元"既不相同，也不等同。遂判决驳回原告的诉讼请求。

资料来源：http://mohrss.chinalawinfo.com/Case/displaycontent

第四节　商标法

一、商标法概述

（一）商标

1. 商标的概念

商标即品牌，是指能够将自然人、法人或者其他组织的商品或者服务与他人的商品或者服务相区别的标志。

2. 商标的种类

（1）按商标的使用对象划分。商标包括商品商标、服务商标、集体商标和证明商标。商品商标顾名思义就是生产者或经营者使用于商品上的商标。服务商标就是服务的提供者为标示自己提供的服务所使用的商标；集体商标是指以团体、协会或者其他组织名义注册，供该组织成员在商事活动中使用，以表明使用者在该组织中的成员资格的标志。证明商标是指由对某种商品或者服务具有监督能力的组织所控制，而由该组织以外的单位或者个人使用于其商品或者服务，用以证明该商品或者服务的原产地、原料、制造方法、质量或者其他特定品质的标志。

（2）按商标的构成划分。商标包括文字商标、图形商标、字母商标、数字商标、三维商标、颜色组合商标以及前述元素的组合商标。

（二）商标法

商标法是确认商标专用权，规定商标注册、使用、转让、保护和管理的法律规范的总称。

1982 年 8 月 23 日，第五届全国人大常委会第 24 次会议通过《中华人民共和国商标法》

(以下简称《商标法》)。1993 年 2 月 22 日和 2001 年 10 月 27 日全国人大常委会对《商标法》进行了两次修订，修订后的《商标法》自 2001 年 12 月 1 日起施行。目前正在进行第三次修订工作，2011 年 9 月 1 日国务院法制办公室将《中华人民共和国商标法（修订草案征求意见稿）》(以下简称《修订意见稿》) 全文公布，征求社会各界意见。

1983 年 3 月 10 日，国务院批准《中华人民共和国商标法实施细则》（以下简称《商标法实施细则》），并于同日施行。1988 年 1 月、1993 年 7 月、1995 年 4 月国务院批准三次修订《商标法实施细则》；2002 年 8 月 3 日，国务院令第 358 号公布了《中华人民共和国商标法实施条例》，自 2002 年 9 月 15 日起施行。

二、商标注册

商标注册是指商标使用人为了取得商标使用权，依照法定程序向国家商标管理机关提出申请，经过审核予以注册，授予商标专用权的行为。商标注册人有权标明"注册商标"或者注册标记。

(一) 我国商标注册的原则

1. 自愿注册为主、强制注册为辅的原则

我国商标法实行自愿注册的原则。商标无论是否注册均可使用，仅仅是注册商标和未注册商标的法律地位不同，注册商标受法律保护，未注册商标不受法律保护。但需要注意的是，我国实行商标自愿注册原则的同时，法律、行政法规又规定某些商品所使用的商标必须注册，未经核准注册的不得在市场上销售，如人用药品和烟草制品。

2. 申请在先为主、使用在先为辅的原则

申请在先的原则是指两个或两个以上的商标注册申请人在同一种商品、服务或者类似商品、服务上，以相同或近似的商标申请注册，注册申请在先的商标。审核时以申请日期确定提出申请的先后。商标注册的申请日期，以商标局收到申请文件的日期为准。

两个或者两个以上的申请人，在同一种商品、服务或者类似商品、服务上，分别以相同或者近似的商标在同一天申请注册的，注册使用在先的商标，各申请人应当自收到商标局通知之日起 30 日内提交其申请注册前在先使用该商标的证据。同日使用或者均未使用的，各申请人可以自收到商标局通知之日起 30 日内自行协商，并将书面协议报送商标局；不愿协商或者协商不成的，商标局通知各申请人以抽签的方式确定一个申请人，驳回其他人的注册申请。

3. 优先权原则

根据《商标法》规定，享有优先权分为两种情形。

(1) 国际优先权。商标注册申请人自商标在外国第一次提出商标注册申请之日起 6 个月内，又在中国就相同商品以同一商标提出商标注册申请的，依照该外国同中国签订的协议或者共同参加的国际条约，或者按照相互承认优先权的原则，可以享有优先权。商标注册申请人要求优先权的，应当在提出商标注册申请时提出书面声明，并且在 3 个月内提交第一次提出商标注册申请文件的副本，该副本应当经受理该申请的商标主管机关证明，并注明申请日期和申请号。未提出书面声明或者逾期未提交商标注册申请文件副本的，视为未要求优先权。

(2) 展览优先权。商标在中国政府主办或者承认的国际展览会（在中国境内举办的除外）展出的商品上首次使用的，自该商品展出之日起 6 个月内，该商标的注册申请人可以享有优先权。商标注册申请人要求优先权的，应当在提出商标注册申请时提出书面声明，并且在3个月内提交展出其商品的展览会名称、在展出商品上使用该商标的证据、展出日期等证明文件,并应当经国务院工商行政管理部门规定的机构认证;未提出书面声明或者逾期未提交证明文件的,视为未要求优先权。

4. 单一原则。申请商标注册的,应当按规定的商品分类表填报使用商标的商品类别和商品名称。商标注册申请人在不同类别的商品上申请注册同一商标的,应当按商品分类表提出注册申请。但值得一提的是,《修订意见稿》中对此新增了规定:通过一份申请就多个类别的商品申请注册同一商标的具体办法由国务院工商行政管理部门规定。

(二) 商标注册申请人

《商标法》第四条规定,自然人、法人或者其他组织对其生产、制造、加工、拣选或者经销的商品,需要取得商标专用权的,应当向商标局申请商品商标注册;自然人、法人或者其他组织对其提供的服务项目,需要取得商标专用权的,应当向商标局申请服务商标注册。可见,自然人、法人和其他组织均可作为商标注册申请人。外国人或者外国企业也可在中国申请商标注册,但应当按其所属国和中华人民共和国签订的协议或者共同参加的国际条约办理,或者按对等原则办理。

(三) 商标注册的条件

商标注册的条件分为积极条件和消极条件。

1. 积极条件

根据《商标法》的规定,商标获准注册应当具备两个积极条件。

(1) 商标的构成须符合法定的构成要素,即商标应由文字、图形、字母、数字、三维标志和颜色组合,以及上述要素的组合构成。需要注意的是,《修订意见稿》中还增加了声音这一要素。另外,《商标法》第十二条规定:"以三维标志申请注册商标的,仅由商品自身的性质产生的形状、为获得技术效果而需有的商品形状或者使商品具有实质性价值的形状,不得注册。"《商标法》第十三条规定:"就相同或者类似商品申请注册的商标是复制、摹仿或者翻译他人未在中国注册的驰名商标,容易导致混淆的,不予注册并禁止使用;就不相同或者不相类似商品申请注册的商标是复制、摹仿或者翻译他人已经在中国注册的驰名商标,误导公众,致使该驰名商标注册人的利益可能受到损害的不予注册并禁止使用。"

(2) 商标具有显著特征,包括固有的显著特征和后来获得的显著特征,能够将自然人、法人或者其他组织的商品(服务)与他人的商品(服务)区别开的可视性标志。

2. 消极条件

(1) 绝对禁止条件。这是法定的禁止条件,用绝对禁止的标记构成的商标既不可能获准注册,也不能作为未注册商标使用。根据《商标法》第十条规定,下列标志不得作为商标使用:①同中华人民共和国的国家名称、国旗、国徽、军旗、勋章相同或者近似的以及同中央国家机关所在地特定地点的名称或者标志性建筑物的名称、图形相同的;②同外国的国家名称、国旗、国徽、军旗相同或者近似的,但该国政府同意的除外;③同政府间国际组织的名称、旗帜、徽记相同或者近似的,但经该组织同意或者不易误导公众的除外;④与表明实施控制、予以保证的官方标志、检验印记相同或者近似的,但经授权的除外;⑤同"红十字"、"红新月"的名称、标志相同或者近似的;⑥带有民族歧视性的;⑦夸大宣传并带有欺骗性;⑧有害于社会主义道德风尚或者有其他不良影响的。

《修订意见稿》中扩大了禁止作为商标使用的标志范围,还包括:同中华人民共和国军徽相同或者近似的、同中央国家机关的名称、标志相同的、带有种族歧视性的。另外将上述第⑦种情形改为带有欺骗性,容易使公众对商品的质量或者产地等特点产生误认的标志。

此外，县级以上行政区划的地名或者公众知晓的外国地名，不得作为商标。但是，地名具有其他含义或者作为集体商标、证明商标组成部分的除外；已经注册的使用地名的商标继续有效。

案例12.3　月饼包装盒上使用奥运标志是否侵权

案情：2009年9月，某食品公司将一批月饼转售给某销售商销售，但其包装盒上的图案侵犯了奥林匹克标志专有权：包装上使用了奥运"祥云"图案和"五环"标志，但未经第29届奥委会和国际奥委会许可。因此，被工商行政部门查处，没收违法所得并处罚款，同时扣留未销售的货物，共计损失35万元。销售商缴纳上述罚款后，与食品公司、包装装潢公司和包装制品公司协商，要求三方赔偿其相关损失。因协商未果，销售商遂将三家公司告上法庭。

庭审中，包装装潢公司辩称，自己接受某食品公司委托向包装制品公司定做包装盒，约定包装盒由包装制品公司设计、加工、生产完成后直接将货发给食品公司。故侵权的月饼包装盒图案是包装制品公司设计和加工的，由此造成的损失理应由图案的设计和制作者最终承担。食品公司同样认为月饼包装盒是包装制品公司生产，侵权责任应当由包装制品公司承担。包装制品公司未作答辩。

法院审判：法院认为，作为销售方，应当对食品公司的月饼及包装盒尽到检验义务，以避免出现问题。然而，销售方未能尽到检验义务且在收到工商部门的行政处罚决定书后，也未能穷尽法律手段提出行政复议或行政诉讼进行救济以尽量避免损失的发生，因此，销售方应对行政处罚后果承担一半责任。包装制品公司理应尽到审慎注意的义务，确保加工的产品不存在瑕疵，包装制品公司承担一定的责任。包装装潢公司和食品公司作为委托方，应当对包装制品公司加工的产品尽到检验、审查义务，确保其加工的产品不存在瑕疵，包装装潢公司和食品公司承担相应的责任。故上海市松江区人民法院判决原告销售商承担50%责任，被告包装制品公司、包装装潢公司和食品公司分别承担30%、20%、20%的责任。

（2）相对禁止条件。这是指用相对禁止的标记构成的商标若通过使用获得了显著特征并便于识别，或者获得了他人的授权，则可能取得注册。根据《商标法》第十一条规定，下列标志不得作为商标注册：①仅有本商品的通用名称、图形、型号的；②仅仅直接表示商品的质量、主要原料、功能、用途、重量、数量及其他特点的；③其他缺乏显著特征的。

《商标法》第十六条规定："商标中有商品的地理标志，而该商品并非来源于该标志所标示的地区，误导公众的，不予注册并禁止使用；但是，已经善意取得注册的继续有效。"所谓地理标志，是指标示某商品来源于某地区，该商品的特定质量、信誉或者其他特征，主要由该地区的自然因素或者人文因素所决定的标志。地理标志可以作为证明商标或者集体商标申请注册，取得商标专用权。

（四）商标注册的审核及国外注册

1. 商标注册的审核。在我国，商标注册申请的审查一般要经过形式审查、实质审查、公告、异议阶段。

（1）形式审查与受理。国家商标局对送交的商标注册申请首先进行形式审查，内容主要包括：申请人是否具备申请资格、申请文件是否齐全、手续是否完备、填写是否符合要求等，经审查合格的，登记申请日期，编定申请号，正式受理申请。

（2）实质审查。实质审查是指商标局就商标的合法性进行的审查，审查申请注册的商标是否符合商标获准注册的条件。

(3) 初步审定公告、异议及异议复审。商标局对商标注册申请经实质审查，认为合格的，予以初步审定，编定初步审定号，刊登在《商标公告》上，向社会公告。《修订意见稿》中还赋予了商标局撤销初步审定公告的权力，规定已经初步审定公告的商标，商标局发现有违反本法规定情形的，或者是以欺骗手段或者其他不正当手段申请注册的，可以在该商标获准注册前撤销初步审定公告。对初步审定、予以公告的商标，自公告之日起3个月内，在先权利人或者利害关系人可就初步审定提出异议，商标局应当听取异议人和被异议人陈述事实和理由，经调查核实后作出撤销初步审定或驳回异议的裁定。

(4) 商标注册申请的核准。对初步审定的商标，如在审定公告之日起3个月内无人提出异议，或者虽有异议但经裁定异议不能成立，商标局即正式予以核准注册，发给商标注册证，并再次在《商标公告》上公告。商标注册申请人自初审公告3个月期满之日取得商标专用权。

(5) 复审。所谓复审是指商标评审委员会对于再次申请进行复审审议的程序。我国《商标法》规定，在下列两种情况下可以请求复审：①对驳回的商标注册申请的复审。我国《商标法》规定，对驳回申请、不予公告的商标，申请人不服的，可以在收到通知15日内申请复审。商标评审委员会经审查依法可能作出两种裁定：一是评审委员会认为申请人申请复审的理由成立，就有权撤销商标局作出的驳回申请的决定，将有关申请文件移送商标局办理初步审定，并予公告，同时通知商标复审申请人；二是评审委员会认为申请人申请复审的理由不能成立，则作出维持商标局驳回商标申请的裁定，并书面通知复审申请人。②对商标局异议裁定的复审。当事人对商标局异议裁定不服的，可以在收到通知15日内向商标评审委员会申请复审。商标评审委员会经审查，可能作出两种裁定：一是裁定异议不能成立的，移交商标局办理商标核准注册手续，发给申请人商标注册证；如果裁定异议成立，则通知商标局撤销初步审定的商标，不予核准注册。当事人对商标评审委员会的裁定不服的，可以自收到通知之日起30日内向人民法院起诉。

2. 商标的国际注册

商标的国际注册指依据《商标国际注册马德里协定》而申请的注册。商标权具有地域性，若要在本国享有商标权的商标在其他国家获得法律保护，就需要在其他国家注册。

(1) 商标申请国际注册的条件。①申请人系成员国国民或者在某一成员国内有住所或有真实有效的工商业营业场所；②申请国际注册的商标已经在本国获得了商标注册。

(2) 商标国际注册程序。①本国阶段。申请人或其代理人向本国商标注册主管机关提交国际注册申请书，并缴纳国际注册申请费等；本国商标注册主管机关对国际注册申请进行形式审查，经形式审查合格的，转呈世界知识产权组织国际局。②国际局阶段。国际局对申请案进行形式审查，审查申请是否符合协定及其议定书的要求，如果通过了形式审查，申请案就获得了国际注册。国际局将国际注册登记并公布，通知申请人所指定的请求保护的国家。③指定国阶段。指定国在收到国际局通知之日起1年内，根据本国法律的规定，可以声明对国际注册商标不予保护。指定国于1年内未作出拒绝保护声明的，国际注册才转变为指定国的国内注册。国际注册有效期为20年，期满可续展。

(3) 国际注册效力及有效期。商标国际注册的生效日期从国际局注册生效的日期开始，那些未予驳回商标的生效日期，如同商标直接在那里获准注册一样。经国际注册的商标均享有巴黎公约所规定的优先权。国际注册的商标，有效期为20年。期满可以续展，续展期仍为20年。有效期届满前6个月，国际局应发送非正式通知，提醒商标权人注意届满日期。国际注册续展，可给予6个月的宽展期。

（4）国际注册与国内注册的关系。根据马德里协定，商标自获准国际注册之日起 5 年内，如该商标在其所属国已全部或部分不再享受法律保护时，该商标国际注册所得到的法律保护，也全部或部分不再享有。但从获得国际注册之日起满 5 年以后，该商标无论在所属国是否全部或部分被撤销，都将不再影响该商村国际注册所产生的权利，而独立地受到指定保护国的保护。

三、商标权的内容、期限与终止

（一）商标权的内容

商标权的内容是指商标权人依法享有的权利和应履行的义务。

1. 商标权人的权利

根据《商标法》的规定，商标权人的权利具体包括：①独占使用权，这一权利是商标权中最基本的权利，是指商标权人在核定的商品、服务上独占使用注册商标的权利；②禁止权，这是指商标权人有权禁止他人未经许可不正当地使用其商标；③转让权，商标注册人既可通过合同方式有偿转让其注册商标，也可以继承、遗赠、赠与方式无偿转让注册商标；④许可使用权，这是指商标权人通过签订注册商标许可使用合同形式，许可他人有偿使用其注册商标的权利；⑤注册商标标记权，使用注册商标可以在商品、商品包装、说明书或者其他附着物上标明"注册商标"或者注册标记。使用注册标记，应当标注在商标的右上角或者右下角。

2. 商标权人的义务

根据《商标法》等相关法律的规定，商标权人的义务主要包括以下三个方面：①有固定和连续使用注册商标的义务。即不得自行改变注册商标的文字、图形或者其组合；不得自行改变注册商标的注册人名义、地址或者其他注册事项；不得自行转让注册商标；不得连续 3 年停止使用注册商标。②有保证使用注册商标的商品质量稳定的义务。即使用注册商标的商品不得粗制滥造、以次充好、欺骗消费者。③缴纳相关费用的义务。如授权注册费、续展注册费、转让注册费等。

（二）商标权的期限

商标权的期限是指注册商标具有法律效力的期限。我国《商标法》规定，注册商标的有效期为 10 年，自核准注册之日起计算。注册商标有效期满，需要继续使用的，应当在期满前 6 个月内提出续展申请；在此期间未能提出申请的，可以给予 6 个月的宽展期。宽展期满仍未提出申请的，注销其注册商标。每次续展注册的有效期为 10 年。续展注册经核准后，予以公告。

（三）商标权的终止

商标权主要是因为注册商标被注销或撤销而终止。

1. 注册商标的注销

注册商标的注销主要包括：①过期注销，注册商标有效期届满，且 6 个月宽展期内，商标权人未提出续展申请；②自动申请注销，商标权人自愿申请放弃其商标权，并向商标局办理了注销手续；③无人继承而注销，作为商标权人的自然人死亡，在一定期限内无人要求继承其注册商标。

2. 注册商标的撤销

注册商标的撤销是商标局或者商标评审委员会对违反商标法的行为给予的行政处罚以

及对有争议的注册不当的商标的撤销。因此，撤销分为违法撤销和争议撤销。根据《商标法》规定，使用注册商标，有下列行为之一的，商标局可以责令限期改正或者撤销其注册商标：①自行改变注册商标的；②自行改变注册商标的注册人名义、地址或者其他注册事项的；③自行转让注册商标的；④连续3年停止使用的。

四、注册商标专用权的保护

注册商标的专用权，以核准注册的商标和核定使用的商品为限。

（一）侵犯注册商标专用权的行为

根据《商标法》和《商标法实施条例》的规定，有下列行为之一的，均属于侵犯注册商标专用权：①未经商标注册人的许可，在同一种商品或者类似商品上使用与其注册商标相同或者近似的商标的；②销售侵犯注册商标专用权的商品的；③伪造、擅自制造他人注册商标标识或者销售伪造、擅自制造的注册商标标识的；④未经商标注册人同意，更换其注册商标并将该更换商标的商品又投入市场的；⑤在同一种或者类似商品上，将与他人注册商标相同或者近似的标志作为商品名称或者商品装潢使用，误导公众的；⑥故意为侵犯他人注册商标专用权行为提供仓储、运输、邮寄、隐匿等便利条件的；⑦给他人的注册商标专用权造成其他损害的。

案例12.4 "有友"诉"有发"商标侵权案

案情：原告（重庆有友实业有限公司）诉称"有友"文字商标使用权核定使用在死家禽、泡菜、腌制蔬菜、精制坚果仁等商品上。经过多年辛苦经营，其生产销售的"有友"牌泡凤爪、泡椒鸡翅、山椒豆干等系列产品积累了非常高的市场美誉度，并被评为重庆市著名商品、消费者信赖品牌等荣誉称号。2010年以来，原告发现被告（重庆香传食品有限公司）在全国27个城市和地区大量销售与"有友"商标非常近似的"有发"牌泡凤爪、泡椒鸡翅、泡椒泉水花生、泡椒木耳、泡椒竹笋等产品。被告在相同商品上使用的"有发"商标与原告的"有友"商标字形非常近似，已经使销售商和消费者对商品的来源产生了误认，严重侵犯了原告的商标使用权，原告遂请求法院判令被告立即停止生产、销售涉嫌侵犯"有友"文字商标的侵权产品，销毁产品及包装袋，并赔偿原告经济损失及合理费用50余万元。

法院审判：2011年2月24日，重庆五中法院公开开庭审理此案，法院审理查明，原告从"有友"商标专用权人处获得"有友"商标许可使用权后，多年来从事"有友"泡凤爪、泡椒鸡翅等产品的生产销售，具有较高市场知名度。被告将自己注册的"有发"商标超过其核定使用范围大量使用在泡凤爪、泡椒鸡翅等产品上，在全国各地20多个城市大量销售。其"有发"商标与原告的"有友"商标字形相似，形状也近似，属于近似商标，故重庆市五中法院依法认定被告侵权成立并作出判决：被告重庆香传食品有限公司立即停止侵权行为并赔偿原告经济损失及合理开支50万元。

资料来源：http://finance.ifeng.com/roll/20110228/3516832.shtml

（二）注册商标专用权的行政保护

侵犯注册商标专用权的行为引起纠纷的，当事人可以协商解决；不愿协商或者协商不成，商标注册人或者利害关系人可以向人民法院起诉，也可以请求工商行政管理部门处理，工商行政管理部门有权依法查处；涉嫌犯罪的，应当及时移送司法机关依法处理。工商行政管理部门处理时，认定侵权行为成立的，责令立即停止侵权行为，没收、销毁侵权商品和专门用于制造侵权商品、伪造注册商标标识的工具,并可处以罚款。当事人对处理决定不服的,可以自收到处理通知之日起 15 日内依照《中华人民共和国行政诉讼法》向人民法院起诉;侵权人期满不起诉又不履行的,工商行政管理部门可以申请人民法院强制执行。进行处理的工商行政管理部门根据当事人的请求,可以就侵犯商标专用权的赔偿数额进行调解;调解不成的,当事人可以依照《中华人民共和国民事诉讼法》向人民法院起诉。《修订意见稿》中增加了一点,对五年内实施两次以上商标侵权行为的,应当从重处罚。并将向人民法院起诉的期限延长为两个月。

我国《商标法》第五十五条规定,县级以上工商行政管理部门根据已经取得的违法嫌疑证据或者举报,对涉嫌侵犯他人注册商标专用权的行为进行查处时,可以行使下列职权:①询问有关当事人,调查与侵犯他人注册商标专用权有关的情况;②查阅、复制当事人与侵权活动有关的合同、发票、账簿以及其他有关资料;③对当事人涉嫌从事侵犯他人注册商标专用权活动的场所实施现场检查;④检查与侵权活动有关的物品,对有证据证明是侵犯他人注册商标专用权的物品,可以查封或者扣押。工商行政管理部门依法行使前款规定的职权时,当事人应当予以协助、配合,不得拒绝、阻挠。

(三) 注册商标专用权的司法保护

1. 注册商标专用权的民事诉讼保护

商标注册人或者利害关系人对侵犯其注册商标专用权的行为可以向人民法院提起民事诉讼,请求追究侵权者的民事责任。

我国《商标法》第五十七条规定,商标注册人或者利害关系人有证据证明他人正在实施或者即将实施侵犯其注册商标专用权的行为,如不及时制止,将会使其合法权益受到难以弥补的损害的,可以在起诉前向人民法院申请采取责令停止有关行为和财产保全的措施。我国《商标法》第五十八条规定,为制止侵权行为,在证据可能灭失或者以后难以取得的情况下,商标注册人或者利害关系人可以在起诉前向人民法院申请保全证据。

根据《民法通则》第一百一十八条和《商标法》第五十三条的规定,注册商标专用权受到侵害的,被侵权人有权向人民法院起诉,请求责令被侵权人:①停止侵害;②赔偿损失;③消除影响。侵犯商标专用权的赔偿数额,为侵权人在侵权期间因侵权所获得的利益,或者被侵权人在被侵权期间因被侵权所受到的损失,包括被侵权人为制止侵权行为所支付的合理开支。侵权人因侵权所得利益,或者被侵权人因被侵权所受损失难以确定的,由人民法院根据侵权行为的情节判决给予 50 万元以下的赔偿。销售不知道是侵犯注册商标专用权的商品,能证明该商品是自己合法取得的并说明提供者的,不承担赔偿责任。

2. 注册商标专用权的行政诉讼保护

当事人对商标评审委员会的裁定不服的,可以自收到通知之日起 30 日内向人民法院起诉。当事人对商标评审委员会的决定不服的,可以自收到通知之日起 30 日内依照《中华人民共和国行政诉讼法》向人民法院提起行政诉讼;当事人对工商行政管理部门关于侵犯商标权行为的处理决定不服的,可以自收到处理通知之日起 15 日内依照《中华人民共和国行政诉讼法》向人民法院提起行政诉讼,请求法院通过行政审判来保护其权利。

3. 注册商标专用权的刑事诉讼保护

根据《商标法》的规定,构成犯罪的商标侵权行为主要有:①未经商标注册人许可,在同一种商品上使用与其注册商标相同的商标,构成犯罪的,除赔偿被侵权人的损失外,依法追究刑事责任;②伪造、擅自制造他人注册商标标识或者销售伪造、擅自制造的注册商标标识,构成犯罪的,除赔偿被侵权人的损失外,依法追究刑事责任;③销售明知是假冒注册商标的商品，构成犯罪的，除赔偿被侵权人的损失外，依法追究刑事责任。

《中华人民共和国刑法》（以下简称《刑法》）对侵犯注册商标的犯罪和处罚做了规定，加强了对注册商标专用权的保护。《刑法》第二百一十三条规定，未经注册商标所有人许可，在同一种商品上使用与其注册商标相同的商标，情节严重的，处3年以下有期徒刑或者拘役，并处或者单处罚金；情节特别严重的，处3年以上7年以下有期徒刑，并处罚金。《刑法》第二百一十四条规定，销售明知是假冒注册商标的商品，销售金额数额较大的，处3年以下有期徒刑或者拘役，并处或者单处罚金；销售金额数额巨大的，处3年以上7年以下有期徒刑，并处罚金。《刑法》第二百一十五条规定，伪造、擅自制造他人注册商标标识或者销售伪造、擅自制造的注册商标标识，情节严重的，处3年以下有期徒刑、拘役或者管制，并处或者单处罚金；情节特别严重的，处3年以上7年以下有期徒刑，并处罚金。

五、驰名商标认定及特别保护

（一）驰名商标的概念

我国国家工商行政管理总局在2003年4月17日发布的《驰名商标认定和保护规定》（以下简称《保护规定》）中给驰名商标下了定义：所谓驰名商标，是指在中国为相关公众广为知晓并享有较高声誉的商标。相关公众包括与使用商标所标示的某类商品或者服务有关的消费者，生产商品或者提供服务的其他经营者以及经销渠道中所涉及的销售者和相关人员等。

（二）驰名商标的认定

驰名商标应当在商标注册、评审、管理等行政处理程序和商标民事纠纷诉讼程序中，根据案件当事人的请求进行认定。根据《商标法》的规定，认定驰名商标应当考虑下列因素：①相关公众对该商标的知晓程度；②该商标使用的持续时间；③该商标的任何宣传工作的持续时间、程度和地理范围；④该商标作为驰名商标受保护的记录；⑤该商标驰名的其他因素。

（三）驰名商标的特别保护

为了切实保护驰名商标所有人或者持有人的利益，根据《巴黎公约》、《与贸易有关的知识产权协议》的规定，我国《商标法》、《商标法实施条例》、《驰名商标认定与保护规定》和《最高人民法院关于商标民事纠纷案件适用法律若干问题的解释》对驰名商标作出了以下几个方面的特别保护规定。

1. 不予注册和禁止使用

《商标法》第十三条规定，就相同或者类似商品申请注册的商标是复制、摹仿或者翻译他人未在中国注册的驰名商标，容易导致混淆的，不予注册并禁止使用。就不相同或者不相类似商品申请注册的商标是复制、摹仿或者翻译他人已经在中国注册的驰名商标，误导公众，致使该驰名商标注册人的利益可能受到损害的，不予注册并禁止使用。

2. 撤销已注册的商标

已经注册的商标，违反《商标法》第十三条规定的，自商标注册之日起5年内，商标所有人或者利害关系人可以请求商标评审委员会裁定撤销该注册商标。对恶意注册的，驰名商标所有人不受5年的时间限制。

3. 禁止他人将其驰名商标登记为企业名称

根据《商标法实施条例》第五十三条和《保护规定》第十三的规定，驰名商标所有人认为他人将其驰名商标作为企业名称登记，可能欺骗公众或者对公众造成误解的，可以向企业名称登记主管机关申请撤销该企业名称登记。企业名称登记主管机关应当依照《企业名称登记管理规定》处理。

第五节 著作权法

一、著作权与著作权法的概念

（一）著作权的概念

著作权又称版权，是指作者对其创作的文学、科学和艺术作品依法享有的专有权。著作权通常有广义与狭义之分。狭义的著作权仅指著作权人对作品依法享有的权利；广义的著作权在狭义的著作权基础上还包括著作邻接权，即作品传播者依法享受的与著作权相邻相关的权利，主要指艺术表演者、录音录像制作者、广播电视组织、图书报刊出版者享有的权利。

著作权不同于专利权和商标权，著作权是依法自动产生的，即作品一经完成，不论是否发表，均依法取得著作权。

（二）著作权法的概念

著作权法是调整著作权及相关权利的产生、行使和法律保护过程中所产生的社会关系的法律规范的总称，在我国也称为版权法，在欧洲大陆法系国家，则称作者权法。

1990年9月7日第七届人大常委会第十五次会议通过并公布了《中华人民共和国著作权法》（以下简称《著作权法》），自1991年6月1日起施行，2001年10月27日、2010年2月26日对其进行了两次修正。1991年5月30日国家版权局发布了《著作权法实施条例》，自1991年6月1日起施行，2002年2月8日第359号国务院令公布了新的《著作权法实施条例》，自2002年9月15日起施行，废止了1991年版的《著作权法实施条例》。

二、著作权的主体与客体

（一）著作权的主体

著作权的主体是指享有著作权的人，即著作权人，可以分为原始主体与继受主体。

1. 原始主体

原始主体是指直接创作作品的作者。根据我国《著作权法》以及世界大多数国家的规定，作者是指直接创作作品的人。所谓直接创作，是指作者通过自己的独立构思，直接创作反映自己思想与感情、个性与特定的作品。如果仅仅是为他人创作进行组织工作，提供咨询意见、物质条件或者进行其他辅助活动（如抄稿、打字等），不视为创作。作者包括创作作品的公民和视为作者的法人或非法人单位。一般情况下，在作品上署名的公民、法人或非法人单位就是作者，有相反证明的除外。

案例12.5　《千手观音》的作者纠纷案

案情：2005年7月，关于2005年中央电视台春节联欢晚会舞蹈节目《千手观音》的著作权归属发生分歧。北京天唱声场文化发展有限公司舞蹈总监刘露将总政歌舞团团长张继刚告上法院，认为张继刚为该作品申请著作权登记时，将作者署名为张继刚，是对刘露应享有的《千手观音》著作权的侵犯，要求法院确认其为《千手观音》的作者。

针对刘露的意见，张继刚坚持认为刘露只是负责舞蹈排练的老师，自己才是《千手观音》的创作者。由于诉讼请求被一审法院驳回后，刘露上诉至北京市第一中级人民法院。

在此案二审开庭时，《千手观音》的领舞者邰丽华作为张继刚的证人出庭。但是刘露的代理律师人却认为，邰丽华的手语翻译和其与被告有利害关系，影响了翻译的可信性，因此邰丽华并未能于庭上做出陈述。

此案中，双方都提交了包括铅笔绘制的舞蹈手稿和排练草图、照片、文章在内的大量证据和证人的证词来证明自己才是《千手观音》的真正创作者。法院对所有的证据进行了细致审核后认为：无论是编创或是排练过程中，都有可能绘制上述草图，所以仅凭草图无法证明谁是《千手观音》的创作者。双方提交的照片、图片、文章具有普遍性，可以用于证明寻求灵感、形成创意、完成构思的内心活动，但却证明不了是谁首先将构思宣布并确立为舞蹈作品题材，进而编成舞蹈作品等问题。所以就此案而言，证人的证词是证明创作事实的主要证据。而在大量证词中，刘露方面的证词均未能具体说明刘露是"如何编排"的舞蹈，编排了哪些内容，修改部分又是什么内容；相比之下，张继刚一方的证词则指出了张继钢对《千手观音》舞蹈动作的具体设计内容。

法院审判：最终，法院认定《千手观音》舞蹈是边编导、边修改、边排练而完成的，编导与排练无法截然分开，但编导的意志决定了排练者和舞蹈表演者的意志。虽不排除排练者在排练中也要通过智力活动完成排练过程，但该过程不具有本质上体现原创意义和主导意义的编创属性。据此，北京市第一中级人民法院终审驳回了刘露关于要求确认其为《千手观音》作者并要求张继刚承担侵权责任的诉讼请求。

资料来源：http://www.wuhanlawyer.cn/ReadNews.asp? NewsID=1244

2. 继受主体

继受主体是指通过继承、转让、赠与等方式取得著作权的人。在特定条件下，国家也可以成为著作权人。如国家接受著作权人的捐献、遗赠，就可成为捐献、遗赠作品的著作权人。

(二) 著作权的客体

著作权的客体即著作权的保护对象，指受著作权法保护的文学、艺术和科学等作品。

1. 作品取得著作权的条件

(1) 作品须具有独创性。作品独创性是作品取得著作权的必要条件，这是世界各国著作权法共同性的要求。何谓独创性，各国法律未作明确规定，我国著作权法也如此，学术界也有不同的观点。比较一致的看法是，作品的独创性是指作者独立创作完成的创造性劳动成果。这里的独创性与专利中要求的创造性不同，并不要求作品是前所未有的，而重在强调作品是作者自己独立创作完成的，而不是抄袭他人之作。

(2) 作品须以法律允许的某客观形式表现出来或固定下来。这样做可以便于他人能够直接或通过仪器设备间接地看到、听到或触到该作品的内容，如果仅仅是头脑中的构思是不能享有著作权的。

(3) 作品思想内容的合法性。作品内容不得违反宪法和国家法律及社会公共利益。依法禁止出版、传播的作品不受保护。

2. 作品的种类

根据我国《著作权法》第三条规定，作品包括以下列形式创作的文学、艺术和自然科学、社会科学、工程技术等作品：①文字作品；②口述作品；③音乐、戏剧、曲艺、舞蹈、杂技艺术作品；④美术、建筑作品；⑤摄影作品；⑥电影作品和以类似摄制电影的方法创作的作品；⑦工程设计图、产品设计图、地图、示意图等图形作品和模型作品；⑧计算机软件；⑨法律、行政法规规定的其他作品。

3. 除外客体

根据《著作权法》第五条的规定，著作权法不适用于：①法律、法规，国家机关的决议、决定、命令和其他具有立法、行政、司法性质的文件，及其官方正式译文；②时事新闻；③历法、通用数表、通用表格和公式。

(三) 著作权的归属

《著作权法》规定，著作权属于作者，但法律另有规定的除外。

1. 演绎作品著作权的归属

改编、翻译、注释、整理已有作品而产生的作品，称为演绎作品，演绎作品是演绎作者在已有作品的基础上创作出的相对独立的新作品，演绎作者对演绎作品付出了创造性劳动，因此，演绎作者对演绎作品应享有著作权。但需要注意的是演绎作者对演绎作品行使著作权时，不得损害原作品的著作权。

2. 合作作品著作权的归属

合作作品是指两个以上合作创作的作品。我国《著作权法》第十三条规定，两人以上合作创作的作品，著作权由合作作者共同享有。没有参加创作的人，不能成为合作作者。合作作品可以分割使用的，作者对各自创作的部分可以单独享有著作权，但行使著作权时不得侵犯合作作品整体的著作权。

3. 汇编作品著作权的归属

汇编作品是指汇编若干作品、作品的片段或者不构成作品的数据或者其他材料，对其内容的选择或者编排体现独创性的作品。根据《著作权法》第十四条规定，汇编人对汇编作品享有著作权，但行使著作权时，不得侵犯原作品的著作权。

4. 电影作品和以类似摄制电影的方法创作的作品的著作权的归属

电影作品和以类似摄制电影的方法创作的作品的著作权由制片者享有，但编剧、导演、摄影、作词、作曲等由作者享有署名权，并有权按照与制片者签订的合同获得报酬。电影作品和以类似摄制电影的方法创作的作品中的剧本、音乐等可以单独使用的作品的作者有权单独行使其著作权。

5. 职务作品著作权的归属

职务作品是指公民为完成法人或其他组织工作任务所创作的作品。我国《著作权法》第十六条分别对不同职务作品，规定了其著作权的归属。

(1) 有下列情况之一的职务作品，作者享有署名权，著作权的其他权利由法人或者非法人单位享有，法人或者非法人单位可以给予作者奖励：①主要是利用法人或者非法人单位的物质技术条件创作，并由法人或非法人单位承担责任的工程设计图、产品设计图、地图、计算机软件等职务作品；②法律、行政法规规定或者合同约定著作权由法人或其他组织享有的职务作品。

(2) 除上述职务作品外，其他职务作品著作权由作者享有，但法人或其他组织有权在其业务范围内优先使用。作品完成两年（自作者向单位交付作品之日起计算）内，未经单位同意，作者不得许可第三人以与单位使用的相同方式使用该作品；职务作品经单位同意，作者许可第三人以与单位使用的相同方式使用作品所获报酬，由作者与单位按约定的比例分配。

6. 委托作品著作权的归属

委托作品是指受托人按照委托人的委托而创作的作品。我国《著作权法》第十七条规定，受委托创作的作品，著作权的归属由委托人和受托人通过合同约定。合同未作明确约定或者没有订立合同的，著作权属于受托人。

7. 作品原件的所有权与美术作品原件展览权的归属

我国《著作权法》第十八条规定，美术等作品原件所有权的转移，不视为作品著作权的转移，但美术作品原件的展览权由原件所有人享有。

三、著作权的内容与保护期限

（一）著作权的内容

著作权由著作人身权和著作财产权两部分组成。

1. 著作人身权

著作人身权是指作者对其创作的作品依法所享有的以人身利益为内容的权利。该权利一般由作者终身享有，不可转让、剥夺和限制。根据《著作权法》第十条规定，著作权包括下列人身权：①发表权，即决定作品是否公之于众的权利；②署名权，即表明作者身份，在作品上署名的权利；③修改权，即修改或者授权他人修改作品的权利；④保护作品完整权，即保护作品不受歪曲、篡改的权利。

2. 著作财产权

著作财产权是指著作权人依法使用作品、许可他人使用作品、转让著作权并因此获得经济利益的权利。根据《著作权法》第十条规定，著作权包括下列财产权：①复制权，即以印刷、复印、拓印、录音、录像、翻录、翻拍等方式将作品制作一份或者多份的权利；②发行权，即以出售或者赠与方式向公众提供作品的原件或者复制件的权利；③出租权，即有偿许可他人临时使用电影作品和以类似摄制电影的方法创作的作品、计算机软件的权利，计算机软件不是出租的主要标的的除外；④展览权，即公开陈列美术作品、摄影作品的原件或者复制件的权利；⑤表演权，即公开表演作品，以及用各种手段公开播送作品的表演的权利；⑥放映权，即通过放映机、幻灯机等技术设备公开再现美术、摄影、电影和以类似摄制电影的方法创作的作品等的权利；⑦广播权，即以无线方式公开广播或者传播作品，以有线传播或者转播的方式向公众传播广播的作品，以及通过扩音器或者其他传送符号、声音、图像的类似工具向公众传播广播的作品的权利；⑧信息网络传播权，即以有线或者无线方式向公众提供作品，使公众可以在其个人选定的时间和地点获得作品的权利；⑨摄制权，即以摄制电影或者以类似摄制电影的方法将作品固定在载体上的权利；⑩改编权，即改变作品，创作出具有独创性的新作品的权利；⑪翻译权，即将作品从一种语言文字转换成另一种语言文字的权利；⑫汇编权，即将作品或者作品的片段通过选择或者编排，汇集成新作品的权利；⑬应当由著作权人享有的其他权利。

著作权人可以许可他人行使以上权利，并依照约定或者著作权法有关规定获得报酬。著作权人还可以全部或者部分转让以上权利，并依照约定或者著作权法有关规定获得报酬。

（二）著作权的保护期限

著作权的保护期限是指著作权受法律保护的期限。因著作人身权和财产权两种权利的性质不同，法律对它们规定了不同的保护期限。

我国《著作权法》第二十条规定，著作人身权除发表权外，其他的署名权、修改权、保护作品完整权的保护期不受限制。

《著作权法》第二十一条规定了发表权和财产权的保护期限，具体包括以下三个内容：

（1）公民的作品，其发表权、上述财产权的保护期为作者终生及其死亡后50年，截止于作者死亡后第50年的12月31日；如果是合作作品，截止于最后死亡的作者死亡后第50年的12月31日。

（2）法人或者其他组织的作品、著作权（署名权除外）由法人或者其他组织享有的职务作品，其发表权、上述财产权的保护期为50年，截止于作品首次发表后第50年的12月31日，但作品自创作完成后50年内未发表的，著作权法不再保护。

（3）电影作品和以类似摄制电影的方法创作的作品、摄影作品，其发表权、上述财产权的保护期为50年，截止于作品首次发表后第50年的12月31日，但作品自创作完成后50年内未发表的，著作权法不再保护。

著作权的保护期届满，著作权即告终止，作品成为社会公有财富，人们可以无偿使用。

四、著作权的权利限制

著作权保护的目的不仅在于保护作者的正当权益，同时还在于促进作品的传播与使用，从而丰富人们的精神文化生活，提高人们的科学文化素质，推动经济的发展和人类社会的进步。因此，世界各国著作权法都相应地规定了著作权人对社会所承担的义务，这些义务主要通过对著作权的限制来体现。

1. 合理使用

所谓合理使用，是指他人依法律的明文规定，不必经著作权人许可而无偿使用其作品的行为。但注意的是即使是合理使用，使用人也应当指明作者姓名、作品名称，并且不得侵犯著作权人依照著作权法享有的其他权利。根据《著作权法》第二十二条规定，在下列情况下使用作品，可以合理使用：①为个人学习、研究或者欣赏，使用他人已经发表的作品；②为介绍、评论某一作品或者说明某一问题，在作品中适当引用他人已经发表的作品；③为报道时事新闻，在报纸、期刊、广播电台、电视台等媒体中不可避免地再现或者引用已经发表的作品；④报纸、期刊、广播电台、电视台等媒体刊登或者播放其他报纸、期刊、广播电台、电视台等媒体已经发表的关于政治、经济、宗教问题的时事性文章，但作者声明不许刊登、播放的除外；⑤报纸、期刊、广播电台、电视台等媒体刊登或者播放在公众集会上发表的讲话，但作者声明不许刊登、播放的除外；⑥为学校课堂教学或者科学研究，翻译或者少量复制已经发表的作品，供教学或者科研人员使用，但不得出版发行；⑦国家机关为执行公务在合理范围内使用已经发表的作品；⑧图书馆、档案馆、纪念馆、博物馆、美术馆等为陈列或者保存版本的需要，复制本馆收藏的作品；⑨免费表演已经发表的作品，该表演未向公众收取费用，也未向表演者支付报酬；⑩对设置或者陈列在室外公共场所的艺术作品进行临摹、绘画、摄影、录像；⑪将中国公民、法人或者其他组织已经发表的以汉语言文字创作的作品翻译成少数民族语言文字作品在国内出版发行；⑫将已经发表的作品改成盲文出版。上述规定也适用于对出版者、表演者、录音录像制作者、广播电台、电视台的权利的限制。

2. 法定许可使用

法定许可使用是指法律明文规定，可以不经著作权人许可，以特定的方式有偿使用他人已经发表的作品的行为。值得指出，如果著作权人声明不许使用的，则排除在法定可以使用的范围之外，即法定许可使用一般受到著作权人声明的限制。此外，在使用作品时，不得影响作品的正常使用，也不得不合理的损害著作权人的合法利益。与合理使用的重要区别是法定许可使用是有偿的。

根据《著作权法》第二十三条规定,法定许可使用的情形是:为实施九年制义务教育和国家教育规划而编写出版教科书,除作者事先声明不许使用的外,可以在教科书中汇编已经发表的作品片段或者短小的文字作品、音乐作品或者单幅的美术作品、摄影作品,但应当按照规定支付报酬,指明作者姓名、作品名称,并且不得侵犯著作权人依照本法享有的其他权利。前述规定也适用于对出版者、表演者、录音录像制作者、广播电台、电视台的权利的限制。

五、邻接权

(一) 邻接权的概念

邻接权是指作品传播者对在传播作品过程中产生的劳动成果依法享有的专有权利,又称为作品传播者权或与著作权有关的权益。广义的著作权可以包括邻接权。狭义的著作权与邻接权的关系极为密切。没有作品,就谈不上作品的传播,因而邻接权以著作权为基础。

邻接权与著作权的主要区别是:邻接权的主体多为法人或其他组织,著作权的主体多为自然人;邻接权的客体是传播作品过程中产生的成果,而著作权的客体是作品本身;邻接权中除表演者权外一般不涉及人身权,而著作权包括人身权和财产权两方面的内容。

(二) 邻接权的种类

1. 出版者权

出版者权是指书刊出版者与著作权人通过订立出版合同约定,在一定的期限内,对交付出版的作品所享有的专有出版权。

(1) 出版者的权利。其权利主要包括两个方面:①版式设计专有权。版式设计是指出版者对其出版的图书、期刊的版面和外观装饰所作的设计。版式设计是出版者,包括图书出版者(如出版社)和期刊出版者(如杂志社、报社)的创造性智力成果,出版者依法享有专有使用权,即有权许可或者禁止他人使用其出版的图书、期刊的版式设计。②专有出版权。图书出版者对著作权人交付出版的作品,按照双方订立的出版合同的约定享有专有出版权。专有出版权是依出版合同而产生的权利而非法定权利,因而严格意义上讲它不属于邻接权范畴。

(2) 图书出版者应承担如下主要义务:①按合同约定或国家规定向著作权人支付报酬;②按照合同约定的出版质量、期限出版图书;③重版、再版作品的,应当通知著作权人,并支付报酬;④出版改编、翻译、注释、整理已有作品而产生的作品,应当取得演绎作品的著作权人和原作品的著作权人许可,并支付报酬;⑤对出版行为的授权、稿件来源的署名、所编辑出版物的内容等尽合理的注意义务,避免出版行为侵犯他人的著作权等民事权利。

2. 表演者权

表演者权是指表演者对他人作品的艺术表演依法享有的专有权利。

根据《著作权法》第三十八条规定,表演者对其表演享有下列权利:①表明表演者身份;②保护表演形象不受歪曲;③许可他人从现场直播和公开传送其现场表演,并获得报酬;④许可他人录音录像,并获得报酬;⑤许可他人复制、发行录有其表演的录音录像制品,并获得报酬;⑥许可他人通过信息网络向公众传播其表演,并获得报酬。

使用他人作品演出,表演者(演员、演出单位)应当取得著作权人许可,并支付报酬。演出组织者组织演出,由该组织者取得著作权人许可,并支付报酬。使用改编、翻译、注释、整理已有作品而产生的作品进行演出,应当取得改编、翻译、注释、整理作品的著作权人和原作品的著作权人许可，并支付报酬。

3. 音像制作者权

音像制作者权是指录音录像制作者对其制作的录音录像制品享有许可他人复制、发行、出租、通过信息网络向公众传播并获得报酬的权利。

音像制作者依法应承担下列义务：①录音录像制作者使用他人作品制作录音录像制品，应当取得著作权人许可，并支付报酬；②录音录像制作者使用演绎作品，应当取得演绎作品的著作权人和原作品著作权人许可，并支付报酬；③录音制作者使用他人已经合法录制为录音制品的音乐作品制作录音制品，可以不经著作权人许可，但应当按照规定支付报酬，著作权人声明不许使用的不得使用；④录音录像制作者制作录音录像制品，应当同表演者订立合同，并支付报酬。

4. 广播电视节目制作者权

广播电视节目制作者权是指广播电视组织对其播放的广播电视节目，依法享有允许或禁止他人进行营利性的转播、录制和复制的权利以及获得经济利益的权利。广播电视节目是指广播电台、电视台通过载有声音、图像的信号传播的节目。

广播电视组织依法应承担下列义务：①广播电台、电视台使用他人未发表的作品，应当取得著作权人的许可，并支付报酬；②广播电台、电视台使用他人已发表的作品，可以不经著作权人许可，但应当支付报酬；③广播电台、电视台播放已经出版的录音制品，可以不经著作权人许可，但应当支付报酬；④广播电台、电视台播放他人的电影作品和以类似摄制电影的方法创作的作品、录像制品，应当取得制片者或者录像制作者许可，并支付报酬，播放他人的录像制品，还应当取得著作权人许可，并支付报酬。

（三）邻接权的保护期

出版者权的保护期是由著作权人与出版者在图书出版合同中加以约定，但版式设计权的保护期为10年，截止于使用该版式设计的图书、期刊首次出版后第10年的12月31日。

表演者对其表演所享有的人身权（即表明表演者身份、保护表演形象不受歪曲），著作权法永久保护。表演者享有的财产权保护期为50年，截止于该表演发生后第50年的12月31日。

录音录像制作者享有的财产权保护期为50年，截止于该制品首次制作完成后第50年的12月31日。

广播电台、电视台对其制作的广播、电视节目的财产权保护期为50年，截止于该广播、电视首次播放后第50年的12月31日。

五、著作权的法律责任

（一）侵犯著作权的民事责任

根据《著作权法》第四十七条规定，有下列侵权行为的，应当根据情况，承担停止侵害、消除影响、赔礼道歉、赔偿损失等民事责任：①未经著作权人许可，发表其作品的；②未经合作者许可，将与他人合作创作的作品当做自己单独创作的作品发表的；③没有参加创作，为谋取个人名利，在他人作品上署名的；④歪曲、篡改他人作品的；⑤剽窃他人作品的；⑥未经著作权人许可，以展览、摄制电影和以类似摄制电影的方法使用作品，或者以改编、翻译、注释等方式使用作品的，本法另有规定的除外；⑦使用他人作品，应当支付报酬而未支付的；⑧未经电影作品和以类似摄制电影的方法创作的作品、计算机软件、录音录像制品的著作权人或者与著作权有关的权利人许可，出租其作品或者录音录像制品的，本法另有规定的除外；⑨未经出版者许可，使用其出版的图书、期刊的版式设计的；⑩未经表演者许可，从现场直播或者公开传送其现场表演，或者录制其表演的；⑪其他侵犯著作权以及与著作权有关的权益的行为。

(二) 侵犯著作权的行政责任与刑事责任

《著作权法》第四十八条规定，有下列侵权行为的，应当根据情况，承担停止侵害、消除影响、赔礼道歉、赔偿损失等民事责任；同时损害公共利益的，可以由著作权行政管理部门责令停止侵权行为，没收违法所得，没收、销毁侵权复制品，并可处以罚款；情节严重的，著作权行政管理部门还可以没收主要用于制作侵权复制品的材料、工具、设备等；构成犯罪的，依法追究刑事责任。①未经著作权人许可，复制、发行、表演、放映、广播、汇编、通过信息网络向公众传播其作品的，本法另有规定的除外；②出版他人享有专有出版权的图书的；③未经表演者许可，复制、发行录有其表演的录音录像制品，或者通过信息网络向公众传播其表演的，本法另有规定的除外；④未经录音录像制作者许可，复制、发行、通过信息网络向公众传播其制作的录音录像制品的，本法另有规定的除外；⑤未经许可，播放或者复制广播、电视的，本法另有规定的除外；⑥未经著作权人或者与著作权有关的权利人许可，故意避开或者破坏权利人为其作品、录音录像制品等采取的保护著作权或者与著作权有关的权利的技术措施的，法律、行政法规另有规定的除外；⑦未经著作权人或者与著作权有关的权利人许可，故意删除或者改变作品、录音录像制品等的权利管理电子信息的，法律、行政法规另有规定的除外；⑧制作、出售假冒他人署名的作品的。

思考题

1. 理解下列重要的术语：
知识产权　专利权　商标权　著作权　专利申请优先权
2. 简述职务作品的权利归属情况。
3. 简述专利的实质性审查。
4. 简述专利申请的原则。
5. 试述驰名商标的特殊保护。
6. 简述商标与商号的区别。
7. 为什么要对著作权予以权利限制？我国《著作权法》中对著作权的权利限制是如何规定的？

第五编
国际商事救济法

第正集

国别南夏这旅去

第十三章 国际商事仲裁

在国际贸易活动中，由于交易主体有着不同的经济利益和处分方式，加上所属国家的法律制度有着差异，发生争议在所难免。国际贸易争议解决的方式有四种：协商、调解、仲裁和诉讼。其中仲裁作为与诉讼并列的争议解决方式，具有许多诉讼难以实现的优势，其已成为最常用的选择性争议解决方式（Alternative Dispute Resolution，简称 ADR）[①]。鉴于此，很多国家都制定了相关的仲裁立法。

第一节 概述

一、国际商事仲裁的概念与特点

（一）国际商事仲裁的概念与性质

1. 概念

国际商事仲裁，是指国际商事关系的双方当事人在争议发生后，依据仲裁条款或仲裁协议，自愿将争议提交仲裁机构审理，由其根据有关法律或公平合理原则做出裁决，从而解决争议。

对于国际商事仲裁中"国际性"的界定，各国有不同的理解，根据《联合国国际商事仲裁示范法》的规定，下列情况下可以界定为具有"国际性"：①仲裁协议的当事人在缔结协议时，营业地位于不同国；②下列地点位于当事各方营业地点所在国之外的：仲裁协议中或根据仲裁协议确定的仲裁地点，义务的主要部分将要履行的地点或与争议标的具有最密切联系的地点；③双方当事人已经明确约定仲裁协议的标的与一个以上的国家有联系。

我国关于"国际性"的规定：凡民事关系的一方或者双方当事人是外国人、无国籍人、外国法人的；民事关系的标的物在外国领域内的；产生、变更或者消灭民事权利义务关系的法律事实发生在外国的，均为涉外民事关系。涉港、澳、台的仲裁也应参照涉外仲裁处理。

总之，凡仲裁当事人一方或双方为外国人或无国籍人或合同中的仲裁条款或仲裁协议订立时，双方当事人的住所、营业地位于不同国家，或双方当事人位于同一国家，但仲裁地位于该国之外，或仲裁涉及的法律关系的内容发生在国外，或争议的标的位于国外，其仲裁均应视为国际仲裁。

2. 性质

对于国际商事仲裁的性质，学术界颇有争议，有三种代表性观点：一是认为它只具司

[①] 选择性争议解决方式，也称为"替代性争议解决方式"，一般指以诉讼以外的方式解决争议。即发生争议后，当事人可以选择双方协商，或者选择由无利害关系的第三方主持下进行的调解，还可以选择依据当事人订立的仲裁条款或仲裁协议，提交仲裁庭仲裁。

法权性质（司法权说）；二是认为它只具契约性质或自治性质（契约说或自治说）；三是认为国际商事仲裁兼有上述两种性质。

（二）国际商事仲裁的特点

1. 广泛的国际性

广泛的国际性是有效解决国际商事纠纷的基础。这主要表现在两个方面：①几乎所有的常设仲裁机构都聘用了许多不同国家的专业人员作仲裁员，许多国际仲裁案件是由不同国籍的仲裁员组成仲裁庭来进行审理；②由于已有100多个国家参加了1958年《纽约公约》，仲裁裁决的承认和执行便有了可靠基础，使仲裁裁决比较容易地在国外得到承认与执行。

2. 高度的自治性

高度的意思自治性是有效解决国际商事纠纷的优势。这种自治性主要体现在以下四个方面：①双方当事人可以选择仲裁机构或仲裁的组织形式。②双方当事人可以选择仲裁地点。尽管常设仲裁机构一般都在其机构所在地进行仲裁活动，但双方当事人选择了仲裁机构，并不一定就是选择了仲裁机构所在地作为仲裁地点。③双方当事人可以选择审理案件的仲裁员。双方当事人可以合意选择任何人作为仲裁员审理他们之间的争议。④双方当事人可以选择进行仲裁的程序和适用的法律。在进行仲裁的过程中，仲裁机构、当事人和其他参与人以及仲裁庭从事仲裁活动所必须遵循的程序，都可以由双方当事人在其仲裁协议中约定。除了解决争议应予适用的实体法外，双方当事人可以选择仲裁适用的程序法。

3. 执行的强制性

执行的强制性是有效解决国际商事纠纷的保证。虽然国际商事仲裁具有民间性，国际商事仲裁机构是一种民间性质的组织，不是国家司法机关，但各国的立法和司法都明确承认仲裁裁决的法律效力，并赋予仲裁裁决和法院判决同等的强制执行效力。如果一方当事人不按照事先的约定自觉地履行仲裁裁决，另一方当事人可以依照有关的国际公约、协议或执行地国家的法律规定申请强制执行仲裁裁决。

4. 很强的权威性

仲裁裁决的权威性是正确处理国际商事纠纷的前提。由于仲裁员是由各行各业的专家或具有丰富实践经验的人组成的，因此许多仲裁案件实际都是由有关问题的专家来审理，仲裁庭作出的裁决也就具有了很强的权威性。仲裁程序结束后所作出的判决一般都是终局的，任何一方当事人均不得向法院起诉，也不得向其他机构提出变更仲裁裁决的请求。

二、国际商事仲裁与调解、诉讼的异同

（一）仲裁与调解的异同

仲裁与调解都是有第三者介入的民间解决纠纷的方法。但仲裁的力度比调解大，能够比较彻底地解决纠纷。

两者的区别主要体现在以下几方面：

（1）当事人的合意程度不同。调解的进行，自始至终必须得到双方的同意；仲裁则只要双方当事人合意达成了仲裁协议，即使后来一方当事人不愿意，他方仍可依仲裁协议提起仲裁程序，仲裁庭所作的裁决也无需征得双方当事人的同意。

（2）第三人所起的作用不同。调解人主要起疏通、说服、劝解和协商的作用；仲裁员则主要起裁判的作用。

（3）法律效力不同。在调解的情况下，当事人达成了调解协议，也是可以反悔的，法

院不能强制执行调解协议；仲裁则得到了国家权力的支持，即仲裁裁决具有强制执行力。

（二）仲裁与诉讼的异同

民商事争议通常可以采取向法院起诉和申请仲裁机构审理两种方法。仲裁和司法诉讼的处理决定都是由第三者独立自主做出的，并对当事人有约束力。

两者的区别主要体现在以下几方面：

（1）机构的性质不同。国际商事仲裁机构只具有民间团体的性质，而审理国际民商事纠纷的法院，则是国家司法机关。

（2）管辖权来源不同。国际商事仲裁机构的管辖权完全来自双方当事人的合意，而法院审理国际民事诉讼的管辖权则来自国家的强制力。

（3）审理程序的公开性不同。国际商事仲裁程序一般都是不公开进行的，而法院审理国际民商事争议，除极少数涉及国家秘密或个人隐私的外，原则上是必须公开进行的。

（4）当事人的自治性不同。国际商事仲裁中当事人的自治性大大超过国际民事诉讼中当事人的自治性。

（5）审级制度不同。国际商事仲裁裁决一般实行一裁终局制，而国际民事诉讼则一般实行二审终审制。

三、《联合国国际商事仲裁示范法》

仲裁在解决各种社会纠纷和协调社会经济关系方面，发挥着越来越重要的作用，受到世界各国和国际社会的普遍重视并得到广泛采用。为指导各国的仲裁立法，1985年6月21日，联合国通过了《联合国国际商事仲裁示范法》（以下简称《示范法》），得到了国际社会的热烈响应。该《示范法》共8章36条，虽然没有强制执行力，仅供各成员国制定国内法时参考之用，但世界范围内，出现了支持仲裁的立法和司法实践潮流，已有俄罗斯、保加利亚等超过40个的国家和地区以《示范法》为蓝本，修改了各自的仲裁立法。

《示范法》的主要内容包括：

1. 适用范围

该法适用于国际商事仲裁。但须服从在本国与其他任何一国或多国之间有效力的任何协定。该法不得影响规定某些争议不可以交付仲裁或只有根据非该法规定的规定才可以交付仲裁的本国其他任何法律。

2. 放弃提出异议的权利

当事一方如知道本法中当事各方可以背离的任何规定或仲裁协议规定的任何要求未得到遵守，但仍继续进行仲裁而没有不过分迟延地或在为此订有时限的情况下没有在此时限以内对此种不遵守情事提出异议，则应视为已放弃其提出异议权利。

3. 仲裁协议

（1）仲裁协议是指当事各方同意将在他们之间确定的不论是契约性或非契约性的法律关系上已经发生或可以发生的一切或某些争议提交仲裁的协议。仲裁协议可以采取合同中的仲裁条款形式或单独的协议形式。

（2）仲裁协议应是书面的。协议如载于当事各方签字的文件中，或载于往来的书信、电传、电报或提供协议记录的其他电讯手段中，或在申诉书和答辩书的交换中当事一方声称有协议而当事他方不否认即为书面协议。在合同中提出参照载有仲裁条款的一项文件即构成仲裁协议，如果该合同是书面的而且这种参照足以使该仲裁条款构成该合同的一部分的话。

（3）仲裁协议和向法院提出的实质性申诉。向法院提起仲裁协议标的诉讼时，如当事一方在其不迟于其就争议实质提出第一次申述的时候要求仲裁，法院应让当事各方付诸仲裁，除非法院发现仲裁协议无效、不能实行或不能履行。当前述提及的诉讼已提起时，仍然可以开始或继续进行仲裁程序，并可作出裁决，同时等待法院对该问题的判决。

4. 仲裁协议和法院的临时措施

在仲裁程序进行前或进行期间内，当事一方请求法院采取临时保护措施和法院准予采取这种措施，均与仲裁协议不相抵触。

5. 提出异议

提出异议的理由有：

（1）某人被询有关他可能被指定为仲裁员的事情时，他应该可能会对他的公正性或独立性引起正当的怀疑的任何情况说清楚。仲裁员从被指定之时起以至在整个仲裁程序，进行期间，应不迟延地向当事各方说清楚任何这类情况，除非他已将这类情况告知当事各方。

（2）只有存在对仲裁员的公正性或独立性引起正当的怀疑的情况或他不具备当事各方商定的资格时，才可以对仲裁员提出异议。当事一方只有根据作出指定之后才得知的理由才可以对他所指定的或他参加指定的仲裁员提出异议。

6. 仲裁庭

（1）仲裁庭对自己的管辖权作出裁定的权力。①仲裁庭可以对它自己的管辖权包括对仲裁协议的存在或效力的任何异议，作出裁定。为此目的，构成合同的一部分的仲裁条款应视为独立于其他合同条款以外的一项协议。仲裁庭作出关于合同无效的决定，不应在法律上导致仲裁条款的无效。②有关仲裁庭无权管辖的抗辩不得在提出答辩书之后提出。当事一方已指定或参与指定仲裁员的事实，不得阻止该当事一方提出这种抗辩。有关仲裁庭超越其权力范围的抗辩，应在仲裁程序过程中提出越权的事情后立即提出。在这两种情况下，仲裁庭如认为推迟提出抗辩有正当理由，均可准许待后提出抗辩。③仲裁庭可以根据案情将前一款所指的抗辩作为一个初步问题裁定或在裁决中裁定。如果仲裁庭作为一个初步问题裁定它有管辖权，当事任何一方均可以在收到裁定通知后 30 天内要求履行协助和监督仲裁的某种职责的法院对这一问题作出决定。该决定不容上诉，在等待对这种要求作出决定的同时，仲裁庭可以继续进行仲裁程序和作出裁决。

（2）仲裁庭命令采取临时措施的权力。除非当事各方另有协议，仲裁庭经当事一方请求，可以命令当事任何一方就争议的标的采取仲裁庭可能认为有必要的任何临时性保全措施。仲裁庭可以要求当事任何一方提供有关此种措施的适当的担保。

7. 仲裁程序

仲裁中应对当事各方平等相待，应给予当事每一方充分的机会陈述其案情。

（1）程序规则的确定。①以服从该法的规定为准，当事各方可以自由地就仲裁庭进行仲裁所应遵循的程序达成协议；②如未达成这种协议，仲裁庭可以在本法的规定的限制下，按照它认为适当的方式进行仲裁。授予仲裁庭的权力包括确定任何证据的可采性、相关性、实质性和重要性的权力。

（2）仲裁地点。当事各方可以自由地就仲裁地点达成协议。如未达成这种协议，仲裁地点应由仲裁庭确定，要照顾到案件的情况，包括当事各方的方便。除非当事各方另有协议，仲裁庭可以在它认为适当的任何地点聚会，以便在它的成员间进行磋商、听取证人、专家或当事各方的意见或检查货物、其他财产或文件。

（3）仲裁程序的开始。除非当事各方另有协议，特定争议的仲裁程序，于应诉人收到将该争议提交仲裁的请求之日开始。

8. 在获取证据方面的法院协助

仲裁庭或当事一方在仲裁庭同意之下，可以请求本国主管法院协助获取证据。法院可以在其权限范围内并按照其获取证据的规则的规定执行上述请求。

9. 裁决的作出和程序的终止

（1）适用于争议实体的规则。①仲裁庭应按照当事各方选定的适用于争议实体的法律规则对争议作出决定。除非另有表明，否则规定适用某一国的法律或法律制度应认为是直接指该国的实体法而不是指该国的法律冲突规则。②如当事各方没有任何规定，仲裁庭应适用它认为可以适用的法律冲突规则所确定的法律。③在一切情形下，仲裁庭均应按照合同的条款作出决定，并应考虑到适用于该项交易的贸易习惯。④仲裁庭只有在当事各方明确授权的情况下，才应按照公平合理的原则或作为友好调解人作出决定。

（2）程序的终止。①仲裁程序依终局裁决或仲裁庭按照下一款发出的命令予以终止。②仲裁庭在下列情况下应发出终止仲裁程序的命令：第一，申诉人撤回其申诉，除非应诉人对此表示反对而且仲裁庭承认彻底解决争议对他来说是有正当的利益的；第二，当事各方同意终止程序；第三，仲裁庭认定仲裁程序在任何其他理由之下均无必要或不可能继续进行。③仲裁庭的任务随着仲裁程序的终止而结束。

第二节　国际商事仲裁机构

一、国际商事仲裁机构的分类

（一）仲裁机构的组成形式

1. 临时仲裁

又称特别仲裁，是指根据双方当事人的仲裁协议，在争议发生后由双方当事人推荐的仲裁人临时组成仲裁庭，负责按照当事人约定的程序规则审理有关争议，并在审理终结作出裁决后即不再存在的仲裁。

临时仲裁与机构仲裁相比较，有较机构仲裁更大的自治性、灵活性及费用更低和速度更快等优点。

2. 常设仲裁机构

常设仲裁机构是指依国际公约或一国国内法成立的，有固定的名称、地址、组织形式、组织章程、仲裁规则和仲裁员名单，并具有完整的办事机构和健全的行政管理制度，用以处理国际商事争议的仲裁机构。

（二）仲裁庭是否必须按照法律作出裁决

1. 依法仲裁

依法仲裁是指仲裁庭依据一定的法律规定对纠纷进行裁决。

2. 友好仲裁

也称友谊仲裁，是指在国际商事仲裁中，允许仲裁员或仲裁庭根据公平和善意原则或公平交易和诚实信用原则对争议实质问题作出裁决。是否进行友好仲裁主要取决于当事人的愿望与授权。同时，是否能进行友好仲裁还得受"仲裁地法"或有关国际公约的制约。

二、重要的国际商事仲裁机构

国际商事仲裁机构是由国际商事关系中的当事人自主选择，用以解决其商事争议的民间性机构。下面介绍几个常设的、影响较大的商事仲裁机构。

（一）国际商会仲裁院

国际商会仲裁院是附属于国际商会的一个全球性国际常设仲裁机构，成立于1923年，总部设在巴黎。我国已于1996年参加国际商会。国际商会仲裁院于1997年4月通过了一个程序规则，即《国际商会仲裁规则》，该规则于1998年实施，共7章35条，规则中明确规定了仲裁申请、仲裁庭的组成、仲裁程序的进行、法律的适用、仲裁裁决的作出等事项。

国际商会仲裁院的管辖范围很广，就案件的性质而言，国际商会仲裁院的管辖范围几乎包括因契约关系而发生的任何争议，是目前世界上每年受理案件最多的一个常设仲裁机构。申请主体也不限于国际商会的会员国，任何国家的当事人均可通过仲裁协议将有关商事争议提交该仲裁院仲裁，因而在世界范围内为各国广为采纳。

（二）世界知识产权组织仲裁中心

世界知识产权组织仲裁中心成立于1994年，总部设在日内瓦，其在仲裁程序中有一些特殊性。当事人可以利用"名单程序"选择仲裁员。所谓名单程序，是指在各方当事人选择仲裁员时，仲裁中心提供当事人一份候选仲裁员名单，要求当事人将其反对的仲裁员换掉，然后再剩下的候选人中按优先顺序标记，仲裁中心依此选择组成仲裁庭人员。

（三）瑞典斯德哥尔摩商事仲裁院

瑞典斯德哥尔摩商会仲裁院是目前东西方国家之间国际经济贸易仲裁的中心。其成立于1917年，与其他仲裁机构相比，具有一定特殊性，原因在于瑞典在政治上的中立地位。仲裁院除了可以适用自己的规则外，还可以根据《联合国国际贸易法委员会仲裁规则》等其他任何仲裁规则来审理裁决当事人提交的商事争议，当事人在指定仲裁员时也可不受仲裁员名册的限制。

（四）伦敦国际仲裁院

伦敦国际仲裁院是成立最早的常设国际仲裁机构之一，其前身为1892年成立的伦敦仲裁厅，它的海事仲裁在国际社会享有很高的声誉，世界各国的大多数海事案件都提请该院仲裁。

为了适应国际性仲裁的需要，该仲裁院于1978年设立了伦敦国际仲裁员名单，是由主要的贸易国家挑选出来的仲裁员组成的。仲裁庭通常依据1998年修订的仲裁规则来裁决，该规则相较于其他机构的规则而言更为详尽，因而为当事人和仲裁庭提供了可靠的指引。

（五）美国仲裁协会

美国仲裁协会成立于1926年，总部设于纽约。《美国仲裁协会国际仲裁规则》于1991年3月1日生效。仲裁庭除作出终局裁决外，亦可作出临时裁决、中间裁决或部分裁决。

第三节　国际商事仲裁协议

一、国际商事仲裁协议的概念及种类

（一）概念

国际商事仲裁协议是指当事人之间以解决国际商事争议为目的，在争议发生前或者争议发生后达成的一致同意采取仲裁形式解决相互间商事争议的书面意思表示。

国际商事仲裁协议是国际商事仲裁的基石。通常仲裁协议涉及仲裁地点、仲裁机构、仲裁规则、裁决的效力和提交仲裁的事项等五个方面的内容。

(二) 种类

仲裁协议有两种形式：

1. 仲裁条款

仲裁条款一般是双方当事人在争议发生之前订立的，包含在主合同中，作为主合同的一项条款而存在。仲裁条款一般较短，因为是事前制定的，不知道之后会发生什么争议，所以不可能拟定详细的仲裁条文。

2. 仲裁协议书

仲裁协议书是双方当事人在争议发生之后订立的，表示同意将已经发生的争议提交仲裁解决的协议，这是独立于主合同之外的一个单独的协议。

二、仲裁协议的法律效力

1. 对当事人的效力

仲裁协议一经成立即对当事人产生法律效力：①当争议发生时，任何一方当事人都有权将争议提交仲裁。②当事人只能采取仲裁方式解决商事争议。如果一方当事人就仲裁协议规定范围内的商事争议向法院提起诉讼，另一方当事人可以仲裁协议为抗辩事由要求法院终止司法诉讼程序并将案件发还仲裁解决。

2. 对仲裁庭和仲裁机构的效力

仲裁协议对仲裁庭和仲裁机构的法律效力体现在：①仲裁协议是仲裁庭或仲裁机构行使仲裁管辖权的依据。如果没有仲裁协议，其就无权受理商事争议案件。②仲裁庭或仲裁机构的受案范围受到仲裁协议的严格限制。对于任何超出协议范围的事项均无权受理。

3. 对法院的效力

仲裁协议排除了法院对商事争议案件的司法管辖权。即一旦双方当事人达成了仲裁协议，并且争议发生后一方当事人向法院提起诉讼，法院不应受理，或者根据另一方当事人的请求停止司法诉讼程序，将案件发还仲裁庭或仲裁机构审理。

第四节　国际商事仲裁裁决的承认与执行

一、国际仲裁裁决承认与执行的三种情况

一般商事仲裁裁决的承认与执行分为三种情况：国内仲裁裁决、涉外仲裁裁决、外国仲裁裁决：

（1）国内仲裁裁决和涉外仲裁裁决。这两种都是我国仲裁机构作出的仲裁裁决，前者是对没有涉外因素的案件作出的仲裁裁决，后者是对具有涉外因素的案件作出的裁决。

（2）外国仲裁裁决。这是指外国仲裁机构作出的仲裁裁决，对于外国仲裁裁决，我国法院无权撤销，只能在符合法定事由的情况下拒绝承认和执行。而拒绝承认与执行外国仲裁裁决的法定事由，与涉外仲裁裁决的撤销理由是相同的。

二、承认与执行外国仲裁裁决的国际公约（1958 年《纽约公约》）

（一）《纽约公约》的制定背景

1958 年 6 月 10 日在纽约召开的联合国国际商业仲裁会议上签署了《承认及执行外国仲裁裁决公约》（the New York Convention on the Recognition and Enforcement of Foreign Arbitral Awards）。该公约又称《纽约公约》。该公约处理的是外国仲裁裁决的承认和仲裁条款的执行问题。目前已批准和加入这个公约的国家和地区有 145 个。《纽约公约》规定：成员国要保证和承认任何公约成员做出的仲裁裁决。我国于 1986 年 12 月正式加入该公约，1987 年 4 月 22 日该公约对我国生效。作为中国处理涉外经贸争议唯一的国际商事仲裁机构，中国国际经济贸易仲裁委员会已有 150 多份裁决在美国、加拿大、日本、以色列、法国、新西兰、澳大利亚等国家以及中国香港地区得到承认和执行。

（二）《纽约公约》的主要内容

1. 相互承认与国民待遇

缔约国有义务相互承认仲裁裁决具有约束力，并应依照承认与执行地的程序规则予以执行，执行时不应再实质上比承认与执行本国的仲裁裁决规定更繁琐的条件或更高的费用。

2. 我国的两项保留

我国根据《纽约公约》第一条第三款提出了两项保留：

（1）互惠保留，即我国只对在另一缔约国领土内作出的裁决适用该公约。根据该公约第一条，公约适用于在一个国家作出的而在另一个国家要求承认与执行的仲裁裁决，只要该裁决是因自然人或法人间的争执而引起的仲裁裁决。公约并不要求该裁决作出地国是公约缔约国，这就意味着对来自非缔约国的裁决，缔约国也有义务适用公约承认执行。而我国只希望对在公约缔约国作出的裁决适用公约，因为这样我国的裁决在那个国家承认与执行也可以适用该公约，所以我国提出了互惠保留。这就意味着非缔约国的裁决在我国申请承认与执行时，我国不负有适用公约的义务。

（2）商事保留，即我国仅对那些按照我国法律属于契约性或非契约性商事法律关系所引起的争议所作的裁决适用公约。对于针对非商事性争议所作的仲裁裁决在我国的承认执行，我国不适用公约。如离婚协议、家庭事宜等方面的问题所作的仲裁，或就国家间的争端所作的仲裁等，不适用公约。

3. 拒绝承认与执行外国仲裁裁决的理由

拒绝承认与执行外国仲裁裁决的理由有两类情形：

（1）应由被申请执行人证明的五项理由。《纽约公约》第五条第一款规定，被请求承认或执行裁决的主管机关只有在被申请执行人提出有关下列情况的证明的时候，才可以根据该当事人的请求，拒绝承认和执行该项裁决：①仲裁协议无效；②未给予适当通知；③仲裁庭超越权限；④仲裁庭的组成或仲裁程序不当；⑤仲裁裁决不具有约束力或已被撤销或停止执行。

（2）主管机关依职权主动审查的两项理由。《纽约公约》第五条第二款规定，被请求承认和执行仲裁裁决的国家的主管机关如果查明有下列情况，也可以拒绝承认和执行：①争议事项不具有可仲裁性；②违反主管机关所在国的公共秩序。

三、中国涉外仲裁裁决在中国的承认与执行

（一）管辖法院

根据我国《民事诉讼法》第二百五十七条的规定，当事人可以向被申请人住所地或者财产所在地的中级人民法院申请执行。

（二）拒绝执行的事由

根据《民事诉讼法》第二百五十八条第一款的规定，被申请提出证据证明仲裁裁决有下列情形之一的，经人民法院组成合议庭审查核实，裁定不予执行：①当事人在合同中没有定有仲裁条款或者事后没有达成书面仲裁协议的；②被申请人没有得到指定仲裁员或者进行仲裁程序的通知，或者由于其他不属于被申请人负责的原因未能陈述意见的；③仲裁庭的组成或者仲裁程序与仲裁规则不符的；④裁决的事项不属于仲裁协议的范围或者仲裁机构无权仲裁的。该条第二款规定：人民法院认定执行该裁决违背社会公共利益的，裁定不予执行。

《民事诉讼法》第二百五十八条的两款都是拒绝执行的事由，区别在于第一款的情形由被申请人举证证明；第二款是法院认定，无需当事人举证。

根据我国《民事诉讼法》二百五十九条的规定，仲裁裁决被人民法院裁定不予执行的，当事人可以根据双方达成的书面仲裁协议重新申请仲裁，也可以向人民法院起诉。

四、中国涉外仲裁的报告制度

（一）报告制度概述

人民法院在受理在定有仲裁协议的涉外争议的当事人起诉之前，以及在撤销或不予执行中国涉外仲裁裁决、拒绝承认与执行外国仲裁裁决之前，应将其审查意见报告所辖区高级法院审查，如高级法院也同意下级法院的做法，则需报最高人民法院批准。在最高法院未做答复前，有关下级法院暂不予受理相关起诉或不发出撤销仲裁裁决、不予执行做出裁决的制度。

（二）报告制度的主要内容

1. 涉外仲裁协议

法院认为涉外仲裁协议无效、失效或内容不明无法执行的，在决定受理一方当事人起诉前，必须报本辖区高级法院审查，如果高级法院同意受理，应将其审查意见报最高人民法院。在最高法院答复前，可暂不予受理。

2. 不予执行中国涉外仲裁裁决

对当事人的仲裁执行申请，如受理案件的法院认为具有不予执行理由的，在裁定不予执行前，必须报辖区高级法院审查，如高级法院同意不予执行的，应当将其意见报最高法院，待最高法院答复后，方可裁定不予执行仲裁裁决。

3. 承认与执行外国仲裁裁决

法院拒绝承认与执行外国仲裁裁决前，应当报辖区高级法院审查，如高级法院同意拒绝承认与执行的，应将其意见报最高法院，待最高法院答复后，方可拒绝承认与执行。

4. 撤销涉外仲裁机构裁决

受理申请撤销裁决的人民法院如认为应予撤销裁决或通知仲裁庭重新仲裁的，在受理申请后30日内报其所属高级法院，高级法院同意后，15日内报最高法院。

第五节 中国的仲裁立法与仲裁机构

一、中国国际商事仲裁立法

（一）立法的基本情况

改革开放之前，我国并存着两种截然不同的仲裁制度——涉外仲裁和国内仲裁。涉外仲裁由中国国际贸易促进会组建，包括国际经济贸易仲裁和海事仲裁。涉外仲裁机构按国际惯例设立和运行，在设立之初是一套比较完善、科学的仲裁制度。而国内仲裁制度的发展情况则要复杂得多，其主要以经济合同仲裁为主，使仲裁的民间性、自愿性等特点无法体现。具有较浓的行政色彩，本质上是以行政手段解决经济合同纠纷，是国家实行严格的计划经济体制的产物。

改革开放政策确立后，随着市场经济体制及法制的不断完善，中国的国际商事仲裁立法逐步走向成熟和完善，具体表现为：

1. 制定并颁布了单行的仲裁立法

为了适应改革开放和建立市场经济体制的新形势，统一我国仲裁立法，以国际通行的做法仲裁，我国权力机关于 1994 年 8 月 31 日讨论通过了《中华人民共和国仲裁法》（以下简称《仲裁法》），并于 1995 年 9 月 1 日起正式施行。这部法律确立了协议仲裁、或裁或审、独立仲裁和一裁终局的基本原则，恢复了仲裁的本来面目。

2005 年 1 月 11 日，中国国际贸易促进委员会、中国国际商会修订并通过了《中国国际经济贸易仲裁委员会仲裁规则》，为仲裁提供了切实可行的规制。

2. 参加重要的国际公约

中国仲裁制度一直重视国际化的发展问题和与国际的接轨。1986 年，中国加入《纽约公约》，为中外缔约方相互承认和执行仲裁裁决提供了坚实的法律基础，标志着中国在国际商事仲裁方面开始走上国际化和统一化的道路，历史意义甚至超过《仲裁法》的颁布。1989 年，新仲裁规则施行，进一步推动了中国国际商事仲裁的现代化与国际化。1992 年，全国人大常委会还批准了《关于解决国家和他国国民之间投资争端公约》。

（二）《中华人民共和国仲裁法》

《中华人民共和国仲裁法》于 1994 年 8 月 31 日通过，自 1995 年 9 月 1 日起施行，共 8 章 80 条，其基本内容如下：

1. 适用范围

平等主体的公民、法人和其他组织之间发生的合同纠纷和其他财产权益纠纷，可以仲裁。当事人采用仲裁方式解决纠纷，应当双方自愿，达成仲裁协议。没有仲裁协议，一方申请仲裁的，仲裁委员会不予受理。当事人达成仲裁协议，一方向人民法院起诉的，人民法院不予受理，但仲裁协议无效的除外。

下列纠纷不能仲裁：①婚姻、收养、监护、扶养、继承纠纷；②依法应当由行政机关处理的行政争议。

2. 基本原则

仲裁的基本原则有：①仲裁委员会应当由当事人协议选定，仲裁不实行级别管辖和地域管辖；②仲裁依法独立进行，不受行政机关、社会团体和个人的干涉；③仲裁实行一裁终局的制度，裁决作出后，当事人就同一纠纷再申请仲裁或者向人民法院起诉的，仲裁委员会或者人民法院不予受理；④裁决被人民法院依法裁定撤销或者不予执行的，当事人就该纠纷可以根据双方重新达成的仲裁协议申请仲裁，也可以向人民法院起诉。

3. 仲裁委员会和仲裁协会

仲裁委员会可以在直辖市和省、自治区人民政府所在地的市设立，也可以根据需要在其他设区的市设立，不按行政区划层层设立。

仲裁委员会应当具备下列条件：①有自己的名称、住所和章程；②有必要的财产；③有该委员会的组成人员；④有聘任的仲裁员。仲裁委员会独立于行政机关，与行政机关没有隶属关系。仲裁委员会之间也没有隶属关系。

中国仲裁协会是社会团体法人，是中国仲裁协会的会员。这是仲裁委员会的自律性组织，根据章程对仲裁委员会及其组成人员、仲裁员的违纪行为进行监督。

4. 仲裁协议

仲裁协议包括合同中订立的仲裁条款和以其他书面方式在纠纷发生前或者纠纷发生后达成的请求仲裁的协议。仲裁协议应当具有下列内容：①请求仲裁的意思表示；②仲裁事项；③选定的仲裁委员会。

有下列情形之一的，仲裁协议无效：①约定的仲裁事项超出法律规定的仲裁范围的；②无民事行为能力人或者限制民事行为能力人订立的仲裁协议；③一方采取胁迫手段，迫使对方订立仲裁协议的。

仲裁协议对仲裁事项或者仲裁委员会没有约定或者约定不明确的，当事人可以补充协议；达不成补充协议的，仲裁协议无效。仲裁协议独立存在，合同的变更、解除、终止或者无效，不影响仲裁协议的效力。仲裁庭有权确认合同的效力。

当事人对仲裁协议的效力有异议的，可以请求仲裁委员会作出决定或者请求人民法院作出裁定。一方请求仲裁委员会作出决定，另一方请求人民法院作出裁定的，由人民法院裁定。当事人对仲裁协议的效力有异议，应当在仲裁庭首次开庭前提出。

5. 仲裁的申请与保全措施

当事人申请仲裁应当符合下列条件：①有仲裁协议；②有具体的仲裁请求和事实、理由；③属于仲裁委员会的受理范围；④当事人申请仲裁，应当向仲裁委员会递交仲裁协议、仲裁申请书及副本。

仲裁申请书应当载明下列事项：①当事人的姓名、性别、年龄、职业、工作单位和住所，法人或者其他组织的名称、住所和法定代表人或者主要负责人的姓名、职务；②仲裁请求和所根据的事实、理由；③证据和证据来源、证人姓名和住所。

当事人达成仲裁协议，一方向人民法院起诉未声明有仲裁协议，人民法院受理后，另一方在首次开庭前提交仲裁协议的，人民法院应当驳回起诉，但仲裁协议无效的除外；另一方在首次开庭前未对人民法院受理该案提出异议的，视为放弃仲裁协议，人民法院应当继续审理。

财产保全措施。一方当事人因另一方当事人的行为或者其他原因，可能使裁决不能执行或者难以执行的，可以申请财产保全。当事人申请财产保全的，仲裁委员会应当将当事人的申请依照民事诉讼法的有关规定提交人民法院。申请有错误的，申请人应当赔偿被申请人因财产保全所遭受的损失。

6. 仲裁员回避制度

仲裁员有下列情形之一的，必须回避，当事人也有权提出回避申请：①是本案当事人或者当事人、代理人的近亲属；②与本案有利害关系；③与本案当事人、代理人有其他关系，可能影响公正仲裁的；④私自会见当事人、代理人，或者接受当事人、代理人的请客送礼的。

7. 仲裁的开庭与证据保全

仲裁不公开进行。当事人协议公开的，可以公开进行，但涉及国家秘密的除外。

当事人应当对自己的主张提供证据。仲裁庭认为有必要收集的证据，可以自行收集。证据应当在开庭时出示，当事人可以质证。在证据可能灭失或者以后难以取得的情况下，当事人可以申请证据保全。当事人申请证据保全的，仲裁委员会应当将当事人的申请提交证据所在地的基层人民法院。

8. 和解与调解

当事人申请仲裁后，可以自行和解。达成和解协议的，可以请求仲裁庭根据和解协议作出裁决书，也可以撤回仲裁申请。当事人达成和解协议，撤回仲裁申请后反悔的，可以根据仲裁协议申请仲裁。

仲裁庭在作出裁决前，可以先行调解。当事人自愿调解的，仲裁庭应当调解。调解不成的，应当及时作出裁决。调解达成协议的，仲裁庭应当制作调解书或者根据协议的结果制作裁决书。调解书与裁决书具有同等法律效力。

9. 仲裁裁决的撤销

裁决书自作出之日起发生法律效力。当事人提出证据证明裁决有下列情形之一的，可以向仲裁委员会所在地的中级人民法院申请撤销裁决：①没有仲裁协议的；②裁决的事项不属于仲裁协议的范围或者仲裁委员会无权仲裁的；③仲裁庭的组成或者仲裁的程序违反法定程序的；④裁决所根据的证据是伪造的；⑤对方当事人隐瞒了足以影响公正裁决的证据的；⑥仲裁员在仲裁该案时有索贿受贿，徇私舞弊，枉法裁决行为的。人民法院经组成合议庭审查核实裁决有前款规定情形之一的，应当裁定撤销。当事人申请撤销裁决的，应当自收到裁决书之日起 6 个月内提出。

10. 裁决的执行

当事人应当履行裁决。一方当事人不履行的，另一方当事人可以依照民事诉讼法的有关规定向人民法院申请执行。受申请的人民法院应当执行。一方当事人申请执行裁决，另一方当事人申请撤销裁决的，人民法院应当裁定中止执行。人民法院裁定撤销裁决的，应当裁定终结执行。撤销裁决的申请被裁定驳回的，人民法院应当裁定恢复执行。

11. 涉外仲裁的特别规定

涉外仲裁委员会可以由中国国际商会组织设立。涉外仲裁委员会可以从具有法律、经济贸易、科学技术等专门知识的外籍人士中聘任仲裁员。

涉外仲裁的当事人申请证据保全的，涉外仲裁委员会应当将当事人的申请提交证据所在地的中级人民法院。涉外仲裁委员会作出的发生法律效力的仲裁裁决，当事人请求执行的，如果被执行人或者其财产不在中华人民共和国领域内，应当由当事人直接向有管辖权的外国法院申请承认和执行。涉外仲裁规则可以由中国国际商会依照本法和民事诉讼法的有关规定制定。

二、中国国际经济贸易仲裁委员会

（一）设立背景

中国国际经济贸易仲裁委员会（英文简称 CIETAC，中文简称贸仲委）是世界上主要的常设商事仲裁机构之一。根据 1954 年 5 月 6 日中央人民政府政务院第 215 次会议通过的《关于在中国国际贸易促进委员会内设立对外贸易仲裁委员会的决定》，贸仲委于 1956 年 4 月由中国国际贸易促进委员会（简称"中国贸促会"）组织设立，当时名称为对外贸易仲裁委员会。中国实行对外开放政策以后，为了适应国际经济贸易关系不断发展的需要，根据国务院发布的《关于将对外贸易仲裁委员会改称为对外经济贸易仲裁委员会的通知》，对外贸易仲裁委员会于1980年改名为对外经济贸易仲裁委员会，又于1988年根据国务院《关于将对外经济贸易仲裁委员会改名为中国国际经济贸易仲裁委员会和修订仲裁规则的批复》，改名为中国国际经济贸易仲裁委员会。2000年，中国国际经济贸易仲裁委员会同时启用中国国际商会仲裁院的名称。

贸仲委以仲裁的方式，独立、公正地解决经济贸易争议。贸仲委设在北京，并在深圳、上海、天津和重庆分别设有贸仲委华南分会、上海分会、天津国际经济金融仲裁中心（天津分会）和西南分会。贸仲委在香港特别行政区设立贸仲委香港仲裁中心。

(二) 中国国际经济贸易仲裁委员会仲裁的特点

1. 受案范围宽，程序国际化

自1956年成立以来，贸仲委共受理了万余件国内外仲裁案件。贸仲委既可受理涉外案件，也可受理国内案件；同时，其受理案件的范围也不受当事人行业和国籍的限制。近些年来，贸仲委平均每年的受案数量近千件，始终位居世界知名仲裁机构前列。

从《仲裁规则》和仲裁员的角度而言，贸仲委也实现了国际化。贸仲委第一套《仲裁规则》制定于1956年，之后进行了七次修改，其现行有效的《仲裁规则》自2012年5月1日起施行。贸仲委现行的《仲裁规则》与国际上主要仲裁机构的仲裁规则基本相同，在现行《仲裁法》允许的范围内最大限度地尊重了当事人意思自治。此外，贸仲委的《仲裁员名册》中有近千名仲裁员，均为国内外仲裁或其他行业的知名专家。其中，外籍仲裁员近300名，分别来自30多个国家或地区。

2. 独立公正

作为国际上主要的仲裁机构，贸仲委独立于行政机关，其办案不受任何行政机关的干涉。贸仲委的仲裁员，包括当事人选定的仲裁员，均不代表任何当事人，必须保持独立和公正。在仲裁程序中，各方当事人均有平等的机会陈述自己的意见。在过去几十年中，贸仲委的独立、公正、廉洁以及裁决的质量得到了国内外当事人的广泛赞誉。

3. 仲裁程序快捷高效

在贸仲委的仲裁中，当事人可以约定仲裁程序如何进行。对于当事人提交的证据和陈述，贸仲委将以书面形式在当事人之间进行充分的交换，贸仲委的开庭审理一般只需1~3天。因此，贸仲委的仲裁程序具有快捷高效的特点，其受理的仲裁案件绝大多数均在仲裁庭组成之后6个月内结案。

4. 仲裁费用相对低廉

作为国际仲裁机构，贸仲委的仲裁收费标准在世界主要仲裁机构中相对较为低廉。与国内其他仲裁机构相比，同等条件下收费基本相同。与诉讼相比，由于仲裁一裁终局、程序快捷等特点，使得采用仲裁对当事人而言更为经济。

5. 仲裁与调解相结合

仲裁与调解相结合是贸仲委仲裁的显著特点。该做法将仲裁和调解各自的优点紧密结合起来，不仅有助于解决当事人之间的争议，而且有助于保持当事人的友好合作关系。

仲裁和调解相结合可以在仲裁程序中进行。即经当事人请求或在征得当事人同意后，仲裁庭在仲裁程序进行过程中担任调解员的角色，对其审理的案件进行调解，以解决当事人之间的争议。如果任何一方当事人认为调解没有必要或者不会成功，可以随时要求终止调解，恢复仲裁程序。

此外，当事人在贸仲委之外通过调解达成和解协议的，可以凭当事人达成的由贸仲委仲裁的仲裁协议和他们的和解协议，请求贸仲委主任指定一名独任仲裁员，按照和解协议的内容作出仲裁裁决。此时，贸仲委可以视工作量的大小和实际开支的多少，减少仲裁收费。

6. 专业的仲裁管理服务

贸仲委秘书局和分会秘书处现有 90 多名高素质的专业人员，对贸仲委受理的案件进行管理。在每个仲裁案件中，贸仲委秘书局或分会秘书处向当事人发出仲裁通知后，即会指定一名工作人员负责该案件的程序管理工作。贸仲委的工作人员大多具有法学硕士、博士学位，精通英语、法语或俄语等语言，并以积极向上的态度和勤勉尽责的工作作风为仲裁员和当事人提供优质的服务。

案例 13.1 能否仅凭涉外仲裁条款未明确约定仲裁机构而认定无效

案情：2004 年 3 月 26 日，中国厦门象屿集团有限公司（买方，下称象屿公司）与瑞士米歇尔贸易公司（Mechel Trading AG）（卖方，下称米歇尔公司）签署一份钢材买卖合同。合同就法律适用规定："与本合同相关的一切法律争议应当受 1980 年 4 月 11 日制定的《联合国国际货物销售合同公约》管辖并据以解释。上述公约未规定的事项，则应参照国际统一私法协会 1994 年颁布的《国际商事合同通则》。如上述公约及通则仍未有规定的，则应当根据国际惯例及出卖方主要营业地的法律进行管辖和解释。"合同仲裁条款内容："与本合同相关或由本合同引起的任何争议应根据国际商会仲裁院仲裁规则，并由依据可从网址 www.iccwbo.org 获得的上述规则指定的一名或多名仲裁员进行最终裁决。仲裁地点为中国北京，仲裁语言为中文或英文。"

2004 年 8 月 13 日，国际商会仲裁院受理由米歇尔公司作为申请人与象屿公司作为被申请人的买卖钢材合同仲裁纠纷案。2004 年 9 月 14 日，象屿公司向厦门市中级人民法院提出申请，要求米歇尔公司签订合同中的仲裁条款无效。

评析：本案争议的焦点是有关裁定其中仲裁条款效力争议应如何适用法律，讼争仲裁条款对于仲裁机构有无约定及其对仲裁条款效力的影响。对此，申请人认为，讼争仲裁条款约定仲裁地点为北京，依照最密切联系地的法律适用原则，本案争议应适用中国法律。根据我国《仲裁法》以及最高人民法院有关司法解释的规定，仲裁条款必须约定明确的仲裁机构，否则仲裁条款无效。被申请人则认为，讼争仲裁条款系依照国际商会仲裁院推荐的条款制作，该条款依照法国法和仲裁惯例都应当被认定为有效。即使依照中国法，该条款亦应认定为有效。

我国承认国际性的临时仲裁。在涉外仲裁合同或合同中的仲裁条款的文字表达清楚，不会让人产生任何歧义，无需当事人补充约定就能推导出对双方之间的仲裁案有管辖权的唯一仲裁机构的情况下，根据诚实信用原则和通行的国际仲裁理论，法院不能仅凭讼争仲裁条款未明确约定仲裁机构而认定该条款无效。

资料来源：http://china.findlaw.cn/falvchangshi/guojizhongcai/shangshi/anli/77741.html

思考题

1. 理解下列重要术语：
   仲裁 仲裁协议 涉外民事诉讼
2. 试述仲裁与诉讼的区别，并说明仲裁有哪些优势。
3. 简述商事仲裁的主要程序。
4. 试述我国承认与执行外国法院判决的基本规定。

参考文献

[1] 冯大同. 国际商法 [M]. 2版. 北京: 对外经济贸易大学出版社, 1997.
[2] 田东文. 国际商法 [M]. 北京: 机械工业出版社, 2011.
[3] 宁烨, 杜晓君. 国际商法 [M]. 北京: 机械工业出版社, 2011.
[4] 刘惠荣. 国际商法学 [M]. 2版. 北京: 北京大学出版社, 2009.
[5] 邓瑞萍. 国际经济法法 [M]. 2版. 重庆: 重庆大学出版社, 2005.
[6] 陈安, 李国安. 国际经济法 [M]. 2版. 北京: 法律出版社, 2007.
[7] 余劲松, 吴志攀. 国际经济法 [M]. 北京: 北京大学出版社, 高等教育出版社, 2000.
[8] 曹建明, 陈治. 国际经济法专论: 2卷 [M]. 北京: 法律出版社, 2000.
[9] 张旭. 国际商法理论与实务 [M]. 北京: 科学出版社, 2005.
[10] 郭寿康, 韩立余. 国际贸易法 [M]. 北京: 中国人民大学出版社, 2000.
[11] 沈四宝, 王军, 焦津洪. 国际商法. [M] 北京: 对外经济贸易大学出版社, 2003.
[12] 徐康平. 国际商法 [M]. 北京: 机械工业出版社, 2007.
[13] 施新华. 国际商法 [M]. 成都: 西南财经大学出版社, 2010.
[14] 邹建华. 国际商法 [M]. 5版. 北京: 中国金融出版社, 2006.
[15] 理查德. 谢弗, 贝弗利. 厄尔, 菲利伯多. 阿格斯蒂, 国际商法 [M]. 邹建华, 译. 北京: 人民邮电出版社, 2003.
[16] 顾寒梅, 张华. 国际货物运输保险理论与实务 [M]. 北京: 中国物资出版社, 2005.
[17] 曹祖平. 新编国际商法 [M]. 北京: 中国人民大学出版社. 2002
[18] 高晋康. 经济法 [M]. 5版. 成都: 西南财经大学出版社, 2010.
[19] 於向平, 邱艳, 赵敏燕. 经济法理论与实务 [M]. 3版. 北京: 北京大学出版社, 2009.
[20] 王保树, 崔勤之. 中国公司法原理 [M]. 北京: 社会科学文献出版社, 2006.
[21] 赵旭东. 公司法学 [M]. 2版. 北京: 高等教育出版社, 2006.
[22] 王欣新. 破产法 [M]. 北京: 中国人民大学出版社, 2007.
[23] 王英萍. 商法 [M]. 上海: 上海人民出版社, 2004.
[24] 卓骏. 国际贸易理论与实务 [M]. 3版. 北京: 机械工业出版社, 2012.
[25] 屈茂辉. 中国合同法学 [M]. 长沙: 湖南大学出版社, 2003.
[26] 王利明, 房绍坤, 王轶. 合同法 [M]. 北京: 中国人民大学出版社, 2002.
[27] 李永军. 合同法 [M]. 2版. 北京: 法律出版社, 2005.
[28] 刘晓霞. 合同法学 [M]. 兰州: 兰州大学出版社, 2006.
[29] 崔建远. 合同法（修订本）[M]. 北京: 法律出版社, 2002.
[30] 对外经济贸易大学国际经贸学院运输系. 国际货物运输事务 [M]. 北京: 对外

经济贸易大学出版社，1999.

[31] 刘玮. 海上保险 [M]. 天津：南开大学出版社，2006.
[32] 刘静. 产品责任论 [M]. 北京：中国政法大学出版社，2000.
[33] 徐海燕. 英美代理法研究 [M]. 北京：法律出版社，2000.
[34] 吕来明. 票据法前沿问题案例研究 [M]. 北京：中国经济出版社，2001.
[35] 王小能. 中国票据法律制度研究 [M]. 北京：北京大学出版社，2000.
[36] 吴汉东. 知识产权法 [M]. 北京：北京大学出版社，2006.
[37] 刘春田. 知识产权法 [M]. 2版. 北京：高等教育出版社，2003.
[38] 郑成思. 世界贸易组织与贸易有关的知识产权协议. [M]. 北京：中国人民大学出版社，1996.
[39] 邓杰. 商事仲裁法 [M]. 北京：清华大学出版社，2008.
[40] 刘东根，谢安平. 民事诉讼法与仲裁制度 [M]. 北京：法律出版社，2007.